T&P BOOKS

NORVÉGIEN

VOCABULAIRE

FRANÇAIS
NORVÉGIEN

Les mots les plus utiles
Pour enrichir votre vocabulaire et aiguiser
vos compétences linguistiques

7000 mots

Vocabulaire Français-Norvégien pour l'autoformation. 7000 mots
Dictionnaire thématique
Par Andrey Taranov

Les dictionnaires T&P Books ont pour but de vous aider à apprendre, à mémoriser et à réviser votre vocabulaire en langue étrangère. Ce dictionnaire thématique couvre tous les grands domaines du quotidien: l'économie, les sciences, la culture, etc ...

Acquérir du vocabulaire avec les dictionnaires thématiques T&P Books vous offre les avantages suivants:

· Les données d'origine sont regroupées de manière cohérente, ce qui vous permet une mémorisation lexicale optimale
· La présentation conjointe de mots ayant la même racine vous permet de mémoriser des groupes sémantiques entiers (plutôt que des mots isolés)
· Les sous-groupes sémantiques vous permettent d'associer les mots entre eux de manière logique, ce qui facilite votre consolidation du vocabulaire
· Votre maîtrise de la langue peut être évaluée en fonction du nombre de mots acquis

T&P Books Publishing
www.tpbooks.com

ISBN: 978-1-78492-036-4

Ce livre existe également en format électronique.
Pour plus d'informations, veuillez consulter notre site: www.tpbooks.com ou rendez-vous sur ceux des grandes librairies en ligne.

VOCABULAIRE NORVÉGIEN POUR L'AUTOFORMATION
Dictionnaire thématique

Les dictionnaires T&P Books ont pour but de vous aider à apprendre, à mémoriser et à réviser votre vocabulaire en langue étrangère. Ce lexique présente, de façon thématique, plus de 7000 mots les plus fréquents de la langue.

- Ce livre comporte les mots les plus couramment utilisés
- Son usage est recommandé en complément de l'étude de toute autre méthode de langue
- Il répond à la fois aux besoins des débutants et à ceux des étudiants en langues étrangères de niveau avancé
- Il est idéal pour un usage quotidien, des séances de révision ponctuelles et des tests d'auto-évaluation
- Il vous permet de tester votre niveau de vocabulaire

Spécificités de ce dictionnaire thématique:

- Les mots sont présentés de manière sémantique, et non alphabétique
- Ils sont répartis en trois colonnes pour faciliter la révision et l'auto-évaluation
- Les groupes sémantiques sont divisés en sous-groupes pour favoriser l'apprentissage
- Ce lexique donne une transcription simple et pratique de chaque mot en langue étrangère

Ce dictionnaire comporte 198 thèmes, dont:

les notions fondamentales, les nombres, les couleurs, les mois et les saisons, les unités de mesure, les vêtements et les accessoires, les aliments et la nutrition, le restaurant, la famille et les liens de parenté, le caractère et la personnalité, les sentiments et les émotions, les maladies, la ville et la cité, le tourisme, le shopping, l'argent, la maison, le foyer, le bureau, la vie de bureau, l'import-export, le marketing, la recherche d'emploi, les sports, l'éducation, l'informatique, l'Internet, les outils, la nature, les différents pays du monde, les nationalités, et bien d'autres encore ...

TABLE DES MATIÈRES

GUIDE DE PRONONCIATION

Lettre	Exemple en norvégien	Alphabet phonétique T&P	Exemple en français
Aa	plass	[ɑ], [ɑ:]	classe
Bb	bøtte, albue	[b]	bureau
Cc [1]	centimeter	[s]	syndicat
Cc [2]	Canada	[k]	bocal
Dd	radius	[d]	document
Ee	rett	[e:]	aller
Ee [3]	begå	[ɛ]	faire
Ff	fattig	[f]	formule
Gg [4]	golf	[g]	gris
Gg [5]	gyllen	[j]	maillot
Gg [6]	regnbue	[ŋ]	parking
Hh	hektar	[h]	anglais - behind, finnois - raha
Ii	kilometer	[ɪ], [i]	citerne
Kk	konge	[k]	bocal
Kk [7]	kirke	[h]	anglais - behind, finnois - raha
Jj	fjerde	[j]	maillot
kj	bikkje	[h]	anglais - behind, finnois - raha
Ll	halvår	[l]	vélo
Mm	middag	[m]	minéral
Nn	november	[n]	ananas
ng	id_langt	[ŋ]	parking
Oo [8]	honning	[ɔ]	robinet
Oo [9]	fot, krone	[u]	boulevard
Pp	plomme	[p]	panama
Qq	sequoia	[k]	bocal
Rr	sverge	[r]	racine, rouge
Ss	appelsin	[s]	syndicat
sk [10]	skikk, skyte	[ʃ]	chariot
Tt	stør, torsk	[t]	tennis
Uu	brudd	[y]	Portugal
Vv	kraftverk	[v]	rivière
Ww	webside	[v]	rivière
Xx	mexicaner	[ks]	taxi
Yy	nytte	[ɪ], [i]	citerne
Zz [11]	New Zealand	[s]	dessin, tsar
Ææ	vær, stær	[æ]	maire
Øø	ørn, gjø	[ø]	peu profond
Åå	gås, værhår	[o:]	tableau

Remarques

[1] devant **e, i**
[2] dans les autres cas
[3] non accentué
[4] devant **a, o, u, å**
[5] devant **i** et **y**
[6] dans la combinaison **gn**
[7] devant **i** et **y**
[8] devant deux consonnes
[9] devant une consonne
[10] devant **i** et **y**
[11] uniquement dans les mots d'origine étrangère

ABRÉVIATIONS
employées dans ce livre

Abréviations en français

adj	-	adjective
adv	-	adverbe
anim.	-	animé
conj	-	conjonction
dénombr.	-	dénombrable
etc.	-	et cetera
f	-	nom féminin
f pl	-	féminin pluriel
fam.	-	familiar
fem.	-	féminin
form.	-	formal
inanim.	-	inanimé
indénombr.	-	indénombrable
m	-	nom masculin
m pl	-	masculin pluriel
m, f	-	masculin, féminin
masc.	-	masculin
math	-	mathematics
mil.	-	militaire
pl	-	pluriel
prep	-	préposition
pron	-	pronom
qch	-	quelque chose
qn	-	quelqu'un
sing.	-	singulier
v aux	-	verbe auxiliaire
v imp	-	verbe impersonnel
vi	-	verbe intransitif
vi, vt	-	verbe intransitif, transitif
vp	-	verbe pronominal
vt	-	verbe transitif

Abréviations en norvégien

f	-	nom féminin
f pl	-	féminin pluriel
m	-	nom masculin
m pl	-	masculin pluriel

m/f	-	masculin, neutre
m/f pl	-	masculin/féminin pluriel
m/f/n	-	masculin/féminin/neutre
m/n	-	masculin, féminin
n	-	neutre
n pl	-	neutre pluriel
pl	-	pluriel

CONCEPTS DE BASE

Concepts de base. Partie 1

1. Les pronoms

je	jeg	['jæj]
tu	du	[dʉ]

il	han	['hɑn]
elle	hun	['hʉn]
ça	det, den	['de], ['den]

nous	vi	['vi]
vous	dere	['derə]
ils, elles	de	['de]

2. Adresser des vœux. Se dire bonjour. Se dire au revoir

Bonjour! (fam.)	Hei!	['hæj]
Bonjour! (form.)	Hallo! God dag!	[hɑ'lʊ], [gʊ 'dɑ]
Bonjour! (le matin)	God morn!	[gʊ 'mɔːŋ]
Bonjour! (après-midi)	God dag!	[gʊ'dɑ]
Bonsoir!	God kveld!	[gʊ 'kvɛl]

dire bonjour	å hilse	[ɔ 'hilsə]
Salut!	Hei!	['hæj]
salut (m)	hilsen (m)	['hilsən]
saluer (vt)	å hilse	[ɔ 'hilsə]
Comment allez-vous?	Hvordan står det til?	['vʊːdɑn stoːr de til]
Comment ça va?	Hvordan går det?	['vʊːdɑn gor de]
Quoi de neuf?	Hva nytt?	[vɑ 'nʏt]

Au revoir! (form.)	Ha det bra!	[hɑ de 'brɑ]
Au revoir! (fam.)	Ha det!	[hɑ 'de]
À bientôt!	Vi ses!	[vi sɛs]
Adieu!	Farvel!	[fɑr'vɛl]
dire au revoir	å si farvel	[ɔ 'si fɑr'vɛl]
Salut! (À bientôt!)	Ha det!	[hɑ 'de]

Merci!	Takk!	['tɑk]
Merci beaucoup!	Tusen takk!	['tʉsən tɑk]
Je vous en prie	Bare hyggelig	['bɑrə 'hʏgeli]
Il n'y a pas de quoi	Ikke noe å takke for!	['ikə 'nʊe ɔ 'tɑkə fɔr]
Pas de quoi	Ingen årsak!	['iŋən 'oːʂɑk]
Excuse-moi!	Unnskyld, …	['ʉnˌsyl …]
Excusez-moi!	Unnskyld meg, …	['ʉnˌsyl me …]

excuser (vt)	å unnskylde	[ɔ 'ʉnˌsylə]
s'excuser (vp)	å unnskylde seg	[ɔ 'ʉnˌsylə sæj]
Mes excuses	Jeg ber om unnskyldning	[jæj ber ɔm 'ʉnˌsyldniŋ]
Pardonnez-moi!	Unnskyld!	['ʉnˌsyl]
pardonner (vt)	å tilgi	[ɔ 'tilˌji]
C'est pas grave	Ikke noe problem	['ikə 'nʉe prʉ'blem]
s'il vous plaît	vær så snill	['vær ʂɔ 'snil]
N'oubliez pas!	Ikke glem!	['ikə 'glem]
Bien sûr!	Selvfølgelig!	[sɛl'følgəli]
Bien sûr que non!	Selvfølgelig ikke!	[sɛl'følgəli 'ikə]
D'accord!	OK! Enig!	[ɔ'kɛj], ['ɛni]
Ça suffit!	Det er nok!	[de ær 'nɔk]

3. Les nombres cardinaux. Partie 1

zéro	null	['nʉl]
un	en	['en]
deux	to	['tʉ]
trois	tre	['tre]
quatre	fire	['fire]
cinq	fem	['fɛm]
six	seks	['sɛks]
sept	sju	['ʂʉ]
huit	åtte	['ɔtə]
neuf	ni	['ni]
dix	ti	['ti]
onze	elleve	['ɛlvə]
douze	tolv	['tɔl]
treize	tretten	['trɛtən]
quatorze	fjorten	['fjɔ:ʈən]
quinze	femten	['fɛmtən]
seize	seksten	['sæjstən]
dix-sept	sytten	['sʏtən]
dix-huit	atten	['atən]
dix-neuf	nitten	['nitən]
vingt	tjue	['çʉe]
vingt et un	tjueen	['çʉe en]
vingt-deux	tjueto	['çʉe tʉ]
vingt-trois	tjuetre	['çʉe tre]
trente	tretti	['trɛti]
trente et un	trettien	['trɛti en]
trente-deux	trettito	['trɛti tʉ]
trente-trois	trettitre	['trɛti tre]
quarante	førti	['fœ:ʈi]
quarante et un	førtien	['fœ:ʈi on]
quarante-deux	førtito	['fœ:ʈi tʉ]
quarante-trois	førtitre	['fœ:ʈi tre]

cinquante	femti	['fɛmti]
cinquante et un	femtien	['fɛmti en]
cinquante-deux	femtito	['fɛmti tʊ]
cinquante-trois	femtitre	['fɛmti tre]
soixante	seksti	['sɛksti]
soixante et un	sekstien	['sɛksti en]
soixante-deux	sekstito	['sɛksti tʊ]
soixante-trois	sekstitre	['sɛksti tre]
soixante-dix	sytti	['sʏti]
soixante et onze	syttien	['sʏti en]
soixante-douze	syttito	['sʏti tʊ]
soixante-treize	syttitre	['sʏti tre]
quatre-vingts	åtti	['ɔti]
quatre-vingt et un	åttien	['ɔti en]
quatre-vingt deux	åttito	['ɔti tʊ]
quatre-vingt trois	åttitre	['ɔti tre]
quatre-vingt-dix	nitti	['niti]
quatre-vingt et onze	nittien	['niti en]
quatre-vingt-douze	nittito	['niti tʊ]
quatre-vingt-treize	nittitre	['niti tre]

4. Les nombres cardinaux. Partie 2

cent	hundre	['hʉndrə]
deux cents	to hundre	['tʊ ˌhʉndrə]
trois cents	tre hundre	['tre ˌhʉndrə]
quatre cents	fire hundre	['fire ˌhʉndrə]
cinq cents	fem hundre	['fɛm ˌhʉndrə]
six cents	seks hundre	['sɛks ˌhʉndrə]
sept cents	syv hundre	['syv ˌhʉndrə]
huit cents	åtte hundre	['ɔtə ˌhʉndrə]
neuf cents	ni hundre	['ni ˌhʉndrə]
mille	tusen	['tʉsən]
deux mille	to tusen	['tʊ ˌtʉsən]
trois mille	tre tusen	['tre ˌtʉsən]
dix mille	ti tusen	['ti ˌtʉsən]
cent mille	hundre tusen	['hʉndrə ˌtʉsən]
million (m)	million (m)	[mi'ljun]
milliard (m)	milliard (m)	[mi'lja:ɖ]

5. Les nombres. Fractions

fraction (f)	brøk (m)	['brøk]
un demi	en halv	[en 'hɑl]
un tiers	en tredjedel	[en 'trɛdjəˌdel]
un quart	en fjerdedel	[en 'fjærəˌdel]

un huitième	en åttendedel	[en 'ɔtenə‚del]
un dixième	en tiendedel	[en 'tienə‚del]
deux tiers	to tredjedeler	['tʊ 'trɛdjə‚delər]
trois quarts	tre fjerdedeler	['tre 'fjær‚delər]

6. Les nombres. Opérations mathématiques

soustraction (f)	subtraksjon (m)	[sʉbtrɑk'ʂʊn]
soustraire (vt)	å subtrahere	[ɔ 'sʉbtrɑ‚herə]
division (f)	divisjon (m)	[divi'ʂʊn]
diviser (vt)	å dividere	[ɔ divi'derə]

addition (f)	addisjon (m)	[ɑdi'ʂʊn]
additionner (vt)	å addere	[ɔ a'derə]
ajouter (vt)	å addere	[ɔ a'derə]
multiplication (f)	multiplikasjon (m)	[mʉltiplikɑ'ʂʊn]
multiplier (vt)	å multiplisere	[ɔ mʉltipli'serə]

7. Les nombres. Divers

chiffre (m)	siffer (n)	['sifər]
nombre (m)	tall (n)	['tɑl]
adjectif (m) numéral	tallord (n)	['tɑl‚uːr]

moins (m)	minus (n)	['minʉs]
plus (m)	pluss (n)	['plʉs]
formule (f)	formel (m)	['fɔrməl]

calcul (m)	beregning (m/f)	[be'rɛjniŋ]
compter (vt)	å telle	[ɔ 'tɛlə]
calculer (vt)	å telle opp	[ɔ 'tɛlə ɔp]
comparer (vt)	å sammenlikne	[ɔ 'samən‚liknə]

| Combien? (indénombr.) | Hvor mye? | [vʊr 'mye] |
| Combien? (dénombr.) | Hvor mange? | [vʊr 'maŋə] |

somme (f)	sum (m)	['sʉm]
résultat (m)	resultat (n)	[resʉl'tɑt]
reste (m)	rest (m)	['rɛst]

quelques ...	noen	['nʊən]
peu de ... (dénombr.)	få, ikke mange	['fɔ], ['ikə ‚maŋə]
peu de ... (indénombr.)	lite	['litə]

reste (m)	rest (m)	['rɛst]
un et demi	halvannen	[hɑl'anən]
douzaine (f)	dusin (n)	[dʉ'sin]

en deux (adv)	i 2 halvdeler	[i tʊ hɑl'delər]
en parties égales	jevnt	['jɛvnt]
moitié (f)	halvdel (m)	['hɑldel]
fois (f)	gang (m)	['gaŋ]

8. Les verbes les plus importants. Partie 1

aider (vt)	å hjelpe	[ɔ 'jɛlpə]
aimer (qn)	å elske	[ɔ 'ɛlskə]
aller (à pied)	å gå	[ɔ 'gɔ]
apercevoir (vt)	å bemerke	[ɔ be'mærkə]
appartenir à …	å tilhøre …	[ɔ 'til,hørə …]
appeler (au secours)	å tilkalle	[ɔ 'til,kalə]
attendre (vt)	å vente	[ɔ 'vɛntə]
attraper (vt)	å fange	[ɔ 'faŋə]
avertir (vt)	å varsle	[ɔ 'vaʂlə]
avoir (vt)	å ha	[ɔ 'ha]
avoir confiance	å stole på	[ɔ 'stulə pɔ]
avoir faim	å være sulten	[ɔ 'værə 'sʉltən]
avoir peur	å frykte	[ɔ 'frʏktə]
avoir soif	å være tørst	[ɔ 'værə 'tœʂt]
cacher (vt)	å gjemme	[ɔ 'jɛmə]
casser (briser)	å bryte	[ɔ 'brʏtə]
cesser (vt)	å slutte	[ɔ 'ʂlʉtə]
changer (vt)	å endre	[ɔ 'ɛndrə]
chasser (animaux)	å jage	[ɔ 'jagə]
chercher (vt)	å søke …	[ɔ 'søkə …]
choisir (vt)	å velge	[ɔ 'vɛlgə]
commander (~ le menu)	å bestille	[ɔ be'stilə]
commencer (vt)	å begynne	[ɔ be'jinə]
comparer (vt)	å sammenlikne	[ɔ 'samən,liknə]
comprendre (vt)	å forstå	[ɔ fɔ'stɔ]
compter (dénombrer)	å telle	[ɔ 'tɛlə]
compter sur …	å regne med …	[ɔ 'rɛjnə me …]
confondre (vt)	å forveksle	[ɔ fɔr'vɛkʂlə]
connaître (qn)	å kjenne	[ɔ 'çɛnə]
conseiller (vt)	å råde	[ɔ 'roːdə]
continuer (vt)	å fortsette	[ɔ 'fɔrt,sɛtə]
contrôler (vt)	å kontrollere	[ɔ kʉntrɔ'lerə]
courir (vi)	å løpe	[ɔ 'løpə]
coûter (vt)	å koste	[ɔ 'kɔstə]
créer (vt)	å opprette	[ɔ 'ɔp,rɛtə]
creuser (vt)	å grave	[ɔ 'gravə]
crier (vi)	å skrike	[ɔ 'skrikə]

9. Les verbes les plus importants. Partie 2

décorer (~ la maison)	å pryde	[ɔ 'prʏdə]
défendre (vt)	å forsvare	[ɔ fɔ'ʂvarə]
déjeuner (vi)	å spise lunsj	[ɔ 'spisə ,lʉnʂ]
demander (~ l'heure)	å spørre	[ɔ 'spørə]

demander (de faire qch)	å be	[ɔ 'be]
descendre (vi)	å gå ned	[ɔ 'gɔ ne]
deviner (vt)	å gjette	[ɔ 'jɛtə]
dîner (vi)	å spise middag	[ɔ 'spisə 'mi‚dɑ]
dire (vt)	å si	[ɔ 'si]
diriger (~ une usine)	å styre, å lede	[ɔ 'styrə], [ɔ 'ledə]
discuter (vt)	å diskutere	[ɔ diskʉ'terə]
donner (vt)	å gi	[ɔ 'ji]
donner un indice	å gi et vink	[ɔ 'ji et 'vink]
douter (vt)	å tvile	[ɔ 'tvilə]
écrire (vt)	å skrive	[ɔ 'skrivə]
entendre (bruit, etc.)	å høre	[ɔ 'hørə]
entrer (vi)	å komme inn	[ɔ 'komə in]
envoyer (vt)	å sende	[ɔ 'sɛnə]
espérer (vi)	å håpe	[ɔ 'hɔːpə]
essayer (vt)	å prøve	[ɔ 'prøvə]
être (vi)	å være	[ɔ 'værə]
être d'accord	å samtykke	[ɔ 'sam‚tʏkə]
être nécessaire	å være behøv	[ɔ 'værə bə'høv]
être pressé	å skynde seg	[ɔ 'ʂynə sæj]
étudier (vt)	å studere	[ɔ stʉ'derə]
excuser (vt)	å unnskylde	[ɔ 'ʉn‚sylə]
exiger (vt)	å kreve	[ɔ 'krevə]
exister (vi)	å eksistere	[ɔ ɛksi'sterə]
expliquer (vt)	å forklare	[ɔ for'klɑrə]
faire (vt)	å gjøro	[ɔ 'jørə]
faire tomber	å tappe	[ɔ 'tɑpəj]
finir (vt)	å slutte	[ɔ 'ʂlʉtə]
garder (conserver)	å beholde	[ɔ be'hɔlə]
gronder, réprimander (vt)	å skjelle	[ɔ 'ʂɛːlə]
informer (vt)	å informere	[ɔ infor'merə]
insister (vi)	å insistere	[ɔ insi'sterə]
insulter (vt)	å fornærme	[ɔ foː'ŋærmə]
inviter (vt)	å innby, å invitere	[ɔ 'inby], [ɔ invi'terə]
jouer (s'amuser)	å leke	[ɔ 'lekə]

10. Les verbes les plus importants. Partie 3

libérer (ville, etc.)	å befri	[ɔ be'fri]
lire (vi, vt)	å lese	[ɔ 'lesə]
louer (prendre en location)	å leie	[ɔ 'læjə]
manquer (l'école)	å skulke	[ɔ 'skʉlkə]
menacer (vt)	å true	[ɔ 'trʉə]
mentionner (vt)	å omtale, å nevne	[ɔ 'ɔm‚tɑlə], [ɔ 'nɛvnə]
montrer (vt)	å vise	[ɔ 'viɔɔ]
nager (vi)	å svømme	[ɔ 'svœmə]
objecter (vt)	å innvende	[ɔ 'in‚vɛnə]

observer (vt)	à observere	[ɔ ɔbsɛr'verə]
ordonner (mil.)	à beordre	[ɔ be'ɔrdrə]
oublier (vt)	à glemme	[ɔ 'glemə]
ouvrir (vt)	à åpne	[ɔ 'ɔpnə]
pardonner (vt)	à tilgi	[ɔ 'tilˌji]
parler (vi, vt)	à tale	[ɔ 'talə]

participer à ...	à delta	[ɔ 'dɛlta]
payer (régler)	à betale	[ɔ be'talə]
penser (vi, vt)	à tenke	[ɔ 'tɛnkə]
permettre (vt)	à tillate	[ɔ 'tiˌlatə]
plaire (être apprécié)	à like	[ɔ 'likə]

plaisanter (vi)	à spøke	[ɔ 'spøkə]
planifier (vt)	à planlegge	[ɔ 'planˌlegə]
pleurer (vi)	à gråte	[ɔ 'gro:tə]
posséder (vt)	à besidde, à eie	[ɔ bɛ'sidə], [ɔ 'æje]
pouvoir (v aux)	à kunne	[ɔ 'kʉnə]
préférer (vt)	à foretrekke	[ɔ 'fɔrəˌtrɛkə]

prendre (vt)	à ta	[ɔ 'ta]
prendre en note	à skrive ned	[ɔ 'skrivə ne]
prendre le petit déjeuner	à spise frokost	[ɔ 'spisə ˌfrʉkɔst]
préparer (le dîner)	à lage	[ɔ 'lagə]
prévoir (vt)	à forutse	[ɔ 'fɔrʉtˌsə]

prier (~ Dieu)	à be	[ɔ 'be]
promettre (vt)	à love	[ɔ 'lovə]
prononcer (vt)	à uttale	[ɔ 'ʉtˌtalə]
proposer (vt)	à foreslå	[ɔ 'fɔrəˌşlɔ]
punir (vt)	à straffe	[ɔ 'strafə]

11. Les verbes les plus importants. Partie 4

recommander (vt)	à anbefale	[ɔ 'anbeˌfalə]
regretter (vt)	à beklage	[ɔ be'klagə]
répéter (dire encore)	à gjenta	[ɔ 'jɛnta]
répondre (vi, vt)	à svare	[ɔ 'svarə]
réserver (une chambre)	à reservere	[ɔ resɛr'verə]

rester silencieux	à tie	[ɔ 'tie]
réunir (regrouper)	à forene	[ɔ fɔ'renə]
rire (vi)	à le, à skratte	[ɔ 'le], [ɔ 'skratə]
s'arrêter (vp)	à stoppe	[ɔ 'stopə]
s'asseoir (vp)	à sette seg	[ɔ 'sɛtə sæj]

sauver (la vie à qn)	à redde	[ɔ 'rɛdə]
savoir (qch)	à vite	[ɔ 'vitə]
se baigner (vp)	à bade	[ɔ 'badə]
se plaindre (vp)	à klage	[ɔ 'klagə]
se refuser (vp)	à vegre seg	[ɔ 'vɛgrə sæj]

se tromper (vp)	à gjøre feil	[ɔ 'jørə ˌfæjl]
se vanter (vp)	à prale	[ɔ 'pralə]

s'étonner (vp)	å bli forundret	[ɔ 'bli fɔ'rʉndrət]
s'excuser (vp)	å unnskylde seg	[ɔ 'ʉnˌʂylə sæj]
signer (vt)	å underskrive	[ɔ 'ʉnəˌʂkrivə]

signifier (vt)	å bety	[ɔ 'bety]
s'intéresser (vp)	å interessere seg	[ɔ intəre'serə sæj]
sortir (aller dehors)	å gå ut	[ɔ 'gɔ ʉt]
sourire (vi)	å smile	[ɔ 'smilə]
sous-estimer (vt)	å undervurdere	[ɔ 'ʉnərvʉːˌderə]

suivre ... (suivez-moi)	å følge etter ...	[ɔ 'følə 'ɛtər ...]
tirer (vi)	å skyte	[ɔ 'ʂytə]
tomber (vi)	å falle	[ɔ 'falə]
toucher (avec les mains)	å røre	[ɔ 'rørə]
tourner (~ à gauche)	å svinge	[ɔ 'sviŋə]

traduire (vt)	å oversette	[ɔ 'ɔvəˌsɛtə]
travailler (vi)	å arbeide	[ɔ 'arˌbæjdə]
tromper (vt)	å fuske	[ɔ 'fʉskə]
trouver (vt)	å finne	[ɔ 'finə]
tuer (vt)	å døde, å myrde	[ɔ 'dødə], [ɔ 'myːdə]
vendre (vt)	å selge	[ɔ 'sɛlə]

venir (vi)	å ankomme	[ɔ 'anˌkɔmə]
voir (vt)	å se	[ɔ 'se]
voler (avion, oiseau)	å fly	[ɔ 'fly]
voler (qch à qn)	å stjele	[ɔ 'stjelə]
vouloir (vt)	å ville	[ɔ 'vilə]

12. Les couleurs

couleur (f)	farge (m)	['fargə]
teinte (f)	nyanse (m)	[ny'ansə]
ton (m)	fargetone (m)	['fargəˌtunə]
arc-en-ciel (m)	regnbue (m)	['ræjnˌbʉːə]

blanc (adj)	hvit	['vit]
noir (adj)	svart	['svaːt]
gris (adj)	grå	['grɔ]

vert (adj)	grønn	['grœn]
jaune (adj)	gul	['gʉl]
rouge (adj)	rød	['rø]

bleu (adj)	blå	['blɔ]
bleu clair (adj)	lyseblå	['lysəˌblɔ]
rose (adj)	rosa	['rɔsa]
orange (adj)	oransje	[ɔ'ransɛ]
violet (adj)	fiolett	[fiʊ'lət]
brun (adj)	brun	['brʉn]

d'or (adj)	gullgul	['gʉl]
argenté (adj)	sølv-	['søl-]
beige (adj)	beige	['bɛːʂ]

crème (adj)	kremfarget	['krɛmˌfargət]
turquoise (adj)	turkis	[tʉr'kis]
rouge cerise (adj)	kirsebærrød	['çisəbærˌrød]
lilas (adj)	lilla	['lila]
framboise (adj)	karminrød	['karmʉ'sinˌrød]

clair (adj)	lys	['lys]
foncé (adj)	mørk	['mœrk]
vif (adj)	klar	['klar]

de couleur (adj)	farge-	['fargə-]
en couleurs (adj)	farge-	['fargə-]
noir et blanc (adj)	svart-hvit	['svɑːt vit]
unicolore (adj)	ensfarget	['ɛnsˌfargət]
multicolore (adj)	mangefarget	['maŋəˌfargət]

13. Les questions

Qui?	Hvem?	['vɛm]
Quoi?	Hva?	['va]
Où? (~ es-tu?)	Hvor?	['vʉr]
Où? (~ vas-tu?)	Hvorhen?	['vʉrhen]
D'où?	Hvorfra?	['vʉrfra]
Quand?	Når?	[nɔr]
Pourquoi? (~ es-tu venu?)	Hvorfor?	['vʉrfʉr]
Pourquoi? (~ t'es pâle?)	Hvorfor?	['vʉrfʉr]

À quoi bon?	Hvorfor?	['vʉrfʉr]
Comment?	Hvordan?	['vʉːdan]
Quel? (à ~ prix?)	Hvilken?	['vilkən]
Lequel?	Hvilken?	['vilkən]

À qui? (pour qui?)	Til hvem?	[til 'vɛm]
De qui?	Om hvem?	[ɔm 'vɛm]
De quoi?	Om hva?	[ɔm 'va]
Avec qui?	Med hvem?	[me 'vɛm]

Combien? (dénombr.)	Hvor mange?	[vʉr 'maŋə]
Combien? (indénombr.)	Hvor mye?	[vʉr 'mye]
À qui? (~ est ce livre?)	Hvis?	['vis]

14. Les mots-outils. Les adverbes. Partie 1

Où? (~ es-tu?)	Hvor?	['vʉr]
ici (c'est ~)	her	['hɛr]
là-bas (c'est ~)	der	['dɛr]

quelque part (être)	et sted	[et 'sted]
nulle part (adv)	ingensteds	['iŋənˌstɛts]

près de ...	ved	['ve]
près de la fenêtre	ved vinduet	[ve 'vindʉə]

Où? (~ vas-tu?)	Hvorhen?	['vʊrhen]
ici (Venez ~)	hit	['hit]
là-bas (j'irai ~)	dit	['dit]
d'ici (adv)	herfra	['hɛr̩fra]
de là-bas (adv)	derfra	['dɛr̩fra]
près (pas loin)	nær	['nær]
loin (adv)	langt	['laŋt]
près de (~ Paris)	nær	['nær]
tout près (adv)	i nærheten	[i 'nær̩hetən]
pas loin (adv)	ikke langt	['ikə 'laŋt]
gauche (adj)	venstre	['vɛnstrə]
à gauche (être ~)	til venstre	[til 'vɛnstrə]
à gauche (tournez ~)	til venstre	[til 'vɛnstrə]
droit (adj)	høyre	['højrə]
à droite (être ~)	til høyre	[til 'højrə]
à droite (tournez ~)	til høyre	[til 'højrə]
devant (adv)	foran	['fɔran]
de devant (adj)	fremre	['frɛmrə]
en avant (adv)	fram	['fram]
derrière (adv)	bakom	['bakɔm]
par derrière (adv)	bakfra	['bak̩fra]
en arrière (regarder ~)	tilbake	[til'bakə]
milieu (m)	midt (m)	['mit]
au milieu (adv)	i midten	[i 'mitən]
de côté (vue ~)	fra siden	[fra 'sidən]
partout (adv)	overalt	[ɔvər'alt]
autour (adv)	rundt omkring	['rʉnt om'kriŋ]
de l'intérieur	innefra	['inə̩fra]
quelque part (aller)	et sted	[et 'sted]
tout droit (adv)	rett, direkte	['rɛt], ['di'rɛktə]
en arrière (revenir ~)	tilbake	[til'bakə]
de quelque part (n'import d'où)	et eller annet steds fra	[et 'elər ̩ɑːnt 'stɛts fra]
de quelque part (on ne sait pas d'où)	et eller annet steds fra	[et 'elər ̩ɑːnt 'stɛts fra]
premièrement (adv)	for det første	[fɔr de 'fœʂtə]
deuxièmement (adv)	for det annet	[fɔr de 'ɑːnt]
troisièmement (adv)	for det tredje	[fɔr de 'trɛdje]
soudain (adv)	plutselig	['plʉtseli]
au début (adv)	i begynnelsen	[i be'jinəlsən]
pour la première fois	for første gang	[fɔr 'fœʂtə ̩gaŋ]
bien avant …	lenge før …	['leŋo 'før …]
de nouveau (adv)	på nytt	[pɔ 'nʏt]
pour toujours (adv)	for godt	[fɔr 'gɔt]

jamais (adv)	aldri	['aldri]
de nouveau, encore (adv)	igjen	[i'jɛn]
maintenant (adv)	nå	['nɔ]
souvent (adv)	ofte	['ɔftə]
alors (adv)	da	['da]
d'urgence (adv)	omgående	['ɔm‚gɔːnə]
d'habitude (adv)	vanligvis	['vanli‚vis]

à propos, ...	forresten, ...	[fɔ'rɛstən ...]
c'est possible	mulig, kanskje	['mʉli], ['kanʂə]
probablement (adv)	sannsynligvis	[san'synli‚vis]
peut-être (adv)	kanskje	['kanʂə]
en plus, ...	dessuten, ...	[des'ʉtən ...]
c'est pourquoi ...	derfor ...	['dɛrfɔr ...]
malgré ...	på tross av ...	['pɔ 'trɔs ɑː ...]
grâce à ...	takket være ...	['takət ‚værə ...]

quoi (pron)	hva	['va]
que (conj)	at	[at]
quelque chose (Il m'est arrivé ~)	noe	['nʉe]
quelque chose (peut-on faire ~)	noe	['nʉe]
rien (m)	ingenting	['iŋəntiŋ]

qui (pron)	hvem	['vɛm]
quelqu'un (on ne sait pas qui)	noen	['nʉən]
quelqu'un (n'importe qui)	noen	['nʉən]

personne (pron)	ingen	['iŋən]
nulle part (aller ~)	ingensteds	['iŋən‚stɛts]
de personne	ingens	['iŋəns]
de n'importe qui	noens	['nʉəns]

comme ça (adv)	så	['sɔː]
également (adv)	også	['ɔsɔ]
aussi (adv)	også	['ɔsɔ]

15. Les mots-outils. Les adverbes. Partie 2

Pourquoi?	Hvorfor?	['vurfʉr]
pour une certaine raison	av en eller annen grunn	[ɑː en elər 'anən ‚grʉn]
parce que ...	fordi ...	[fɔ'di ...]
pour une raison quelconque	av en eller annen grunn	[ɑː en elər 'anən ‚grʉn]

et (conj)	og	['ɔ]
ou (conj)	eller	['elər]
mais (conj)	men	['men]
pour ... (prep)	for, til	[fɔr], [til]

trop (adv)	for, altfor	['fɔr], ['altfɔr]
seulement (adv)	bare	['barə]
précisément (adv)	presis, eksakt	[prɛ'sis], [ɛk'sakt]
près de ... (prep)	cirka	['sirka]

approximativement	omtrent	[ɔm'trɛnt]
approximatif (adj)	omtrentlig	[ɔm'trɛntli]
presque (adv)	nesten	['nɛstən]
reste (m)	rest (m)	['rɛst]
l'autre (adj)	den annen	[den 'anən]
autre (adj)	andre	['andrə]
chaque (adj)	hver	['vɛr]
n'importe quel (adj)	hvilken som helst	['vilkən sɔm 'hɛlst]
beaucoup (adv)	mye	['mye]
plusieurs (pron)	mange	['maŋə]
tous	alle	['alə]
en échange de …	til gjengjeld for …	[til 'jɛnjɛl fɔr …]
en échange (adv)	istedenfor	[i'steden,fɔr]
à la main (adv)	for hånd	[fɔr 'hɔn]
peu probable (adj)	neppe	['nepə]
probablement (adv)	sannsynligvis	[san'synli,vis]
exprès (adv)	med vilje	[me 'vilje]
par accident (adv)	tilfeldigvis	[til'fɛldivis]
très (adv)	meget	['megət]
par exemple (adv)	for eksempel	[fɔr ɛk'sɛmpəl]
entre (prep)	mellom	['mɛlɔm]
parmi (prep)	blant	['blant]
autant (adv)	så mye	['sɔ: mye]
surtout (adv)	særlig	['sæ:[i]

Concepts de base. Partie 2

16. Les jours de la semaine

lundi (m)	mandag (m)	['mɑnˌdɑ]
mardi (m)	tirsdag (m)	['tiʂˌdɑ]
mercredi (m)	onsdag (m)	['ʊnsˌdɑ]
jeudi (m)	torsdag (m)	['tɔʂˌdɑ]
vendredi (m)	fredag (m)	['frɛˌdɑ]
samedi (m)	lørdag (m)	['lørˌdɑ]
dimanche (m)	søndag (m)	['sønˌdɑ]

aujourd'hui (adv)	i dag	[i 'dɑ]
demain (adv)	i morgen	[i 'mɔːən]
après-demain (adv)	i overmorgen	[i 'ɔvərˌmɔːən]
hier (adv)	i går	[i 'gɔr]
avant-hier (adv)	i forgårs	[i 'fɔrˌgɔʂ]

jour (m)	dag (m)	['dɑ]
jour (m) ouvrable	arbeidsdag (m)	['ɑrbæjdsˌdɑ]
jour (m) férié	festdag (m)	['fɛstˌdɑ]
jour (m) de repos	fridag (m)	['friˌdɑ]
week-end (m)	ukeslutt (m), helg (f)	['ʉkəˌʂlʉt], ['hɛlg]

toute la journée	hele dagen	['helə 'dɑgən]
le lendemain	neste dag	['nɛstə ˌdɑ]
il y a 2 jours	for to dager siden	[fɔr tʉ 'dɑgər ˌsidən]
la veille	dagen før	['dɑgən 'før]
quotidien (adj)	daglig	['dɑgli]
tous les jours	hver dag	['vɛr dɑ]

semaine (f)	uke (m/f)	['ʉkə]
la semaine dernière	siste uke	['sistə 'ʉkə]
la semaine prochaine	i neste uke	[i 'nɛstə 'ʉkə]
hebdomadaire (adj)	ukentlig	['ʉkəntli]
chaque semaine	hver uke	['vɛr 'ʉkə]
2 fois par semaine	to ganger per uke	['tʉ 'gɑŋər per 'ʉkə]
tous les mardis	hver tirsdag	['vɛr 'tiʂdɑ]

17. Les heures. Le jour et la nuit

matin (m)	morgen (m)	['mɔːən]
le matin	om morgenen	[ɔm 'mɔːenən]
midi (m)	middag (m)	['miˌdɑ]
dans l'après-midi	om ettermiddagen	[ɔm 'ɛtərˌmidɑgən]

soir (m)	kveld (m)	['kvɛl]
le soir	om kvelden	[ɔm 'kvɛlən]

nuit (f)	natt (m/f)	['nɑt]
la nuit	om natta	[ɔm 'nɑtɑ]
minuit (f)	midnatt (m/f)	['mid,nɑt]

seconde (f)	sekund (m/n)	[se'kʉn]
minute (f)	minutt (n)	[mi'nʉt]
heure (f)	time (m)	['timə]
demi-heure (f)	halvtime (m)	['hɑl,timə]
un quart d'heure	kvarter (n)	[kvɑː'ʈer]
quinze minutes	femten minutter	['fɛmtən mi'nʉtər]
vingt-quatre heures	døgn (n)	['døjn]

lever (m) du soleil	soloppgang (m)	['sʉlɔp,gɑŋ]
aube (f)	daggry (n)	['dɑg,gry]
point (m) du jour	tidlig morgen (m)	['tili 'mɔːən]
coucher (m) du soleil	solnedgang (m)	['sʉlned,gɑŋ]

tôt le matin	tidlig om morgenen	['tili ɔm 'mɔːenən]
ce matin	i morges	[i 'mɔrəs]
demain matin	i morgen tidlig	[i 'mɔːən 'tili]
cet après-midi	i formiddag	[i 'formi,dɑ]
dans l'après-midi	om ettermiddagen	[ɔm 'ɛtər,midɑgən]
demain après-midi	i morgen ettermiddag	[i 'mɔːən 'ɛtər,midɑ]
ce soir	i kveld	[i 'kvɛl]
demain soir	i morgen kveld	[i 'mɔːən ,kvɛl]

à 3 heures précises	presis klokka tre	[prɛ'sis 'klɔkɑ tre]
autour de 4 heures	ved fire-tiden	[ve 'fire ,tidən]
vers midi	innen klokken tolv	['inən 'klɔkən tɔl]

dans 20 minutes	om tjue minutter	[ɔm 'çʉə mi'nʉtər]
dans une heure	om en time	[ɔm en 'timʉ]
à temps	i tide	[i 'tidə]

... moins le quart	kvart på ...	['kvɑːʈ pɔ ...]
en une heure	innen en time	['inən en 'time]
tous les quarts d'heure	hvert kvarter	['vɛːʈ kvɑː'ʈer]
24 heures sur 24	døgnet rundt	['døjne ,rʉnt]

18. Les mois. Les saisons

janvier (m)	januar (m)	['jɑnʉ,ɑr]
février (m)	februar (m)	['febrʉ,ɑr]
mars (m)	mars (m)	['mɑʂ]
avril (m)	april (m)	[ɑ'pril]
mai (m)	mai (m)	['mɑj]
juin (m)	juni (m)	['jʉni]

juillet (m)	juli (m)	['jʉli]
août (m)	august (m)	[aʊ'gʉst]
septembre (m)	september (m)	[sep'tɛmbər]
octobre (m)	oktober (m)	[ʊk'tʊbor]
novembre (m)	november (m)	[nʊ'vɛmbər]
décembre (m)	desember (m)	[de'sɛmbər]

printemps (m)	vår (m)	['vɔːr]
au printemps	om våren	[ɔm 'voːrən]
de printemps (adj)	vår-, vårlig	['vɔːr-], ['vɔː[i]

été (m)	sommer (m)	['sɔmər]
en été	om sommeren	[ɔm 'sɔmerən]
d'été (adj)	sommer-	['sɔmər-]

automne (m)	høst (m)	['høst]
en automne	om høsten	[ɔm 'høstən]
d'automne (adj)	høst-, høstlig	['høst-], ['høstli]

hiver (m)	vinter (m)	['vintər]
en hiver	om vinteren	[ɔm 'vinterən]
d'hiver (adj)	vinter-	['vintər-]

mois (m)	måned (m)	['moːnət]
ce mois	denne måneden	['dɛnə 'moːnedən]
le mois prochain	neste måned	['nɛstə 'moːnət]
le mois dernier	forrige måned	['foriə ˌmoːnət]

il y a un mois	for en måned siden	[for en 'moːnət ˌsidən]
dans un mois	om en måned	[ɔm en 'moːnət]
dans 2 mois	om to måneder	[ɔm 'tʊ 'moːnedər]
tout le mois	en hel måned	[en 'hel 'moːnət]
tout un mois	hele måned	['helə 'moːnət]

mensuel (adj)	månedlig	['moːnədli]
mensuellement	månedligt	['moːnedlət]
chaque mois	hver måned	[ˌvɛr 'moːnət]
2 fois par mois	to ganger per måned	['tʊ 'ganər per 'moːnət]

année (f)	år (n)	['ɔr]
cette année	i år	[i 'oːr]
l'année prochaine	neste år	['nɛstə ˌoːr]
l'année dernière	i fjor	[i 'fjɔr]

il y a un an	for et år siden	[for et 'oːr ˌsidən]
dans un an	om et år	[ɔm et 'oːr]
dans 2 ans	om to år	[ɔm 'tʊ 'oːr]
toute l'année	hele året	['helə 'oːre]
toute une année	hele året	['helə 'oːre]

chaque année	hvert år	['vɛːt̩ 'oːr]
annuel (adj)	årlig	['oː[i]
annuellement	årlig, hvert år	['oː[i], ['vɛːt̩ 'ɔr]
4 fois par an	fire ganger per år	['fire 'ganər per 'oːr]

date (f) (jour du mois)	dato (m)	['datʊ]
date (f) (~ mémorable)	dato (m)	['datʊ]
calendrier (m)	kalender (m)	[ka'lendər]

six mois	halvår (n)	['halˌoːr]
semestre (m)	halvår (n)	['halˌoːr]
saison (f)	årstid (m/f)	['oːʂˌtid]
siècle (m)	århundre (n)	['ɔrˌhʊndrə]

19. La notion de temps. Divers

temps (m)	tid (m/f)	['tid]
moment (m)	øyeblikk (n)	['øje͵blik]
instant (m)	øyeblikk (n)	['øje͵blik]
instantané (adj)	øyeblikkelig	['øje͵blikeli]
laps (m) de temps	tidsavsnitt (n)	['tids͵afsnit]
vie (f)	liv (n)	['liv]
éternité (f)	evighet (m)	['ɛvi͵het]
époque (f)	epoke (m)	[ɛ'pʊkə]
ère (f)	æra (m)	['æra]
cycle (m)	syklus (m)	['syklʉs]
période (f)	periode (m)	[pæri'ʊdə]
délai (m)	sikt (m)	['sikt]
avenir (m)	framtid (m/f)	['fram͵tid]
prochain (adj)	framtidig, fremtidig	['fram͵tidi], ['frɛm͵tidi]
la fois prochaine	neste gang	['nɛstə ͵gaŋ]
passé (m)	fortid (m/f)	['fɔː͵tid]
passé (adj)	forrige	['foriə]
la fois passée	siste gang	['sistə ͵gaŋ]
plus tard (adv)	senere	['senerə]
après (prep)	etterpå	['ɛtər͵pɔ]
à présent (adv)	for nærværende	[fɔr 'nær͵værnə]
maintenant (adv)	nå	['nɔ]
immédiatement	umiddelbart	['ʉmidəl͵baːt]
bientôt (adv)	snart	['ɛnɑ;t]
d'avance (adv)	på forhånd	[pɔ 'foːr͵hɔn]
il y a longtemps	for lenge siden	[fɔr 'leŋə ͵sidən]
récemment (adv)	nylig	['nyli]
destin (m)	skjebne (m)	['ʂɛbnə]
souvenirs (m pl)	minner (n pl)	['minər]
archives (f pl)	arkiv (n)	[ar'kiv]
pendant ... (prep)	under ...	['ʉnər ...]
longtemps (adv)	lenge	['leŋə]
pas longtemps (adv)	ikke lenge	['ikə 'leŋə]
tôt (adv)	tidlig	['tili]
tard (adv)	sent	['sɛnt]
pour toujours (adv)	for alltid	[fɔr 'al͵tid]
commencer (vt)	å begynne	[ɔ be'jinə]
reporter (retarder)	å utsette	[ɔ 'ʉt͵sɛtə]
en même temps (adv)	samtidig	['sam͵tidi]
en permanence (adv)	alltid, stadig	['al͵tid], ['stadi]
constant (bruit, etc.)	konstant	[kʊn'stant]
temporaire (adj)	midlertidig, temporær	['midlə͵tidi], ['tɛmpo͵ rær]
parfois (adv)	av og til	['uv o ͵til]
rarement (adv)	sjelden	['ʂɛlən]
souvent (adv)	ofte	['oftə]

29

20. Les contraires

riche (adj)	rik	['rik]
pauvre (adj)	fattig	['fɑti]
malade (adj)	syk	['syk]
en bonne santé	frisk	['frisk]
grand (adj)	stor	['stʊr]
petit (adj)	liten	['litən]
vite (adv)	fort	['fʊːt]
lentement (adv)	langsomt	['lɑŋsɔmt]
rapide (adj)	hurtig	['hø:ʈi]
lent (adj)	langsom	['lɑŋsɔm]
joyeux (adj)	glad	['glɑ]
triste (adj)	sørgmodig	[sør'mʊdi]
ensemble (adv)	sammen	['sɑmən]
séparément (adv)	separat	[sepɑ'rɑt]
à haute voix	høyt	['højt]
en silence	for seg selv	[fɔr sæj 'sɛl]
haut (adj)	høy	['høj]
bas (adj)	lav	['lɑv]
profond (adj)	dyp	['dyp]
peu profond (adj)	grunn	['grʉn]
oui (adv)	ja	['jɑ]
non (adv)	nei	['næj]
lointain (adj)	fjern	['fjæːn]
proche (adj)	nær	['nær]
loin (adv)	langt	['lɑŋt]
près (adv)	i nærheten	[i 'nær,hetən]
long (adj)	lang	['lɑŋ]
court (adj)	kort	['kʊːt]
bon (au bon cœur)	god	['gʊ]
méchant (adj)	ond	['ʊn]
marié (adj)	gift	['jift]
célibataire (adj)	ugift	[ʉ·'jift]
interdire (vt)	å forby	[ɔ fɔr'by]
permettre (vt)	å tillate	[ɔ 'ti,lɑtə]
fin (f)	slutt (m)	['ʂlʉt]
début (m)	begynnelse (m)	[be'jinəlsə]

| gauche (adj) | venstre | ['vɛnstrə] |
| droit (adj) | høyre | ['højrə] |

| premier (adj) | første | ['fœʂtə] |
| dernier (adj) | sist | ['sist] |

| crime (m) | forbrytelse (m) | [for'brytəlsə] |
| punition (f) | straff (m) | ['straf] |

| ordonner (vt) | å beordre | [ɔ be'ɔrdrə] |
| obéir (vt) | å underordne seg | [ɔ 'ʉnər,ɔrdnə sæj] |

| droit (adj) | rett | ['rɛt] |
| courbé (adj) | kroket | ['krɔkət] |

| paradis (m) | paradis (n) | ['para,dis] |
| enfer (m) | helvete (n) | ['hɛlvetə] |

| naître (vi) | å fødes | [ɔ 'fødə] |
| mourir (vi) | å dø | [ɔ 'dø] |

| fort (adj) | sterk | ['stærk] |
| faible (adj) | svak | ['svak] |

| vieux (adj) | gammel | ['gaməl] |
| jeune (adj) | ung | ['ʉŋ] |

| vieux (adj) | gammel | ['gaməl] |
| neuf (adj) | ny | ['ny] |

| dur (adj) | hard | ['har] |
| mou (adj) | bløt | ['bløt] |

| chaud (tiède) | varm | ['varm] |
| froid (adj) | kald | ['kal] |

| gros (adj) | tykk | ['tʏk] |
| maigre (adj) | tynn | ['tʏn] |

| étroit (adj) | smal | ['smal] |
| large (adj) | bred | ['bre] |

| bon (adj) | bra | ['bra] |
| mauvais (adj) | dårlig | ['do:[i] |

| vaillant (adj) | tapper | ['tapər] |
| peureux (adj) | feig | ['fæjg] |

21. Les lignes et les formes

carré (m)	kvadrat (n)	[kva'drat]
carré (adj)	kvadratisk	[kva'dratisk]
cercle (m)	sirkel (m)	['sirkəl]
rond (adj)	rund	['rʉn]

triangle (m)	trekant (m)	['tre̩kant]
triangulaire (adj)	trekantet	['tre̩kantət]

ovale (m)	oval (m)	[u'val]
ovale (adj)	oval	[u'val]
rectangle (m)	rektangel (n)	['rɛk̩taŋəl]
rectangulaire (adj)	rettvinklet	['rɛt̩vinklət]

pyramide (f)	pyramide (m)	[pyra'midə]
losange (m)	rombe (m)	['rumbə]
trapèze (m)	trapes (m/n)	[tra'pes]
cube (m)	kube, terning (m)	['kʉbə], ['tæːn̩iŋ]
prisme (m)	prisme (n)	['prismə]

circonférence (f)	omkrets (m)	['ɔm̩krɛts]
sphère (f)	sfære (m)	['sfærə]
globe (m)	kule (m/f)	['kʉːlə]

diamètre (m)	diameter (m)	['dia̩metər]
rayon (m)	radius (m)	['radiʉs]
périmètre (m)	perimeter (n)	[peri'metər]
centre (m)	midtpunkt (n)	['mit̩pʉnkt]

horizontal (adj)	horisontal	[hurisɔn'tal]
vertical (adj)	loddrett, lodd-	['lɔd̩rɛt], ['lɔd-]
parallèle (f)	parallell (m)	[para'lel]
parallèle (adj)	parallell	[para'lel]

ligne (f)	linje (m)	['linjə]
trait (m)	strek (m)	['strek]
ligne (f) droite	rett linje (m/f)	['rɛt 'linjə]
courbe (f)	kurve (m)	['kʉrvə]
fin (une ~ ligne)	tynn	['tʏn]
contour (m)	kontur (m)	[kʉn'tʉr]

intersection (f)	skjæringspunkt (n)	['ʂæriŋs̩pʉnkt]
angle (m) droit	rett vinkel (m)	['rɛt 'vinkəl]
segment (m)	segment (n)	[seg'mɛnt]
secteur (m)	sektor (m)	['sɛktʉr]
côté (m)	side (m/f)	['sidə]
angle (m)	vinkel (m)	['vinkəl]

22. Les unités de mesure

poids (m)	vekt (m)	['vɛkt]
longueur (f)	lengde (m/f)	['leŋdə]
largeur (f)	bredde (m)	['brɛdə]
hauteur (f)	høyde (m)	['højdə]
profondeur (f)	dybde (m)	['dʏbdə]
volume (m)	volum (n)	[vɔ'lʉm]
aire (f)	areal (n)	[̩are'al]

gramme (m)	gram (n)	['gram]
milligramme (m)	milligram (n)	['mili̩gram]

kilogramme (m)	**kilogram** (n)	['çilu͵gram]
tonne (f)	**tonn** (m/n)	['tɔn]
livre (f)	**pund** (n)	['pʉn]
once (f)	**unse** (m)	['ʉnsə]

mètre (m)	**meter** (m)	['metər]
millimètre (m)	**millimeter** (m)	['mili͵metər]
centimètre (m)	**centimeter** (m)	['sɛnti͵metər]
kilomètre (m)	**kilometer** (m)	['çilu͵metər]
mille (m)	**mil** (m/f)	['mil]

pouce (m)	**tomme** (m)	['tɔmə]
pied (m)	**fot** (m)	['fʊt]
yard (m)	**yard** (m)	['jaːrd]

mètre (m) carré	**kvadratmeter** (m)	[kva'drat͵metər]
hectare (m)	**hektar** (n)	['hɛktar]

litre (m)	**liter** (m)	['litər]
degré (m)	**grad** (m)	['grad]
volt (m)	**volt** (m)	['vɔlt]
ampère (m)	**ampere** (m)	[am'pɛr]
cheval-vapeur (m)	**hestekraft** (m/f)	['hɛstə͵kraft]

quantité (f)	**mengde** (m)	['mɛŋdə]
un peu de …	**få …**	['fɔ …]
moitié (f)	**halvdel** (m)	['haldel]
douzaine (f)	**dusin** (n)	[dʉ'sin]
pièce (f)	**stykke** (n)	['stʏkə]

dimension (f)	**størrelse** (m)	['stœrəlsə]
échelle (f) (de la carte)	**målestokk** (m)	['moːlə͵stɔk]

minimal (adj)	**minimal**	[mini'mal]
le plus petit (adj)	**minste**	['minstə]
moyen (adj)	**middel-**	['midəl-]
maximal (adj)	**maksimal**	[maksi'mal]
le plus grand (adj)	**største**	['stœʂtə]

23. Les récipients

bocal (m) en verre	**glaskrukke** (m/f)	['glas͵krʉkə]
boîte, canette (f)	**boks** (m)	['bɔks]
seau (m)	**bøtte** (m/f)	['bœtə]
tonneau (m)	**tønne** (m)	['tœnə]

bassine, cuvette (f)	**vaskefat** (n)	['vaskə͵fat]
cuve (f)	**tank** (m)	['tank]
flasque (f)	**lommelerke** (m/f)	['lʊmə͵lærkə]
jerrican (m)	**bensinkanne** (m/f)	[bɛn'sin͵kanə]
citerne (f)	**tank** (m)	['tank]

tasse (f), mug (m)	**krus** (n)	['krʉs]
tasse (f)	**kopp** (m)	['kɔp]

soucoupe (f)	tefat (n)	['te̩ˌfɑt]
verre (m) (~ d'eau)	glass (n)	['glɑs]
verre (m) à vin	vinglass (n)	['vinˌglɑs]
faitout (m)	gryte (m/f)	['grytə]

| bouteille (f) | flaske (m) | ['flɑskə] |
| goulot (m) | flaskehals (m) | ['flɑskəˌhɑls] |

carafe (f)	karaffel (m)	[kɑ'rɑfəl]
pichet (m)	mugge (m/f)	['mʉgə]
récipient (m)	beholder (m)	[be'hɔlər]
pot (m)	pott, potte (m)	['pɔt], ['pɔtə]
vase (m)	vase (m)	['vɑsə]

flacon (m)	flakong (m)	[flɑ'kɔŋ]
fiole (f)	flaske (m/f)	['flɑskə]
tube (m)	tube (m)	['tʉbə]

sac (m) (grand ~)	sekk (m)	['sɛk]
sac (m) (~ en plastique)	pose (m)	['pʉsə]
paquet (m) (~ de cigarettes)	pakke (m/f)	['pɑkə]

boîte (f)	eske (m/f)	['ɛskə]
caisse (f)	kasse (m/f)	['kɑsə]
panier (m)	kurv (m)	['kʉrv]

24. Les matériaux

matériau (m)	materiale (n)	[materi'ɑlə]
bois (m)	tre (n)	['trɛ]
en bois (adj)	tre-, av tre	['trɛ-], [ɑː 'trɛ]

| verre (m) | glass (n) | ['glɑs] |
| en verre (adj) | glass- | ['glɑs-] |

| pierre (f) | stein (m) | ['stæjn] |
| en pierre (adj) | stein- | ['stæjn-] |

| plastique (m) | plast (m) | ['plɑst] |
| en plastique (adj) | plast- | ['plɑst-] |

| caoutchouc (m) | gummi (m) | ['gʉmi] |
| en caoutchouc (adj) | gummi- | ['gʉmi-] |

| tissu (m) | tøy (n) | ['tøj] |
| en tissu (adj) | tøy- | ['tøj-] |

| papier (m) | papir (n) | [pɑ'pir] |
| de papier (adj) | papir- | [pɑ'pir-] |

carton (m)	papp, kartong (m)	['pɑp], [kɑː'ʈɔŋ]
en carton (adj)	papp-, kartong-	['pɑp-], [kɑː'ʈɔŋ-]
polyéthylène (m)	polyetylen (n)	['pʉlyɛtyˌlen]
cellophane (f)	cellofan (m)	[sɛlu'fɑn]

linoléum (m)	linoleum (m)	[li'nɔleum]
contreplaqué (m)	kryssfiner (m)	['krʏsfiˌnɛr]

porcelaine (f)	porselen (n)	[pɔʂə'len]
de porcelaine (adj)	porselens-	[pɔʂə'lens-]
argile (f)	leir (n)	['læjr]
de terre cuite (adj)	leir-	['læjr-]
céramique (f)	keramikk (m)	[çera'mik]
en céramique (adj)	keramisk	[çe'ramisk]

25. Les métaux

métal (m)	metall (n)	[me'tal]
métallique (adj)	metall-	[me'tal-]
alliage (m)	legering (m/f)	[le'geriŋ]

or (m)	gull (n)	['gʉl]
en or (adj)	av gull, gull-	[ɑ: 'gʉl], ['gʉl-]
argent (m)	sølv (n)	['søl]
en argent (adj)	sølv-, av sølv	['søl-], [ɑ: 'søl]

fer (m)	jern (n)	['jæ:ɳ]
en fer (adj)	jern-	['jæ:ɳ-]
acier (m)	stål (n)	['stɔl]
en acier (adj)	stål-	['stɔl-]
cuivre (m)	kobber (n)	['kɔbər]
en cuivre (adj)	kobber-	['kɔbər-]

aluminium (m)	aluminium (n)	[alu'minium]
en aluminium (adj)	aluminium-	[alu'minium-]
bronze (m)	bronse (m)	['brɔnsə]
en bronze (adj)	bronse-	['brɔnsə-]

laiton (m)	messing (m)	['mɛsiŋ]
nickel (m)	nikkel (m)	['nikəl]
platine (f)	platina (m/n)	['platina]
mercure (m)	kvikksølv (n)	['kvikˌsøl]
étain (m)	tinn (n)	['tin]
plomb (m)	bly (n)	['bly]
zinc (m)	sink (m/n)	['sink]

L'HOMME

L'homme. Le corps humain

26. L'homme. Notions fondamentales

être (m) humain	menneske (n)	['mɛnəskə]
homme (m)	mann (m)	['man]
femme (f)	kvinne (m/f)	['kvinə]
enfant (m, f)	barn (n)	['bɑːɳ]
fille (f)	jente (m/f)	['jɛntə]
garçon (m)	gutt (m)	['gʉt]
adolescent (m)	tenåring (m)	['tɛnoːriŋ]
vieillard (m)	eldre mann (m)	['ɛldrə ˌman]
vieille femme (f)	eldre kvinne (m/f)	['ɛldrə ˌkvinə]

27. L'anatomie humaine

organisme (m)	organisme (m)	[ɔrgaˈnismə]
cœur (m)	hjerte (n)	['jæːʈə]
sang (m)	blod (n)	['blʉ]
artère (f)	arterie (m)	[ɑːˈʈeriə]
veine (f)	vene (m)	['veːnə]
cerveau (m)	hjerne (m)	['jæːɳə]
nerf (m)	nerve (m)	['nærvə]
nerfs (m pl)	nerver (m pl)	['nærvər]
vertèbre (f)	ryggvirvel (m)	['rʏgˌvirvəl]
colonne (f) vertébrale	ryggrad (m)	['rʏgˌrad]
estomac (m)	magesekk (m)	['magəˌsɛk]
intestins (m pl)	innvoller, tarmer (m pl)	['inˌvɔlər], ['tarmər]
intestin (m)	tarm (m)	['tarm]
foie (m)	lever (m)	['levər]
rein (m)	nyre (m/n)	['nyrə]
os (m)	bein (n)	['bæjn]
squelette (f)	skjelett (n)	[ʂeˈlet]
côte (f)	ribbein (n)	['ribˌbæjn]
crâne (m)	hodeskalle (m)	['hʉdəˌskalə]
muscle (m)	muskel (m)	['mʉskəl]
biceps (m)	biceps (m)	['bisɛps]
triceps (m)	triceps (m)	['trisɛps]
tendon (m)	sene (m/f)	['seːnə]
articulation (f)	ledd (n)	['led]

poumons (m pl)	lunger (m pl)	['luŋər]
organes (m pl) génitaux	kjønnsorganer (n pl)	['çœns‚ɔr'ganər]
peau (f)	hud (m/f)	['hʉd]

28. La tête

tête (f)	hode (n)	['hʉdə]
visage (m)	ansikt (n)	['ɑnsikt]
nez (m)	nese (m/f)	['nesə]
bouche (f)	munn (m)	['mʉn]

œil (m)	øye (n)	['øjə]
les yeux	øyne (n pl)	['øjnə]
pupille (f)	pupill (m)	[pʉ'pil]
sourcil (m)	øyenbryn (n)	['øjən‚bryn]
cil (m)	øyenvipp (m)	['øjən‚vip]
paupière (f)	øyelokk (m)	['øjə‚lɔk]

langue (f)	tunge (m/f)	['tʉŋə]
dent (f)	tann (m/f)	['tɑn]
lèvres (f pl)	lepper (m/f pl)	['lepər]
pommettes (f pl)	kinnbein (n pl)	['çin‚bæjn]
gencive (f)	tannkjøtt (n)	['tɑn‚çœt]
palais (m)	gane (m)	['gɑnə]

narines (f pl)	nesebor (n pl)	['nesə‚bʉr]
menton (m)	hake (m/f)	['hɑkə]
mâchoire (f)	kjeve (m)	['çɛvə]
joue (f)	kinn (n)	['çin]

front (m)	panne (m/f)	['pɑnə]
tempe (f)	tinning (m)	['tiniŋ]
oreille (f)	øre (n)	['ørə]
nuque (f)	bakhode (n)	['bɑk‚hodə]
cou (m)	hals (m)	['hɑls]
gorge (f)	strupe, hals (m)	['strʉpə], ['hɑls]

cheveux (m pl)	hår (n pl)	['hɔr]
coiffure (f)	frisyre (m)	[fri'syrə]
coupe (f)	hårfasong (m)	['hoːrfɑ‚sɔŋ]
perruque (f)	parykk (m)	[pɑ'rʏk]

moustache (f)	mustasje (m)	[mʉ'stɑʂə]
barbe (f)	skjegg (n)	['ʂɛg]
porter (~ la barbe)	å ha	[ɔ 'hɑ]
tresse (f)	flette (m/f)	['fletə]
favoris (m pl)	bakkenbarter (pl)	['bɑkən‚bɑːʈər]

roux (adj)	rødhåret	['rø‚hoːrət]
gris, grisonnant (adj)	grå	['grɔ]
chauve (adj)	skallet	['skɑlət]
calvitie (f)	skallet flekk (m)	['skɑlət ‚flɛk]
queue (f) de cheval	hestehale (m)	['hɛstə‚hɑlə]
frange (f)	pannelugg (m)	['pɑnə‚lʉg]

29. Le corps humain

main (f)	hånd (m/f)	['hɔn]
bras (m)	arm (m)	['arm]

doigt (m)	finger (m)	['fiŋər]
orteil (m)	tå (m/f)	['tɔ]
pouce (m)	tommel (m)	['tɔməl]
petit doigt (m)	lillefinger (m)	['lilə‚fiŋər]
ongle (m)	negl (m)	['nɛjl]

poing (m)	knyttneve (m)	['knʏt‚nevə]
paume (f)	håndflate (m/f)	['hɔn‚flatə]
poignet (m)	håndledd (n)	['hɔn‚led]
avant-bras (m)	underarm (m)	['ʉnər‚arm]
coude (m)	albue (m)	['al‚bʉə]
épaule (f)	skulder (m)	['skʉldər]

jambe (f)	bein (n)	['bæjn]
pied (m)	fot (m)	['fʊt]
genou (m)	kne (n)	['knɛ]
mollet (m)	legg (m)	['leg]
hanche (f)	hofte (m)	['hɔftə]
talon (m)	hæl (m)	['hæl]

corps (m)	kropp (m)	['krɔp]
ventre (m)	mage (m)	['magə]
poitrine (f)	bryst (n)	['brʏst]
sein (m)	bryst (n)	['brʏst]
côté (m)	side (m/f)	['sidə]
dos (m)	rygg (m)	['rʏg]
reins (région lombaire)	korsrygg (m)	['kɔːʂ‚rʏg]
taille (f) (~ de guêpe)	liv (n), midje (m/f)	['liv], ['midjə]

nombril (m)	navle (m)	['navlə]
fesses (f pl)	rumpeballer (m pl)	['rʉmpə‚balər]
derrière (m)	bak (m)	['bak]

grain (m) de beauté	føflekk (m)	['fø‚flek]
tache (f) de vin	fødselsmerke (n)	['føtsəls‚mærkə]
tatouage (m)	tatovering (m/f)	[tatʊ'vɛriŋ]
cicatrice (f)	arr (n)	['ar]

Les vêtements & les accessoires

30. Les vêtements d'extérieur

vêtement (m)	klær (n)	['klær]
survêtement (m)	yttertøy (n)	['ytə‚tøj]
vêtement (m) d'hiver	vinterklær (n pl)	['vintər‚klær]
manteau (m)	frakk (m), kåpe (m/f)	['frɑk], ['ko:pə]
manteau (m) de fourrure	pels (m), pelskåpe (m/f)	['pɛls], ['pɛls‚ko:pə]
veste (f) de fourrure	pelsjakke (m/f)	['pɛls‚jakə]
manteau (m) de duvet	dunjakke (m/f)	['dʉn‚jakə]
veste (f) (~ en cuir)	jakke (m/f)	['jakə]
imperméable (m)	regnfrakk (m)	['ræjn‚frɑk]
imperméable (adj)	vanntett	['vɑn‚tɛt]

31. Les vêtements

chemise (f)	skjorte (m/f)	['ʂœ:ʈə]
pantalon (m)	bukse (m/f)	['bʉksə]
jean (m)	jeans (m)	['dʒins]
veston (m)	dressjakke (m/f)	['drɛs‚jakə]
complet (m)	dress (m)	['drɛs]
robe (f)	kjole (m)	['çulə]
jupe (f)	skjørt (n)	['ʂø:ʈ]
chemisette (f)	bluse (m)	['blʉsə]
veste (f) en laine	strikket trøye (m/f)	['strikə 'trøjə]
jaquette (f), blazer (m)	blazer (m)	['blæsər]
tee-shirt (m)	T-skjorte (m/f)	['te‚ʂœ:ʈə]
short (m)	shorts (m)	['ʂɔ:ʈs]
costume (m) de sport	treningsdrakt (m/f)	['treniŋs‚drɑkt]
peignoir (m) de bain	badekåpe (m/f)	['badə‚ko:pə]
pyjama (m)	pyjamas (m)	[py'ʂamɑs]
chandail (m)	sweater (m)	['svɛtər]
pull-over (m)	pullover (m)	[pʉ'lɔvər]
gilet (m)	vest (m)	['vɛst]
queue-de-pie (f)	livkjole (m)	['liv‚çulə]
smoking (m)	smoking (m)	['smɔkiŋ]
uniforme (m)	uniform (m)	[ʉni'fɔrm]
tenue (f) de travail	arbeidsklær (n pl)	['ʉrbæjdə‚klær]
salopette (f)	kjeledress, overall (m)	['çelə‚drɛs], ['ɔvɛr‚ɔl]
blouse (f) (d'un médecin)	kittel (m)	['çitəl]

32. Les sous-vêtements

sous-vêtements (m pl)	undertøy (n)	['ʉnəˌtøj]
boxer (m)	underbukse (m/f)	['ʉnərˌbʉksə]
slip (m) de femme	truse (m/f)	['trʉsə]
maillot (m) de corps	undertrøye (m/f)	['ʉnəˌtrøjə]
chaussettes (f pl)	sokker (m pl)	['sɔkər]
chemise (f) de nuit	nattkjole (m)	['natˌçʉlə]
soutien-gorge (m)	behå (m)	['beˌhɔ]
chaussettes (f pl) hautes	knestrømper (m/f pl)	['knɛˌstrømpər]
collants (m pl)	strømpebukse (m/f)	['strømpəˌbʉksə]
bas (m pl)	strømper (m/f pl)	['strømpər]
maillot (m) de bain	badedrakt (m/f)	['badəˌdrakt]

33. Les chapeaux

chapeau (m)	hatt (m)	['hat]
chapeau (m) feutre	hatt (m)	['hat]
casquette (f) de base-ball	baseball cap (m)	['bɛjsbɔl kɛp]
casquette (f)	sikspens (m)	['sikspens]
béret (m)	alpelue, baskerlue (m/f)	['alpəˌlʉə], ['baskəˌlʉə]
capuche (f)	hette (m/f)	['hɛtə]
panama (m)	panamahatt (m)	['panamaˌhat]
bonnet (m) de laine	strikket lue (m/f)	['strikəˌlʉə]
foulard (m)	skaut (n)	['skaʉt]
chapeau (m) de femme	hatt (m)	['hat]
casque (m) (d'ouvriers)	hjelm (m)	['jɛlm]
calot (m)	båtlue (m/f)	['bɔtˌlʉə]
casque (m) (~ de moto)	hjelm (m)	['jɛlm]
melon (m)	bowlerhatt, skalk (m)	['bɔʉlerˌhat], ['skalk]
haut-de-forme (m)	flosshatt (m)	['flɔsˌhat]

34. Les chaussures

chaussures (f pl)	skotøy (n)	['skʉtøj]
bottines (f pl)	skor (m pl)	['skʉr]
souliers (m pl) (~ plats)	pumps (m pl)	['pʉmps]
bottes (f pl)	støvler (m pl)	['støvlər]
chaussons (m pl)	tøfler (m pl)	['tøflər]
tennis (m pl)	tennissko (m pl)	['tɛnisˌskʉ]
baskets (f pl)	canvas sko (m pl)	['kanvas ˌskʉ]
sandales (f pl)	sandaler (m pl)	[san'dalər]
cordonnier (m)	skomaker (m)	['skʉˌmakər]
talon (m)	hæl (m)	['hæl]

paire (f)	par (n)	['par]
lacet (m)	skolisse (m/f)	['skʊˌlisə]
lacer (vt)	å snøre	[ɔ 'snørə]
chausse-pied (m)	skohorn (n)	['skʊˌhuːn]
cirage (m)	skokrem (m)	['skʊˌkrɛm]

35. Le textile. Les tissus

coton (m)	bomull (m/f)	['buˌmʉl]
de coton (adj)	bomulls-	['buˌmʉls-]
lin (m)	lin (n)	['lin]
de lin (adj)	lin-	['lin-]
soie (f)	silke (m)	['silkə]
de soie (adj)	silke-	['silkə-]
laine (f)	ull (m/f)	['ʉl]
en laine (adj)	ull-, av ull	['ʉl-], ['ɑː ʉl]
velours (m)	fløyel (m)	['fløjəl]
chamois (m)	semsket skinn (n)	['sɛmsket ˌsin]
velours (m) côtelé	kordfløyel (m/n)	['kɔːdˌfløjəl]
nylon (m)	nylon (n)	['nyˌlɔn]
en nylon (adj)	nylon-	['nyˌlɔn-]
polyester (m)	polyester (m)	[pʊly'ɛstər]
en polyester (adj)	polyester-	[pʊly'ɛstər-]
cuir (m)	lær, skinn (n)	['lær], ['ʂin]
en cuir (adj)	lær-, av lær	['lær-], ['ɑː lær]
fourrure (f)	pels (m)	['pɛls]
en fourrure (adj)	pels-	['pɛls-]

36. Les accessoires personnels

gants (m pl)	hansker (m pl)	['hanskər]
moufles (f pl)	votter (m pl)	['vɔtər]
écharpe (f)	skjerf (n)	['ʂærf]
lunettes (f pl)	briller (m pl)	['brilər]
monture (f)	innfatning (m/f)	['inˌfatniŋ]
parapluie (m)	paraply (m)	[para'ply]
canne (f)	stokk (m)	['stɔk]
brosse (f) à cheveux	hårbørste (m)	['hɔrˌbœʂtə]
éventail (m)	vifte (m/f)	['viftə]
cravate (f)	slips (n)	['slips]
nœud papillon (m)	sløyfe (m/f)	['sløjfə]
bretelles (f pl)	bukseseler (m pl)	['bʉksə'selər]
mouchoir (m)	lommetørkle (n)	['lʊməˌtœrklə]
peigne (m)	kam (m)	['kam]
barrette (f)	hårspenne (m/f/n)	['hɔːrˌspɛnə]

épingle (f) à cheveux	hårnål (m/f)	['ho:r,nol]
boucle (f)	spenne (m/f/n)	['spɛnə]

ceinture (f)	belte (m)	['bɛltə]
bandoulière (f)	skulderreim, rem (m/f)	['skuldə,ræjm], ['rem]

sac (m)	veske (m/f)	['vɛskə]
sac (m) à main	håndveske (m/f)	['hɔn,vɛskə]
sac (m) à dos	ryggsekk (m)	['ryg,sɛk]

37. Les vêtements. Divers

mode (f)	mote (m)	['mutə]
à la mode (adj)	moteriktig	['mutə,rikti]
couturier, créateur de mode	moteskaper (m)	['mutə,skapər]

col (m)	krage (m)	['kragə]
poche (f)	lomme (m/f)	['lumə]
de poche (adj)	lomme-	['lumə-]
manche (f)	erme (n)	['ærmə]
bride (f)	hempe (m)	['hɛmpə]
braguette (f)	gylf, buksesmekk (m)	['gylf], ['buksə,smɛk]

fermeture (f) à glissière	glidelås (m/n)	['glidə,lɔs]
agrafe (f)	hekte (m/f), knepping (m)	['hɛktə], ['knɛpiŋ]
bouton (m)	knapp (m)	['knap]
boutonnière (f)	klapphull (n)	['klap,hul]
s'arracher (bouton)	å falle av	[ɔ 'falə a:]

coudre (vi, vt)	å sy	[ɔ 'sy]
broder (vt)	å brodere	[ɔ bru'derə]
broderie (f)	broderi (n)	[brude'ri]
aiguille (f)	synål (m/f)	['sy,nɔl]
fil (m)	tråd (m)	['trɔ]
couture (f)	søm (m)	['søm]

se salir (vp)	å skitne seg til	[ɔ 'şitnə sæj til]
tache (f)	flekk (m)	['flek]
se froisser (vp)	å bli skrukkete	[ɔ 'bli 'skruketə]
déchirer (vt)	å rive	[ɔ 'rivə]
mite (f)	møll (m/n)	['møl]

38. L'hygiène corporelle. Les cosmétiques

dentifrice (m)	tannpasta (m)	['tan,pasta]
brosse (f) à dents	tannbørste (m)	['tan,bœştə]
se brosser les dents	å pusse tennene	[ɔ 'pusə 'tɛnənə]

rasoir (m)	høvel (m)	['høvəl]
crème (f) à raser	barberkrem (m)	[bar'bɛr,krɛm]
se raser (vp)	å barbere seg	[ɔ bar'berə sæj]
savon (m)	såpe (m/f)	['so:pə]

shampooing (m)	sjampo (m)	['ʂamˌpʊ]
ciseaux (m pl)	saks (m/f)	['saks]
lime (f) à ongles	neglefil (m/f)	['nɛjləˌfil]
pinces (f pl) à ongles	negleklipper (m)	['nɛjləˌklipər]
pince (f) à épiler	pinsett (m)	[pin'sɛt]

produits (m pl) de beauté	kosmetikk (m)	[kʊsme'tik]
masque (m) de beauté	ansiktsmaske (m/f)	['ansiktsˌmaskə]
manucure (f)	manikyr (m)	[mani'kyr]
se faire les ongles	å få manikyr	[ɔ 'fɔ mani'kyr]
pédicurie (f)	pedikyr (m)	[pedi'kyr]

trousse (f) de toilette	sminkeveske (m/f)	['sminkəˌvɛskə]
poudre (f)	pudder (n)	['pʉdər]
poudrier (m)	pudderdåse (m)	['pʉdərˌdoːsə]
fard (m) à joues	rouge (m)	['ruːʂ]

parfum (m)	parfyme (m)	[par'fymə]
eau (f) de toilette	eau de toilette (m)	['ɔː də twa'let]
lotion (f)	lotion (m)	['loʊʂɛn]
eau de Cologne (f)	eau de cologne (m)	['ɔː də kɔ'lɔɲ]

fard (m) à paupières	øyeskygge (m)	['øjəˌsygə]
crayon (m) à paupières	eyeliner (m)	['aːjˌlajnər]
mascara (m)	maskara (m)	[ma'skara]

rouge (m) à lèvres	leppestift (m)	['lepəˌstift]
vernis (m) à ongles	neglelakk (m)	['nɛjləˌlak]
laque (f) pour les cheveux	hårlakk (m)	['hoːrˌlak]
déodorant (m)	deodorant (m)	[deudʉ'rant]

crème (f)	krem (m)	['krɛm]
crème (f) pour le visage	ansiktskrem (m)	['ansiktsˌkrɛm]
crème (f) pour les mains	håndkrem (m)	['hɔnˌkrɛm]
crème (f) anti-rides	antirynkekrem (m)	[anti'rʏnkəˌkrɛm]
crème (f) de jour	dagkrem (m)	['dagˌkrɛm]
crème (f) de nuit	nattkrem (m)	['natˌkrɛm]
de jour (adj)	dag-	['dag-]
de nuit (adj)	natt-	['nat-]

tampon (m)	tampong (m)	[tam'pɔŋ]
papier (m) de toilette	toalettpapir (n)	[tʊa'let pa'pir]
sèche-cheveux (m)	hårføner (m)	['hoːrˌfønər]

39. Les bijoux. La bijouterie

bijoux (m pl)	smykker (n pl)	['smʏkər]
précieux (adj)	edel-	['ɛdəl-]
poinçon (m)	stempel (n)	['stɛmpəl]

bague (f)	ring (m)	['riŋ]
alliance (f)	giftering (m)	['jiftʉˌriŋ]
bracelet (m)	armbånd (n)	['armˌbɔn]
boucles (f pl) d'oreille	øreringer (m pl)	['ørəˌriŋər]

collier (m) (de perles)	halssmykke (n)	['hɑls‚smʏkə]
couronne (f)	krone (m/f)	['krʊnə]
collier (m) (en verre, etc.)	perlekjede (m/n)	['pærlə‚çɛ:də]

diamant (m)	diamant (m)	[diɑ'mɑnt]
émeraude (f)	smaragd (m)	[smɑ'rɑgd]
rubis (m)	rubin (m)	[rʉ'bin]
saphir (m)	safir (m)	[sɑ'fir]
perle (f)	perler (m pl)	['pærlər]
ambre (m)	rav (n)	['rɑv]

40. Les montres. Les horloges

montre (f)	armbåndsur (n)	['ɑrmbɔns‚ʉr]
cadran (m)	urskive (m/f)	['ʉ:‚şivə]
aiguille (f)	viser (m)	['visər]
bracelet (m)	armbånd (n)	['ɑrm‚bɔn]
bracelet (m) (en cuir)	rem (m/f)	['rem]

pile (f)	batteri (n)	[bɑtɛ'ri]
être déchargé	å bli utladet	[ɔ 'bli 'ʉt‚lɑdət]
changer de pile	å skifte batteriene	[ɔ 'şiftə bɑtɛ'riene]
avancer (vi)	å gå for fort	[ɔ 'gɔ fɔ 'fɔ:t]
retarder (vi)	å gå for sakte	[ɔ 'gɔ fɔ 'sɑktə]

pendule (f)	veggur (n)	['vɛg‚ʉr]
sablier (m)	timeglass (n)	['timə‚glɑs]
cadran (m) solaire	solur (n)	['sʊl‚ʉr]
réveil (m)	vekkerklokka (m/f)	['vɛkər‚klɔkɑ]
horloger (m)	urmaker (m)	['ʉr‚mɑkər]
réparer (vt)	å reparere	[ɔ repɑ'rerə]

Les aliments. L'alimentation

41. Les aliments

viande (f)	kjøtt (n)	['çœt]
poulet (m)	høne (m/f)	['hønə]
poulet (m) (poussin)	kylling (m)	['çyliŋ]
canard (m)	and (m/f)	['an]
oie (f)	gås (m/f)	['gɔs]
gibier (m)	vilt (n)	['vilt]
dinde (f)	kalkun (m)	[kɑl'kʉn]

du porc	svinekjøtt (n)	['svinə,çœt]
du veau	kalvekjøtt (n)	['kɑlvə,çœt]
du mouton	fårekjøtt (n)	['fo:rə,çœt]
du bœuf	oksekjøtt (n)	['ɔksə,çœt]
lapin (m)	kanin (m)	[kɑ'nin]

saucisson (m)	pølse (m/f)	['pølsə]
saucisse (f)	wienerpølse (m/f)	['vinər,pølsə]
bacon (m)	bacon (n)	['bɛjkən]
jambon (m)	skinke (m)	['ʂinkə]
cuisse (f)	skinke (m)	['ʂinkə]

pâté (m)	pate, paté (m)	[pɑ'te]
foie (m)	lever (m)	['levər]
farce (f)	kjøttfarse (m)	['çœt,farʂə]
langue (f)	tunge (m/f)	['tʉŋə]

œuf (m)	egg (n)	['ɛg]
les œufs	egg (n pl)	['ɛg]
blanc (m) d'œuf	eggehvite (m)	['ɛgə,vitə]
jaune (m) d'œuf	plomme (m/f)	['plʉmə]

poisson (m)	fisk (m)	['fisk]
fruits (m pl) de mer	sjømat (m)	['ʂø,mɑt]
crustacés (m pl)	krepsdyr (n pl)	['krɛps,dyr]
caviar (m)	kaviar (m)	['kɑvi,ɑr]

crabe (m)	krabbe (m)	['krɑbə]
crevette (f)	reke (m/f)	['rekə]
huître (f)	østers (m)	['østəʂ]
langoustine (f)	langust (m)	[lɑŋ'gʉst]
poulpe (m)	blekksprut (m)	['blek,sprʉt]
calamar (m)	blekksprut (m)	['blek,sprʉt]

esturgeon (m)	stør (m)	['stør]
saumon (m)	laks (m)	['lɑks]
flétan (m)	kveite (m/f)	['kvæjtə]
morue (f)	torsk (m)	['tɔʂk]

maquereau (m)	makrell (m)	['maˈkrɛl]
thon (m)	tunfisk (m)	['tʉnˌfisk]
anguille (f)	ål (m)	['ɔl]

truite (f)	ørret (m)	['øret]
sardine (f)	sardin (m)	[saːˈdin]
brochet (m)	gjedde (m/f)	['jɛdə]
hareng (m)	sild (m/f)	['sil]

pain (m)	brød (n)	['brø]
fromage (m)	ost (m)	['ʊst]
sucre (m)	sukker (n)	['sʉkər]
sel (m)	salt (n)	['salt]

riz (m)	ris (m)	['ris]
pâtes (m pl)	pasta, makaroni (m)	['pasta], [makaˈrʊni]
nouilles (f pl)	nudler (m pl)	['nʉdlər]

beurre (m)	smør (n)	['smør]
huile (f) végétale	vegetabilsk olje (m)	[vegetaˈbilsk ˌɔljə]
huile (f) de tournesol	solsikkeolje (m)	['sʊlsikəˌɔljə]
margarine (f)	margarin (m)	[margaˈrin]

| olives (f pl) | olivener (m pl) | [ʊˈlivenər] |
| huile (f) d'olive | olivenolje (m) | [ʊˈlivənˌɔljə] |

lait (m)	melk (m/f)	['mɛlk]
lait (m) condensé	kondensert melk (m/f)	[kʊndənˈseːt̪ ˌmɛlk]
yogourt (m)	jogurt (m)	['jɔgʉːt]
crème (f) aigre	rømme, syrnet fløte (m)	['rœmə], ['syːɳet 'fløtə]
crème (f) (de lait)	fløte (m)	['fløtə]

| sauce (f) mayonnaise | majones (m) | [majɔˈnɛs] |
| crème (f) au beurre | krem (m) | ['krɛm] |

gruau (m)	gryn (n)	['gryn]
farine (f)	mel (n)	['mel]
conserves (f pl)	hermetikk (m)	[hɛrmeˈtik]

pétales (m pl) de maïs	cornflakes (m)	['kɔːɳˌflejks]
miel (m)	honning (m)	['hɔniŋ]
confiture (f)	syltetøy (n)	['syltəˌtøj]
gomme (f) à mâcher	tyggegummi (m)	['tygəˌgʉmi]

42. Les boissons

eau (f)	vann (n)	['van]
eau (f) potable	drikkevann (n)	['drikəˌvan]
eau (f) minérale	mineralvann (n)	[minəˈralˌvan]

plate (adj)	uten kullsyre	['ʉtən kʉl'syrə]
gazeuse (l'eau ~)	kullsyret	[kʉl'syrət]
pétillante (adj)	med kullsyre	[me kʉl'syrə]
glace (f)	is (m)	['is]

avec de la glace	med is	[me 'is]
sans alcool	alkoholfri	['alkʊhʊlˌfri]
boisson (f) non alcoolisée	alkoholfri drikk (m)	['alkʊhʊlˌfri drik]
rafraîchissement (m)	leskedrikk (m)	['leskeˌdrik]
limonade (f)	limonade (m)	[limɔ'nɑdə]

boissons (f pl) alcoolisées	rusdrikker (m pl)	['rʉsˌdrikər]
vin (m)	vin (m)	['vin]
vin (m) blanc	hvitvin (m)	['vitˌvin]
vin (m) rouge	rødvin (m)	['røˌvin]

liqueur (f)	likør (m)	[li'kør]
champagne (m)	champagne (m)	[ʂam'panjə]
vermouth (m)	vermut (m)	['værmʉt]

whisky (m)	whisky (m)	['viski]
vodka (f)	vodka (m)	['vɔdka]
gin (m)	gin (m)	['dʒin]
cognac (m)	konjakk (m)	['kʊnjak]
rhum (m)	rom (m)	['rʊm]

café (m)	kaffe (m)	['kafə]
café (m) noir	svart kaffe (m)	['svɑːʈ 'kafə]
café (m) au lait	kaffe (m) med melk	['kafə me 'mɛlk]
cappuccino (m)	cappuccino (m)	[kapu'tʃinɔ]
café (m) soluble	pulverkaffe (m)	['pʉlvərˌkafə]

lait (m)	melk (m/f)	['mɛlk]
cocktail (m)	cocktail (m)	['kɔkˌtɛjl]
cocktail (m) au lait	milkshake (m)	['milkˌʂɛjk]

jus (m)	jus, juice (m)	['dʒʉs]
jus (m) de tomate	tomatjuice (m)	[tʉ'matˌdʒʉs]
jus (m) d'orange	appelsinjuice (m)	[apel'sinˌdʒʉs]
jus (m) pressé	nypresset juice (m)	['nyˌprɛsə 'dʒʉs]

bière (f)	øl (m/n)	['øl]
bière (f) blonde	lettøl (n)	['letˌøl]
bière (f) brune	mørkt øl (n)	['mœrktˌøl]

thé (m)	te (m)	['te]
thé (m) noir	svart te (m)	['svɑːʈ ˌte]
thé (m) vert	grønn te (m)	['grœn ˌte]

43. Les légumes

légumes (m pl)	grønnsaker (m pl)	['grœnˌsakər]
verdure (f)	grønnsaker (m pl)	['grœnˌsakər]

tomate (f)	tomat (m)	[tʉ'mat]
concombre (m)	agurk (m)	[a'gʉrk]
carotte (f)	gulrot (m/f)	['gʉlˌrʊl]
pomme (f) de terre	potet (m/f)	[pʉ'tet]
oignon (m)	løk (m)	['løk]

ail (m)	hvitløk (m)	['vit̩løk]
chou (m)	kål (m)	['kɔl]
chou-fleur (m)	blomkål (m)	['blɔm̩kɔl]
chou (m) de Bruxelles	rosenkål (m)	['rʊsən̩kɔl]
brocoli (m)	brokkoli (m)	['brɔkɔli]

betterave (f)	rødbete (m/f)	['rø̩betə]
aubergine (f)	aubergine (m)	[ɔbɛr'şin]
courgette (f)	squash (m)	['skvɔş]
potiron (m)	gresskar (n)	['grɛskar]
navet (m)	nepe (m/f)	['nepə]

persil (m)	persille (m/f)	[pæ'şilə]
fenouil (m)	dill (m)	['dil]
laitue (f) (salade)	salat (m)	[sa'lat]
céleri (m)	selleri (m/n)	[sɛle̩ri]
asperge (f)	asparges (m)	[a'sparşəs]
épinard (m)	spinat (m)	[spi'nat]

pois (m)	erter (m pl)	['æ:ţər]
fèves (f pl)	bønner (m/f pl)	['bœnər]
maïs (m)	mais (m)	['mais]
haricot (m)	bønne (m/f)	['bœnə]

poivron (m)	pepper (m)	['pɛpər]
radis (m)	reddik (m)	['rɛdik]
artichaut (m)	artisjokk (m)	[ˌa:ţi'şɔk]

44. Les fruits. Les noix

fruit (m)	frukt (m/f)	['frʉkt]
pomme (f)	eple (n)	['ɛplə]
poire (f)	pære (m/f)	['pærə]
citron (m)	sitron (m)	[si'trʊn]
orange (f)	appelsin (m)	[apel'sin]
fraise (f)	jordbær (n)	['ju:r̩bær]

mandarine (f)	mandarin (m)	[manda'rin]
prune (f)	plomme (m/f)	['plʊmə]
pêche (f)	fersken (m)	['fæşkən]
abricot (m)	aprikos (m)	[apri'kʊs]
framboise (f)	bringebær (n)	['briŋə̩bær]
ananas (m)	ananas (m)	['ananas]

banane (f)	banan (m)	[ba'nan]
pastèque (f)	vannmelon (m)	['vanme̩lʊn]
raisin (m)	drue (m/f)	['drʉə]
cerise (f)	kirsebær (n)	['çişə̩bær]
merise (f)	morell (m)	[mʊ'rɛl]
melon (m)	melon (m)	[me'lun]

pamplemousse (m)	grapefrukt (m/f)	['grɛjp̩frʉkt]
avocat (m)	avokado (m)	[avo'kadɔ]
papaye (f)	papaya (m)	[pa'paja]

| mangue (f) | mango (m) | ['maŋu] |
| grenade (f) | granateple (n) | [gra'nat,ɛplə] |

groseille (f) rouge	rips (m)	['rips]
cassis (m)	solbær (n)	['sʊl,bær]
groseille (f) verte	stikkelsbær (n)	['stikəls,bær]
myrtille (f)	blåbær (n)	['blɔ,bær]
mûre (f)	bjørnebær (m)	['bjœ:ŋə,bær]

raisin (m) sec	rosin (m)	[rʊ'sin]
figue (f)	fiken (m)	['fikən]
datte (f)	daddel (m)	['dadəl]

cacahuète (f)	jordnøtt (m)	['ju:r,nœt]
amande (f)	mandel (m)	['mandəl]
noix (f)	valnøtt (m/f)	['val,nœt]
noisette (f)	hasselnøtt (m/f)	['hasəl,nœt]
noix (f) de coco	kokosnøtt (m/f)	['kʊkʊs,nœt]
pistaches (f pl)	pistasier (m pl)	[pi'staşiər]

45. Le pain. Les confiseries

confiserie (f)	bakevarer (m/f pl)	['bakə,varər]
pain (m)	brød (n)	['brø]
biscuit (m)	kjeks (m)	['çɛks]

chocolat (m)	sjokolade (m)	[şʊkʊ'ladə]
en chocolat (adj)	sjokolade-	[şʊkʊ'ladə-]
bonbon (m)	sukkertøy (n), karamell (m)	['sɵkə,tøj], [kara'mɛl]
gâteau (m), pâtisserie (f)	kake (m/f)	['kakə]
tarte (f)	bløtkake (m/f)	['bløt,kakə]

| gâteau (m) | pai (m) | ['paj] |
| garniture (f) | fyll (m/n) | ['fʏl] |

confiture (f)	syltetøy (n)	['syltə,tøj]
marmelade (f)	marmelade (m)	[marme'ladə]
gaufre (f)	vaffel (m)	['vafəl]
glace (f)	iskrem (m)	['iskrɛm]
pudding (m)	pudding (m)	['pʉdiŋ]

46. Les plats cuisinês

plat (m)	rett (m)	['rɛt]
cuisine (f)	kjøkken (n)	['çœkən]
recette (f)	oppskrift (m)	['ɔp,skrift]
portion (f)	porsjon (m)	[pɔ'şʊn]

salade (f)	salat (m)	[sa'lat]
soupe (f)	suppe (m/f)	['sʉpə]
bouillon (m)	buljong (m)	[bu'ljɔŋ]
sandwich (m)	smørbrød (n)	['smør,brø]

les œufs brouillés	speilegg (n)	['spæjl,ɛg]
hamburger (m)	hamburger (m)	['hambʊrgər]
steak (m)	biff (m)	['bif]

garniture (f)	tilbehør (n)	['tilbə,hør]
spaghettis (m pl)	spagetti (m)	[spɑ'gɛti]
purée (f)	potetmos (m)	[pʊ'tet,mʊs]
pizza (f)	pizza (m)	['pitsɑ]
bouillie (f)	grøt (m)	['grøt]
omelette (f)	omelett (m)	[ɔmə'let]

cuit à l'eau (adj)	kokt	['kʊkt]
fumé (adj)	røkt	['røkt]
frit (adj)	stekt	['stɛkt]
sec (adj)	tørket	['tœrkət]
congelé (adj)	frossen, dypfryst	['frɔsən], ['dyp,frʏst]
mariné (adj)	syltet	['sʏltət]

sucré (adj)	søt	['søt]
salé (adj)	salt	['salt]
froid (adj)	kald	['kɑl]
chaud (adj)	het, varm	['het], ['vɑrm]
amer (adj)	bitter	['bitər]
bon (savoureux)	lekker	['lekər]

cuire à l'eau	å koke	[ɔ 'kʊkə]
préparer (le dîner)	å lage	[ɔ 'lɑgə]
faire frire	å steke	[ɔ 'stekə]
réchauffer (vt)	å varme opp	[ɔ 'vɑrmə ɔp]

saler (vt)	å salte	[ɔ 'saltə]
poivrer (vt)	å pepre	[ɔ 'pɛprə]
râper (vt)	å rive	[ɔ 'rivə]
peau (f)	skall (n)	['skɑl]
éplucher (vt)	å skrelle	[ɔ 'skrɛlə]

47. Les épices

sel (m)	salt (n)	['salt]
salé (adj)	salt	['salt]
saler (vt)	å salte	[ɔ 'saltə]

poivre (m) noir	svart pepper (m)	['svɑːṭ 'pɛpər]
poivre (m) rouge	rød pepper (m)	['rø 'pɛpər]
moutarde (f)	sennep (m)	['sɛnəp]
raifort (m)	pepperrot (m/f)	['pɛpər,rʊt]

condiment (m)	krydder (n)	['krʏdər]
épice (f)	krydder (n)	['krʏdər]
sauce (f)	saus (m)	['saʊs]
vinaigre (m)	eddik (m)	['ɛdik]

| anis (m) | anis (m) | ['ɑnis] |
| basilic (m) | basilik (m) | [bɑsi'lik] |

clou (m) de girofle	nellik (m)	['nɛlik]
gingembre (m)	ingefær (m)	['iŋəˌfær]
coriandre (m)	koriander (m)	[kʊri'andər]
cannelle (f)	kanel (m)	[ka'nel]

sésame (m)	sesam (m)	['sesam]
feuille (f) de laurier	laurbærblad (n)	['laʊrbærˌbla]
paprika (m)	paprika (m)	['paprika]
cumin (m)	karve, kummin (m)	['karvə], ['kʉmin]
safran (m)	safran (m)	[sa'fran]

48. Les repas

| nourriture (f) | mat (m) | ['mat] |
| manger (vi, vt) | å spise | [ɔ 'spisə] |

petit déjeuner (m)	frokost (m)	['frʊkɔst]
prendre le petit déjeuner	å spise frokost	[ɔ 'spisə ˌfrʊkɔst]
déjeuner (m)	lunsj, lunch (m)	['lʉnʂ]
déjeuner (vi)	å spise lunsj	[ɔ 'spisə ˌlʉnʂ]
dîner (m)	middag (m)	['miˌda]
dîner (vi)	å spise middag	[ɔ 'spisə 'miˌda]

| appétit (m) | appetitt (m) | [ape'tit] |
| Bon appétit! | God appetitt! | ['gʊ ape'tit] |

ouvrir (vt)	å åpne	[ɔ 'ɔpnə]
renverser (liquide)	å spille	[ɔ 'spilə]
se renverser (liquide)	å bli spilt	[ɔ 'bli 'spilt]

bouillir (vi)	å koke	[ɔ 'kʊkə]
faire bouillir	å koke	[ɔ 'kʊkə]
bouilli (l'eau ~e)	kokt	['kʊkt]

| refroidir (vt) | å svalne | [ɔ 'svalnə] |
| se refroidir (vp) | å avkjøles | [ɔ 'avˌçœləs] |

| goût (m) | smak (m) | ['smak] |
| arrière-goût (m) | bismak (m) | ['bismak] |

suivre un régime	å være på diet	[ɔ 'værə pɔ di'et]
régime (m)	diett (m)	[di'et]
vitamine (f)	vitamin (n)	[vita'min]
calorie (f)	kalori (m)	[kalʊ'ri]

| végétarien (m) | vegetarianer (m) | [vegetari'anər] |
| végétarien (adj) | vegetarisk | [vege'tarisk] |

lipides (m pl)	fett (n)	['fɛt]
protéines (f pl)	proteiner (n pl)	[prɔte'inər]
glucides (m pl)	kullhydrater (n pl)	['kʉlhyˌdratər]
tranche (f)	skive (m/f)	['ʂivə]
morceau (m)	stykke (n)	['stʏkə]
miette (f)	smule (m)	['smʉlə]

49. Le dressage de la table

cuillère (f)	skje (m)	['ʂe]
couteau (m)	kniv (m)	['kniv]
fourchette (f)	gaffel (m)	['gɑfəl]

tasse (f)	kopp (m)	['kɔp]
assiette (f)	tallerken (m)	[tɑ'lærkən]
soucoupe (f)	tefat (n)	['te‚fɑt]
serviette (f)	serviett (m)	[sɛrvi'ɛt]
cure-dent (m)	tannpirker (m)	['tɑn‚pirkər]

50. Le restaurant

restaurant (m)	restaurant (m)	[rɛstʊ'rɑŋ]
salon (m) de café	kafê, kaffebar (m)	[kɑ'fe], ['kɑfə‚bɑr]
bar (m)	bar (m)	['bɑr]
salon (m) de thé	tesalong (m)	['tesɑ‚lɔŋ]

serveur (m)	servitør (m)	['særvi'tør]
serveuse (f)	servitrise (m/f)	[særvi'trisə]
barman (m)	bartender (m)	['bɑː‚tɛndər]

carte (f)	meny (m)	[me'ny]
carte (f) des vins	vinkart (n)	['vin‚kɑːt]
réserver une table	å reservere bord	[ɔ resɛr'verə 'bʊr]

plat (m)	rett (m)	['rɛt]
commander (vt)	å bestille	[ɔ be'stilə]
faire la commande	å bestille	[ɔ be'stilə]

apéritif (m)	aperitiff (m)	[ɑperi'tif]
hors-d'œuvre (m)	forrett (m)	['fɔrɛt]
dessert (m)	dessert (m)	[de'sɛːr]

addition (f)	regning (m/f)	['rɛjniŋ]
régler l'addition	å betale regningen	[ɔ be'tɑlə 'rɛjniŋən]
rendre la monnaie	å gi tilbake veksel	[ɔ ji til'bɑkə 'vɛksəl]
pourboire (m)	driks (m)	['driks]

La famille. Les parents. Les amis

51. Les données personnelles. Les formulaires

prénom (m)	navn (n)	['navn]
nom (m) de famille	etternavn (n)	['ɛtə,ŋavn]
date (f) de naissance	fødselsdato (m)	['føtsəls,datʊ]
lieu (m) de naissance	fødested (n)	['fødə,sted]
nationalité (f)	nasjonalitet (m)	[naʂʊnali'tet]
domicile (m)	bosted (n)	['bʊ,sted]
pays (m)	land (n)	['lan]
profession (f)	yrke (n), profesjon (m)	['yrkə], [prʊfe'ʂʊn]
sexe (m)	kjønn (n)	['çœn]
taille (f)	høyde (m)	['højdə]
poids (m)	vekt (m)	['vɛkt]

52. La famille. Les liens de parenté

mère (f)	mor (m/f)	['mʊr]
père (m)	far (m)	['far]
fils (m)	sønn (m)	['ʂœn]
fille (f)	datter (m/f)	['datər]
fille (f) cadette	yngste datter (m/f)	['yŋstə 'datər]
fils (m) cadet	yngste sønn (m)	['yŋstə 'sœn]
fille (f) aînée	eldste datter (m/f)	['ɛlstə 'datər]
fils (m) aîné	eldste sønn (m)	['ɛlstə 'sœn]
frère (m)	bror (m)	['brʊr]
frère (m) aîné	eldre bror (m)	['ɛldrə ,brʊr]
frère (m) cadet	lillebror (m)	['lilə,brʊr]
sœur (f)	søster (m/f)	['søstər]
sœur (f) aînée	eldre søster (m/f)	['ɛldrə ,søstər]
sœur (f) cadette	lillesøster (m/f)	['lilə,søstər]
cousin (m)	fetter (m/f)	['fɛtər]
cousine (f)	kusine (m)	[kʉ'sinə]
maman (f)	mamma (m)	['mama]
papa (m)	pappa (m)	['papa]
parents (m pl)	foreldre (pl)	[fɔr'ɛldrə]
enfant (m, f)	barn (n)	['baːɳ]
enfants (pl)	barn (n pl)	['baːɳ]
grand-mère (f)	bestemor (m)	['bɛstə,mʊr]
grand-père (m)	bestefar (m)	['bɛstə,far]
petit-fils (m)	barnebarn (n)	['baːɳə,baːɳ]

| petite-fille (f) | barnebarn (n) | ['bɑːŋəˌbɑːn̩] |
| petits-enfants (pl) | barnebarn (n pl) | ['bɑːŋəˌbɑːn̩] |

oncle (m)	onkel (m)	['ʊnkəl]
tante (f)	tante (m/f)	['tɑntə]
neveu (m)	nevø (m)	[ne'vø]
nièce (f)	niese (m/f)	[ni'esə]

belle-mère (f)	svigermor (m/f)	['sviɡərˌmʊr]
beau-père (m)	svigerfar (m)	['sviɡərˌfar]
gendre (m)	svigersønn (m)	['sviɡərˌsœn]
belle-mère (f)	stemor (m/f)	['steˌmʊr]
beau-père (m)	stefar (m)	['steˌfar]

nourrisson (m)	brystbarn (n)	['brystˌbɑːn̩]
bébé (m)	spedbarn (n)	['speˌbɑːn̩]
petit (m)	lite barn (n)	['litə 'bɑːn̩]

femme (f)	kone (m/f)	['kʊnə]
mari (m)	mann (m)	['mɑn]
époux (m)	ektemann (m)	['ɛktəˌmɑn]
épouse (f)	hustru (m)	['hʊstrʉ]

marié (adj)	gift	['jift]
mariée (adj)	gift	['jift]
célibataire (adj)	ugift	[ʉ'jift]
célibataire (m)	ungkar (m)	['ʉŋˌkar]
divorcé (adj)	fraskilt	['frɑˌsilt]
veuve (f)	enke (m)	['ɛnkə]
veuf (m)	enkemann (m)	['ɛnkəˌmɑn]

parent (m)	slektning (m)	['ʂlektniŋ]
parent (m) proche	nær slektning (m)	['nær 'slektniŋ]
parent (m) éloigné	fjern slektning (m)	['fjæːn̩ 'slektniŋ]
parents (m pl)	slektninger (m pl)	['ʂlektniŋər]

orphelin (m), orpheline (f)	foreldreløst barn (n)	[for'ɛldrələst ˌbɑːn̩]
tuteur (m)	formynder (m)	['forˌmʏnər]
adopter (un garçon)	å adoptere	[ɔ adɔp'terə]
adopter (une fille)	å adoptere	[ɔ adɔp'terə]

53. Les amis. Les collègues

ami (m)	venn (m)	['vɛn]
amie (f)	venninne (m/f)	[vɛ'ninə]
amitié (f)	vennskap (n)	['vɛnˌskɑp]
être ami	å være venner	[ɔ 'værə 'vɛnər]

copain (m)	venn (m)	['vɛn]
copine (f)	venninne (m/f)	[vɛ'ninə]
partenaire (m)	partner (m)	['pɑːʈnər]

| chef (m) | sjef (m) | ['ʂɛf] |
| supérieur (m) | overordnet (m) | ['ɔvərˌɔrdnet] |

propriétaire (m)	eier (m)	['æjər]
subordonné (m)	underordnet (m)	['unərˌɔrdnet]
collègue (m, f)	kollega (m)	[kʊ'lega]

connaissance (f)	bekjent (m)	[be'çɛnt]
compagnon (m) de route	medpassasjer (m)	['meˌpasa'sɛr]
copain (m) de classe	klassekamerat (m)	['klasəˌkamə'raːt]

voisin (m)	nabo (m)	['nabʊ]
voisine (f)	nabo (m)	['nabʊ]
voisins (m pl)	naboer (m pl)	['nabʊər]

54. L'homme. La femme

femme (f)	kvinne (m/f)	['kvinə]
jeune fille (f)	jente (m/f)	['jɛntə]
fiancée (f)	brud (m/f)	['brʉd]

belle (adj)	vakker	['vakər]
de grande taille	høy	['høj]
svelte (adj)	slank	['şlank]
de petite taille	liten av vekst	['litən aː 'vɛkst]

| blonde (f) | blondine (m) | [blɔn'dinə] |
| brune (f) | brunette (m) | [brʉ'nɛtə] |

de femme (adj)	dame-	['damə-]
vierge (f)	jomfru (m/f)	['ʉmfrʉ]
enceinte (adj)	gravid	[ɡra'vid]

homme (m)	mann (m)	['man]
blond (m)	blond mann (m)	['blɔn ˌman]
brun (m)	mørkhåret mann (m)	['mœrkˌhoːret man]
de grande taille	høy	['høj]
de petite taille	liten av vekst	['litən aː 'vɛkst]

rude (adj)	grov	['grɔv]
trapu (adj)	undersetsig	['ʉnəˌşɛtsi]
robuste (adj)	robust	[rʊ'bust]
fort (adj)	sterk	['stærk]
force (f)	kraft, styrke (m)	['kraft], ['styrkə]

gros (adj)	tykk	['tʏk]
basané (adj)	mørkhudet	['mœrkˌhʉdət]
svelte (adj)	slank	['şlank]
élégant (adj)	elegant	[ɛle'gant]

55. L'age

âge (m)	alder (m)	['ɑldər]
jeunesse (f)	ungdom (m)	['ʉŋˌdɔm]
jeune (adj)	ung	['ʉŋ]

plus jeune (adj)	yngre	['yŋrə]
plus âgé (adj)	eldre	['ɛldrə]
jeune homme (m)	unge mann (m)	['ʉŋə ˌman]
adolescent (m)	tenåring (m)	['tɛnoːriŋ]
gars (m)	kar (m)	['kar]
vieillard (m)	gammel mann (m)	['gaməl ˌman]
vieille femme (f)	gammel kvinne (m/f)	['gaməl ˌkvinə]
adulte (m)	voksen	['vɔksən]
d'âge moyen (adj)	middelaldrende	['midəlˌaldrɛnə]
âgé (adj)	eldre	['ɛldrə]
vieux (adj)	gammel	['gaməl]
retraite (f)	pensjon (m)	[pan'ʂʉn]
prendre sa retraite	å gå av med pensjon	[ɔ 'gɔ ɑː me pan'ʂʉn]
retraité (m)	pensjonist (m)	[panʂʉ'nist]

56. Les enfants. Les adolescents

enfant (m, f)	barn (n)	['bɑːɳ]
enfants (pl)	barn (n pl)	['bɑːɳ]
jumeaux (m pl)	tvillinger (m pl)	['tviliŋər]
berceau (m)	vogge (m/f)	['vɔgə]
hochet (m)	rangle (m/f)	['raŋlə]
couche (f)	bleie (m/f)	['blæjə]
tétine (f)	smokk (m)	['smʉk]
poussette (m)	barnevogn (m/f)	['bɑːŋəˌvɔŋn]
école (f) maternelle	barnehage (m)	['bɑːŋəˌhagə]
baby-sitter (m, f)	babysitter (m)	['bɛbyˌsitər]
enfance (f)	barndom (m)	['bɑːɳˌdɔm]
poupée (f)	dukke (m/f)	['dʉkə]
jouet (m)	leketøy (n)	['lekəˌtøj]
jeu (m) de construction	byggesett (n)	['bygəˌsɛt]
bien élevé (adj)	veloppdragen	['velˌɔp'dragən]
mal élevé (adj)	uoppdragen	[ʉop'dragən]
gâté (adj)	bortskjemt	['bʉːtʂɛmt]
faire le vilain	å være stygg	[ɔ 'værə 'stʏg]
vilain (adj)	skøyeraktig	['skøjəˌrakti]
espièglerie (f)	skøyeraktighet (m)	['skøjəˌraktihet]
vilain (m)	skøyer (m)	['skøjər]
obéissant (adj)	lydig	['lydi]
désobéissant (adj)	ulydig	[ʉ'lydi]
sage (adj)	føyelig	['føjli]
intelligent (adj)	klok	['klʉk]
l'enfant prodige	vidunderbarn (n)	['vidˌʉndərˌbɑːɳ]

57. Les couples mariés. La vie de famille

embrasser (sur les lèvres)	à kysse	[ɔ 'çysə]
s'embrasser (vp)	à kysse hverandre	[ɔ 'çysə ˌverandrə]
famille (f)	familie (m)	[fɑ'miliə]
familial (adj)	familie-	[fɑ'miliə-]
couple (m)	par (n)	['par]
mariage (m) (~ civil)	ekteskap (n)	['ɛktəˌskɑp]
foyer (m) familial	hjemmets arne (m)	['jɛmɛts 'ɑːŋə]
dynastie (f)	dynasti (n)	[dinɑs'ti]
rendez-vous (m)	stevnemøte (n)	['stɛvnəˌmøtə]
baiser (m)	kyss (n)	['çys]
amour (m)	kjærlighet (m)	['çæːˌliˌhet]
aimer (qn)	à elske	[ɔ 'ɛlskə]
aimé (adj)	elskling	['ɛlskliŋ]
tendresse (f)	ømhet (m)	['ømˌhet]
tendre (affectueux)	øm	['øm]
fidélité (f)	troskap (m)	['trʊˌskɑp]
fidèle (adj)	trofast	['trʊfast]
soin (m) (~ de qn)	omsorg (m)	['ɔmˌsɔrg]
attentionné (adj)	omsorgsfull	['ɔmˌsɔrgsfʉl]
jeunes mariés (pl)	nygifte (n)	['nyˌjiftə]
lune (f) de miel	hvetebrødsdager (m pl)	['vetɛbrøsˌdagər]
se marier (prendre pour époux)	à gifte seg	[ɔ 'jiftə sæj]
se marier (prendre pour épouse)	à gifte seg	[ɔ 'jiftə sæj]
mariage (m)	bryllup (n)	['brʏlʉp]
les noces d'or	gullbryllup (n)	['gʉlˌbrʏlʉp]
anniversaire (m)	årsdag (m)	['oːʂˌda]
amant (m)	elsker (m)	['ɛlskər]
maîtresse (f)	elskerinne (m/f)	['ɛlskəˌrinə]
adultère (m)	utroskap (m)	['ʉˌtrɔskɑp]
commettre l'adultère	à være utro	[ɔ 'værə 'ʉˌtrʊ]
jaloux (adj)	sjalu	[ʂɑ'lʉː]
être jaloux	à være sjalu	[ɔ 'værə ʂɑ'lʉː]
divorce (m)	skilsmisse (m)	['ʂilsˌmisə]
divorcer (vi)	à skille seg	[ɔ 'ʂilə sæj]
se disputer (vp)	à krangle	[ɔ 'krɑŋlə]
se réconcilier (vp)	à forsone seg	[ɔ fɔ'ʂʉnə sæj]
ensemble (adv)	sammen	['samən]
sexe (m)	sex (m)	['sɛks]
bonheur (m)	lykke (m/f)	['lʏkə]
heureux (adj)	lykkelig	['lʏkʉli]
malheur (m)	ulykke (m/f)	['ʉˌlʏkə]
malheureux (adj)	ulykkelig	['ʉˌlʏkəli]

Le caractère. Les émotions

58. Les sentiments. Les émotions

sentiment (m)	følelse (m)	['føləlsə]
sentiments (m pl)	følelser (m pl)	['føləlsər]
sentir (vt)	å kjenne	[ɔ 'çɛnə]
faim (f)	sult (m)	['sʉlt]
avoir faim	å være sulten	[ɔ 'værə 'sʉltən]
soif (f)	tørst (m)	['tœʂt]
avoir soif	å være tørst	[ɔ 'værə 'tœʂt]
somnolence (f)	søvnighet (m)	['sœvni‚het]
avoir sommeil	å være søvnig	[ɔ 'værə 'sœvni]
fatigue (f)	tretthet (m)	['trɛt‚het]
fatigué (adj)	trett	['trɛt]
être fatigué	å bli trett	[ɔ 'bli 'trɛt]
humeur (f) (de bonne ~)	humør (n)	[hʉ'mør]
ennui (m)	kjedsomhet (m/f)	['çɛdsɔm‚het]
s'ennuyer (vp)	å kjede seg	[ɔ 'çedə sæj]
solitude (f)	avsondrethet (m/f)	['ɑfsɔndrɛt‚het]
s'isoler (vp)	å isolere seg	[ɔ isʉ'lerə sæj]
inquiéter (vt)	å bekymre, å uroe	[ɔ be'çymrə], [ɔ 'ʉːrʉə]
s'inquiéter (vp)	å bekymre seg	[ɔ be'çymrə sæj]
inquiétude (f)	bekymring (m/f)	[be'çymriŋ]
préoccupation (f)	uro (m/f)	['ʉrʉ]
soucieux (adj)	bekymret	[be'çymrət]
s'énerver (vp)	å være nervøs	[ɔ 'værə nær'vøs]
paniquer (vi)	å få panikk	[ɔ 'fɔ pɑ'nik]
espoir (m)	håp (n)	['hɔp]
espérer (vi)	å håpe	[ɔ 'hoːpə]
certitude (f)	sikkerhet (m/f)	['sikər‚het]
certain (adj)	sikker	['sikər]
incertitude (f)	usikkerhet (m)	['ʉsikər‚het]
incertain (adj)	usikker	['ʉ‚sikər]
ivre (adj)	beruset, full	[be'rʉsət], ['fʉl]
sobre (adj)	edru	['ɛdrʉ]
faible (adj)	svak	['svɑk]
heureux (adj)	lykkelig	['lʏkəli]
faire peur	å skremme	[ɔ 'skrɛmə]
fureur (f)	raseri (n)	[rɑsɛ'ri]
rage (f), colère (f)	raseri (n)	[rɑsɛ'ri]
dépression (f)	depresjon (m)	[dɛpre'ʂʉn]
inconfort (m)	ubehag (n)	['ʉbe‚hɑg]

confort (m)	komfort (m)	[kʊm'fɔːr]
regretter (vt)	å beklage	[ɔ be'klɑgə]
regret (m)	beklagelse (m)	[be'klɑgəlsə]
malchance (f)	uhell (n)	['ʉˌhɛl]
tristesse (f)	sorg (m/f)	['sɔr]

honte (f)	skam (m/f)	['skɑm]
joie, allégresse (f)	glede (m/f)	['glede]
enthousiasme (m)	entusiasme (m)	[ɛntʉsi'ɑsmə]
enthousiaste (m)	entusiast (m)	[ɛntʉsi'ɑst]
avoir de l'enthousiasme	å vise entusiasme	[ɔ 'visə ɛntʉsi'ɑsmə]

59. Le caractère. La personnalité

caractère (m)	karakter (m)	[kɑrɑk'ter]
défaut (m)	karakterbrist (m/f)	[kɑrɑk'terˌbrist]
esprit (m)	sinn (n)	['sin]
raison (f)	forstand (m)	[fɔ'ʂtɑn]

conscience (f)	samvittighet (m)	[sɑm'vitiˌhet]
habitude (f)	vane (m)	['vɑnə]
capacité (f)	evne (m/f)	['ɛvnə]
savoir (faire qch)	å kunne	[ɔ 'kʉnə]

patient (adj)	tålmodig	[tɔl'mʊdi]
impatient (adj)	utålmodig	['ʉtɔlˌmʊdi]
curieux (adj)	nysgjerrig	['nyˌʂæri]
curiosité (f)	nysgjerrighet (m)	['nyˌʂæriˌhet]

modestie (f)	beskjedenhet (m)	[be'ʂedenˌhet]
modeste (adj)	beskjeden	[be'ʂeden]
vaniteux (adj)	ubeskjeden	['ʉbeˌʂeden]

paresse (f)	lathet (m)	['lɑtˌhet]
paresseux (adj)	doven	['dʊvən]
paresseux (m)	dovendyr (n)	['dʊvənˌdyr]

astuce (f)	list (m/f)	['list]
rusé (adj)	listig	['listi]
méfiance (f)	mistro (m/f)	['misˌtrɔ]
méfiant (adj)	mistroende	['misˌtrʉene]

générosité (f)	gavmildhet (m)	['gɑvmilˌhet]
généreux (adj)	generøs	[ʂene'røs]
doué (adj)	talentfull	[tɑ'lentˌfʉl]
talent (m)	talent (n)	[tɑ'lent]

courageux (adj)	modig	['mʊdi]
courage (m)	mot (n)	['mʊt]
honnête (adj)	ærlig	['æːˌli]
honnêteté (f)	ærlighet (m)	['æːˌliˌhet]

| prudent (adj) | forsiktig | [fɔ'ʂikti] |
| courageux (adj) | modig | ['mʊdi] |

sérieux (adj)	alvorlig	[al'vɔː[i]
sévère (adj)	streng	['strɛŋ]

décidé (adj)	besluttsom	[be'şlʉt̩sɔm]
indécis (adj)	ubesluttsom	[ʉbe'şlʉt̩sɔm]
timide (adj)	forsagt	['fɔˌşakt]
timidité (f)	forsagthet (m)	['fɔşakt̩het]

confiance (f)	tillit (m)	['tilit]
croire (qn)	å tro	[ɔ 'trʉ]
confiant (adj)	tillitsfull	['tilits̩fʉl]

sincèrement (adv)	oppriktig	[ɔp'rikti]
sincère (adj)	oppriktig	[ɔp'rikti]
sincérité (f)	oppriktighet (m)	[ɔp'rikti̩het]
ouvert (adj)	åpen	['ɔpən]

calme (adj)	stille	['stilə]
franc (sincère)	oppriktig	[ɔp'rikti]
naïf (adj)	naiv	[na'iv]
distrait (adj)	forstrødd	['fʉˌstrød]
drôle, amusant (adj)	morsom	['mʉşɔm]

avidité (f)	grådighet (m)	['groːdi̩het]
avare (adj)	grådig	['groːdi]
radin (adj)	gjerrig	['jæri]
méchant (adj)	ond	['ʊn]
têtu (adj)	hårdnakket	['hɔːr̩nakət]
désagréable (adj)	ubehagelig	[ʉbe'hageli]

égoïste (m)	egoist (m)	[ɛgʉ'ist]
égoïste (adj)	egoistisk	[ɛgʉ'istisk]
peureux (m)	feiging (m)	['fæjgiŋ]
peureux (adj)	feig	['fæjg]

60. Le sommeil. Les rêves

dormir (vi)	å sove	[ɔ 'sɔvə]
sommeil (m)	søvn (m)	['sœvn]
rêve (m)	drøm (m)	['drøm]
rêver (en dormant)	å drømme	[ɔ 'drœmə]
endormi (adj)	søvnig	['sœvni]

lit (m)	seng (m/f)	['sɛŋ]
matelas (m)	madrass (m)	[ma'dras]
couverture (f)	dyne (m/f)	['dynə]
oreiller (m)	pute (m/f)	['pʉtə]
drap (m)	laken (n)	['lakən]

insomnie (f)	søvnløshet (m)	['sœvnløs̩het]
sans sommeil (adj)	søvnløs	['sœvn̩løs]
somnifère (m)	sovetablett (n)	['sɔve̩tab'let]
prendre un somnifère	å ta en sovetablett	[ɔ 'ta en 'sɔve̩tab'let]
avoir sommeil	å være søvnig	[ɔ 'værə 'sœvni]

bâiller (vi)	à gjespe	[ɔ 'jɛspə]
aller se coucher	à gå til sengs	[ɔ 'gɔ til 'sɛŋs]
faire le lit	à re opp sengen	[ɔ 're ɔp 'sɛŋən]
s'endormir (vp)	à falle i søvn	[ɔ 'falə i 'sœvn]

cauchemar (m)	mareritt (n)	['marə‚rit]
ronflement (m)	snork (m)	['snɔrk]
ronfler (vi)	à snorke	[ɔ 'snɔrkə]

réveil (m)	vekkerklokka (m/f)	['vɛkər‚klɔka]
réveiller (vt)	à vekke	[ɔ 'vɛkə]
se réveiller (vp)	à våkne	[ɔ 'vɔknə]
se lever (tôt, tard)	à stå opp	[ɔ 'stɔ: ɔp]
se laver (le visage)	à vaske seg	[ɔ 'vaskə sæj]

61. L'humour. Le rire. La joie

humour (m)	humor (m/n)	['humur]
sens (m) de l'humour	sans (m) for humor	['sans fɔr 'humur]
s'amuser (vp)	à more seg	[ɔ 'murə sæj]
joyeux (adj)	glad, munter	['gla], ['muntər]
joie, allégresse (f)	munterhet (m)	['muntər‚het]

sourire (m)	smil (m/n)	['smil]
sourire (vi)	à smile	[ɔ 'smilə]
se mettre à rire	à begynne à skratte	[ɔ be'jinə ɔ 'skratə]
rire (vi)	à le, à skratte	[ɔ 'le], [ɔ 'skratə]
rire (m)	latter (m), skratt (m/n)	['latər], ['skrat]

anecdote (f)	anekdote (m)	[nnek'dɔtə]
drôle, amusant (adj)	morsom	['muʂɔm]
comique, ridicule (adj)	morsom	['muʂɔm]

plaisanter (vi)	à spøke	[ɔ 'spøkə]
plaisanterie (f)	skjemt, spøk (m)	['ʂɛmt], ['spøk]
joie (f) (émotion)	glede (m/f)	['gledə]
se réjouir (vp)	à glede seg	[ɔ 'gledə sæj]
joyeux (adj)	glad	['gla]

62. Dialoguer et communiquer. Partie 1

| communication (f) | kommunikasjon (m) | [kumunikə'ʂun] |
| communiquer (vi) | à kommunisere | [ɔ kumuni'serə] |

conversation (f)	samtale (m)	['sam‚talə]
dialogue (m)	dialog (m)	[dia'lɔg]
discussion (f) (débat)	diskusjon (m)	[disku'ʂun]
débat (m)	debatt (m)	[de'bat]
discuter (vi)	à diskutere	[ɔ disku'terə]

| interlocuteur (m) | samtalepartner (m) | ['sam‚talə 'pa:tnər] |
| sujet (m) | emne (n) | ['ɛmnə] |

point (m) de vue	synspunkt (n)	['sʏnsˌpʉnt]
opinion (f)	mening (m/f)	['meniŋ]
discours (m)	tale (m)	['tɑlə]

discussion (f) (d'un rapport)	diskusjon (m)	[diskʉ'ʂʊn]
discuter (vt)	å drøfte, å diskutere	[ɔ 'drœftə], [ɔ diskʉ'terə]
conversation (f)	samtale (m)	['samˌtɑlə]
converser (vi)	å snakke, å samtale	[ɔ 'snɑkə], [ɔ 'samˌtɑlə]
rencontre (f)	møte (n)	['møtə]
se rencontrer (vp)	å møtes	[ɔ 'møtəs]

proverbe (m)	ordspråk (n)	['uːrˌsprɔk]
dicton (m)	ordstev (n)	['uːrˌstev]
devinette (f)	gåte (m)	['goːtə]
poser une devinette	å utgjøre en gåte	[ɔ ʉt'jørə en 'goːtə]
mot (m) de passe	passord (n)	['pɑsˌuːr]
secret (m)	hemmelighet (m/f)	['hɛməliˌhet]

serment (m)	ed (m)	['ɛd]
jurer (de faire qch)	å sverge	[ɔ 'sværgə]
promesse (f)	løfte (n), loven (m)	['lœftə], ['lɔvən]
promettre (vt)	å love	[ɔ 'lɔvə]

conseil (m)	råd (n)	['rɔd]
conseiller (vt)	å råde	[ɔ 'roːdə]
suivre le conseil (de qn)	å følge råd	[ɔ 'følə 'roːd]
écouter (~ ses parents)	å adlyde	[ɔ 'adˌlydə]

nouvelle (f)	nyhet (m)	['nyhet]
sensation (f)	sensasjon (m)	[sɛnsɑ'ʂʊn]
renseignements (m pl)	opplysninger (m/f pl)	['ɔpˌlʏsniŋər]
conclusion (f)	slutning (m)	['ʂlʉtniŋ]
voix (f)	røst (m/f), stemme (m)	['røst], ['stɛmə]
compliment (m)	kompliment (m)	[kʊmpli'maŋ]
aimable (adj)	elskverdig	[ɛlsk'værdi]

mot (m)	ord (n)	['uːr]
phrase (f)	frase (m)	['frɑsə]
réponse (f)	svar (n)	['svɑr]

| vérité (f) | sannhet (m) | ['sanˌhet] |
| mensonge (m) | løgn (m/f) | ['løjn] |

pensée (f)	tanke (m)	['tɑnkə]
idée (f)	ide (m)	[i'de]
fantaisie (f)	fantasi (m)	[fantɑ'si]

63. Dialoguer et communiquer. Partie 2

respecté (adj)	respektert	[rɛspɛk'tɛːt]
respecter (vt)	å respektere	[ɔ rɛspɛk'terə]
respect (m)	respekt (m)	[rɛ'spɛkt]
Cher ...	Kjære ...	['çærə ...]
présenter (faire connaître)	å introdusere	[ɔ introdʉ'serə]

faire la connaissance	à stifte bekjentskap med ...	[ɔ 'stiftə be'çɛnˌskɑp me ...]
intention (f)	hensikt (m)	['hɛnˌsikt]
avoir l'intention	å ha til hensikt	[ɔ 'hɑ til 'hɛnˌsikt]
souhait (m)	ønske (n)	['ønskə]
souhaiter (vt)	å ønske	[ɔ 'ønskə]

étonnement (m)	overraskelse (m/f)	['ɔvəˌrɑskəlsə]
étonner (vt)	å forundre	[ɔ fɔ'rʉndrə]
s'étonner (vp)	å bli forundret	[ɔ 'bli fɔ'rʉndrət]

donner (vt)	å gi	[ɔ 'ji]
prendre (vt)	å ta	[ɔ 'tɑ]
rendre (vt)	å gi tilbake	[ɔ 'ji til'bɑkə]
retourner (vt)	å returnere	[ɔ retʉr'nerə]

s'excuser (vp)	å unnskylde seg	[ɔ 'ʉnˌsylə sæj]
excuse (f)	unnskyldning (m/f)	['ʉnˌsyldniŋ]
pardonner (vt)	å tilgi	[ɔ 'tilˌji]

parler (~ avec qn)	å tale	[ɔ 'tɑlə]
écouter (vt)	å lye, å lytte	[ɔ 'lyə], [ɔ 'lʏtə]
écouter jusqu'au bout	å høre på	[ɔ 'hørə pɔ]
comprendre (vt)	å forstå	[ɔ fɔ'ʂtɔ]

montrer (vt)	å vise	[ɔ 'visə]
regarder (vt)	å se på ...	[ɔ 'se pɔ ...]
appeler (vt)	å kalle	[ɔ 'kɑlə]
distraire (déranger)	å distrahere	[ɔ distrɑ'erə]
ennuyer (déranger)	å forstyrre	[ɔ fɔ'ʂtʏrə]
passer (~ le message)	å rekke	[ɔ 'rɛkə]

prière (f) (demande)	begjæring (m/f)	[be'jæriŋ]
demander (vt)	å be, å bede	[ɔ 'be], [ɔ 'bedə]
exigence (f)	krav (n)	['krɑv]
exiger (vt)	å kreve	[ɔ 'krevə]

taquiner (vt)	å erte	[ɔ 'ɛːʈə]
se moquer (vp)	å håne	[ɔ 'hoːnə]
moquerie (f)	hån (m)	['hon]
surnom (m)	kallenavn, tilnavn (n)	['kɑləˌnɑvn], ['tilˌnɑvn]

allusion (f)	insinuasjon (m)	[insinʉɑ'ʂʊn]
faire allusion	å insinuere	[ɔ insinʉ'erə]
sous-entendre (vt)	å bety	[ɔ 'bety]

description (f)	beskrivelse (m)	[be'skrivəlsə]
décrire (vt)	å beskrive	[ɔ be'skrivə]
éloge (m)	ros (m)	['rʊs]
louer (vt)	å rose, å berømme	[ɔ 'rʊsə], [ɔ be'rœmə]

déception (f)	skuffelse (m)	['skʉfəlsə]
décevoir (vt)	å skuffe	[ɔ 'skʉfə]
être déçu	å bli skuffet	[ɔ 'bli 'skʉfət]

| supposition (f) | antagelse (m) | [ɑn'tɑgəlsə] |
| supposer (vt) | å anta, å formode | [ɔ 'ɑnˌtɑ], [ɔ fɔr'mʊdə] |

| avertissement (m) | advarsel (m) | ['ɑdˌvɑʂəl] |
| prévenir (vt) | å advare | [ɔ 'ɑdˌvɑrə] |

64. Dialoguer et communiquer. Partie 3

| convaincre (vt) | å overtale | [ɔ 'ɔvəˌtɑlə] |
| calmer (vt) | å berolige | [ɔ be'rʊliə] |

silence (m) (~ est d'or)	taushet (m)	['tɑʊsˌhet]
rester silencieux	å tie	[ɔ 'tie]
chuchoter (vi, vt)	å hviske	[ɔ 'viskə]
chuchotement (m)	hvisking (m/f)	['viskiŋ]

| sincèrement (adv) | oppriktig | [ɔp'rikti] |
| à mon avis ... | etter min mening ... | ['ɛtər min 'meniŋ ...] |

détail (m) (d'une histoire)	detalj (m)	[de'tɑlj]
détaillé (adj)	detaljert	[detɑ'ljɛ:t]
en détail (adv)	i detaljer	[i de'tɑljer]

| indice (m) | vink (n) | ['vink] |
| donner un indice | å gi et vink | [ɔ 'ji et 'vink] |

regard (m)	blikk (n)	['blik]
jeter un coup d'oeil	å kaste et blikk	[ɔ 'kɑstə et 'blik]
fixe (un regard ~)	stiv	['stiv]
clignoter (vi)	å blinke	[ɔ 'blinkə]
cligner de l'oeil	å blinke	[ɔ 'blinkə]
hocher la tête	å nikke	[ɔ 'nikə]

soupir (m)	sukk (n)	['sʉk]
soupirer (vi)	å sukke	[ɔ 'sʉkə]
tressaillir (vi)	å gyse	[ɔ 'jisə]
geste (m)	gest (m)	['gɛst]
toucher (de la main)	å røre	[ɔ 'rørə]
saisir (par le bras)	å gripe	[ɔ 'gripə]
taper (sur l'épaule)	å klappe	[ɔ 'klɑpə]

Attention!	Pass på!	['pɑs 'pɔ]
Vraiment?	Virkelig?	['virkəli]
Tu es sûr?	Er du sikker?	[ɛr dʉ 'sikər]
Bonne chance!	Lykke til!	['lʏkə til]
Compris!	Jeg forstår!	['jæ fɔ'ʂto:r]
Dommage!	Det var synd!	[de vɑr 'sʏn]

65. L'accord. Le refus

accord (m)	samtykke (n)	['sɑmˌtʏkə]
être d'accord	å samtykke	[ɔ 'sɑmˌtʏkə]
approbation (f)	godkjennelse (m)	['gʊˌçɛnəlsə]
approuver (vt)	å godkjenne	[ɔ 'gʊˌçɛnə]
refus (m)	avslag (n)	['ɑfˌslɑg]

se refuser (vp)	å vegre seg	[ɔ 'vɛɡrə sæj]
Super!	Det er fint!	['de ær 'fint]
Bon!	Godt!	['ɡɔt]
D'accord!	OK! Enig!	[ɔ'kɛj], ['ɛni]

interdit (adj)	forbudt	[fɔr'bʉt]
c'est interdit	det er forbudt	[de ær fɔr'bʉt]
c'est impossible	det er umulig	[de ær ʉ'mʉli]
incorrect (adj)	uriktig, ikke riktig	['ʉˌrikti], ['ikə ˌrikti]

décliner (vt)	å avslå	[ɔ 'afˌslɔ]
soutenir (vt)	å støtte	[ɔ 'stœtə]
accepter (condition, etc.)	å akseptere	[ɔ aksɛp'terə]

confirmer (vt)	å bekrefte	[ɔ be'krɛftə]
confirmation (f)	bekreftelse (m)	[be'krɛftəlsə]
permission (f)	tillatelse (m)	['tiˌlatəlsə]
permettre (vt)	å tillate	[ɔ 'tiˌlatə]
décision (f)	beslutning (m)	[be'ʂlʉtniŋ]
ne pas dire un mot	å tie	[ɔ 'tie]

condition (f)	betingelse (m)	[be'tiŋəlsə]
excuse (f) (prétexte)	foregivende (n)	['fɔrəˌjivnə]
éloge (m)	ros (m)	['rʊs]
louer (vt)	å rose, å berømme	[ɔ 'rʊsə], [ɔ be'rœmə]

66. La réussite. La chance. L'échec

succès (m)	suksess (m)	[sʉk'sɛ]
avec succès (adv)	med suksess	[me sʉk'sɛ]
réussi (adj)	vellykket	['velˌlʏkət]

chance (f)	hell (n), lykke (m/f)	['hɛl], ['lʏkə]
Bonne chance!	Lykke til!	['lʏkə til]
de chance (jour ~)	heldig, lykkelig	['hɛldi], ['lʏkəli]
chanceux (adj)	heldig	['hɛldi]

échec (m)	mislykkelse, fiasko (m)	['misˌlʏkəlsə], [fi'askʊ]
infortune (f)	uhell (n), utur (m)	['ʉˌhɛl], ['ʉˌtʉr]
malchance (f)	uhell (n)	['ʉˌhɛl]

| raté (adj) | mislykket | ['misˌlʏkət] |
| catastrophe (f) | katastrofe (m) | [kata'strɔfə] |

fierté (f)	stolthet (m)	['stɔltˌhet]
fier (adj)	stolt	['stɔlt]
être fier	å være stolt	[ɔ 'værə 'stɔlt]

gagnant (m)	seierherre (m)	['sæjərˌhɛrə]
gagner (vi)	å seire, å vinne	[ɔ 'sæjrə], [ɔ 'vinə]
perdre (vi)	å tape	[ɔ 'tapə]
tentative (f)	forsøk (n)	['fɔ'søk]
essayer (vt)	å prøve, å forsøke	[ɔ 'prøvə], [ɔ fɔ'søkə]
chance (f)	sjanse (m)	['ʂansə]

67. Les disputes. Les émotions négatives

cri (m)	skrik (n)	['skrik]
crier (vi)	å skrike	[ɔ 'skrikə]
se mettre à crier	å begynne å skrike	[ɔ be'jinə ɔ 'skrikə]

dispute (f)	krangel (m)	['kraŋəl]
se disputer (vp)	å krangle	[ɔ 'kraŋlə]
scandale (m) (dispute)	skandale (m)	[skan'dalə]
faire un scandale	å gjøre skandale	[ɔ 'jørə skan'dalə]
conflit (m)	konflikt (m)	[kʊn'flikt]
malentendu (m)	misforståelse (m)	[misfɔ'ʂtɔəlsə]

insulte (f)	fornærmelse (m)	[fɔ:'ŋærməlsə]
insulter (vt)	å fornærme	[ɔ fɔ:'ŋærmə]
insulté (adj)	fornærmet	[fɔ:'ŋærmət]
offense (f)	fornærmelse (m)	[fɔ:'ŋærməlsə]
offenser (vt)	å fornærme	[ɔ fɔ:'ŋærmə]
s'offenser (vp)	å bli fornærmet	[ɔ 'bli fɔ:'ŋærmət]

indignation (f)	forargelse (m)	[fɔ'rargəlsə]
s'indigner (vp)	å bli indignert	[ɔ 'bli indi'gnɛ:t̩]
plainte (f)	klage (m)	['klagə]
se plaindre (vp)	å klage	[ɔ 'klagə]

excuse (f)	unnskyldning (m/f)	['ʉn̩ˌʂyldniŋ]
s'excuser (vp)	å unnskylde seg	[ɔ 'ʉn̩ˌʂylə sæj]
demander pardon	å be om forlatelse	[ɔ 'be ɔm fɔ:'[atəlsə]

critique (f)	kritikk (m)	[kri'tik]
critiquer (vt)	å kritisere	[ɔ kriti'serə]
accusation (f)	anklagelse (m)	['anˌklagəlsə]
accuser (vt)	å anklage	[ɔ 'anˌklagə]

vengeance (f)	hevn (m)	['hɛvn]
se venger (vp)	å hevne	[ɔ 'hɛvnə]
faire payer (qn)	å hevne	[ɔ 'hɛvnə]

mépris (m)	forakt (m)	[fɔ'rakt]
mépriser (vt)	å forakte	[ɔ fɔ'raktə]
haine (f)	hat (n)	['hat]
haïr (vt)	å hate	[ɔ 'hatə]

nerveux (adj)	nervøs	[nær'vøs]
s'énerver (vp)	å være nervøs	[ɔ 'værə nær'vøs]
fâché (adj)	vred, sint	['vred], ['sint]
fâcher (vt)	å gjøre sint	[ɔ 'jørə ˌsint]

humiliation (f)	ydmykelse (m)	['ydˌmykəlsə]
humilier (vt)	å ydmyke	[ɔ 'ydˌmykə]
s'humilier (vp)	å ydmyke seg	[ɔ 'ydˌmykə sæj]

choc (m)	sjokk (n)	['ʂɔk]
choquer (vt)	å sjokkere	[ɔ ʂɔ'kerə]
ennui (m) (problème)	knipe (m/f)	['knipə]

désagréable (adj)	ubehagelig	[ube'hɑgeli]
peur (f)	redsel, frykt (m)	['rɛtsəl], ['frʏkt]
terrible (tempête, etc.)	fryktelig	['frʏkteli]
effrayant (histoire ~e)	uhyggelig, skremmende	['uhygəli], ['skrɛmənə]
horreur (f)	redsel (m)	['rɛtsəl]
horrible (adj)	forferdelig	[fɔr'færdəli]

commencer à trembler	å begynne å ryste	[ɔ be'jinə ɔ 'rystə]
pleurer (vi)	å gråte	[ɔ 'gro:tə]
se mettre à pleurer	å begynne å gråte	[ɔ be'jinə ɔ 'gro:tə]
larme (f)	tåre (m/f)	['to:rə]

faute (f)	skyld (m/f)	['syl]
culpabilité (f)	skyldfølelse (m)	['syl,føləlsə]
déshonneur (m)	skam, vanære (m/f)	['skɑm], ['vɑnærə]
protestation (f)	protest (m)	[pru'tɛst]
stress (m)	stress (m/n)	['strɛs]

déranger (vt)	å forstyrre	[ɔ fɔ'styrə]
être furieux	å være sint	[ɔ 'værə ˌsint]
en colère, fâché (adj)	vred, sint	['vred], ['sint]
rompre (relations)	å avbryte	[ɔ 'ɑvˌbrytə]
réprimander (vt)	å sverge	[ɔ 'sværgə]

prendre peur	å bli skremt	[ɔ 'bli 'skrɛmt]
frapper (vt)	å slå	[ɔ 'slɔ]
se battre (vp)	å slåss	[ɔ 'slɔs]

régler (~ un conflit)	å løse	[ɔ 'løsə]
mécontent (adj)	misfornøyd, utilfreds	['misˌfɔː'nøjd], ['utilˌfrɛds]
enragé (adj)	rasende	['rɑsenə]

Ce n'est pas bien!	Det er ikke bra!	[de ær ikə 'brɑ]
C'est mal!	Det er dårlig!	[de ær 'doːli]

La médecine

68. Les maladies

maladie (f)	sykdom (m)	['sʏk̩dɔm]
être malade	å være syk	[ɔ 'værə 'syk]
santé (f)	helse (m/f)	['hɛlsə]
rhume (m) (coryza)	snue (m)	['snʉə]
angine (f)	angina (m)	[an'gina]
refroidissement (m)	forkjølelse (m)	[fɔr'çœləlsə]
prendre froid	å forkjøle seg	[ɔ fɔr'çœlə sæj]
bronchite (f)	bronkitt (m)	[brɔn'kit]
pneumonie (f)	lungebetennelse (m)	['lʉŋə be'tɛnəlsə]
grippe (f)	influensa (m)	[inflʉ'ɛnsa]
myope (adj)	nærsynt	['næˌsʏnt]
presbyte (adj)	langsynt	['laŋsʏnt]
strabisme (m)	skjeløydhet (m)	['ʂɛløjd̩het]
strabique (adj)	skjeløyd	['ʂɛlˌøjd]
cataracte (f)	grå stær, katarakt (m)	['grɔ ˌstær], [kata'rakt]
glaucome (m)	glaukom (n)	[glaʉ'kɔm]
insulte (f)	hjerneslag (n)	['jæːˌŋəˌslag]
crise (f) cardiaque	infarkt (n)	[in'farkt]
infarctus (m) de myocarde	myokardieinfarkt (n)	['miɔ'kardiə in'farkt]
paralysie (f)	paralyse, lammelse (m)	['para'lyse], ['laməlsə]
paralyser (vt)	å lamme	[ɔ 'lamə]
allergie (f)	allergi (m)	[alæː'gi]
asthme (m)	astma (m)	['astma]
diabète (m)	diabetes (m)	[dia'betəs]
mal (m) de dents	tannpine (m/f)	['tanˌpinə]
carie (f)	karies (m)	['karies]
diarrhée (f)	diaré (m)	[dia'rɛ]
constipation (f)	forstoppelse (m)	[fo'ʂtɔpəlsə]
estomac (m) barbouillé	magebesvær (m)	['magəˌbe'svær]
intoxication (f) alimentaire	matforgiftning (m/f)	['matˌfor'jiftniŋ]
être intoxiqué	å få matforgiftning	[ɔ 'fo matˌfor'jiftniŋ]
arthrite (f)	artritt (m)	[aːˈʈrit]
rachitisme (m)	rakitt (m)	[ra'kit]
rhumatisme (m)	revmatisme (m)	[revma'tismə]
athérosclérose (f)	arteriosklerose (m)	[aːˈʈeriʉskleˌrʉsə]
gastrite (f)	magekatarr, gastritt (m)	['magəkaˌtar], [ˌga'strit]
appendicite (f)	appendisitt (m)	[apɛndi'sit]

cholécystite (f)	galleblærebetennelse (m)	['gale‚blære be'tɛnəlse]
ulcère (m)	magesår (n)	['mage‚sɔr]

rougeole (f)	meslinger (m pl)	['mɛs‚liŋər]
rubéole (f)	røde hunder (m pl)	['rødə 'hʉnər]
jaunisse (f)	gulsott (m/f)	['gʉl‚sʉt]
hépatite (f)	hepatitt (m)	[hepa'tit]

schizophrénie (f)	schizofreni (m)	[şisʉfre'ni]
rage (f) (hydrophobie)	rabies (m)	['rabiəs]
névrose (f)	nevrose (m)	[nev'rʉsə]
commotion (f) cérébrale	hjernerystelse (m)	['jæ:ŋə‚rʏstəlsə]

cancer (m)	kreft, cancer (m)	['krɛft], ['kansər]
sclérose (f)	sklerose (m)	[skle'rʉsə]
sclérose (f) en plaques	multippel sklerose (m)	[mʉl'tipəl skle'rʉsə]

alcoolisme (m)	alkoholisme (m)	[alkʉhʉ'lismə]
alcoolique (m)	alkoholiker (m)	[alkʉ'hʉlikər]
syphilis (f)	syfilis (m)	['syfilis]
SIDA (m)	AIDS, aids (m)	['ɛjds]

tumeur (f)	svulst, tumor (m)	['svʉlst], [tʉ'mʉr]
maligne (adj)	ondartet, malign	['ʉn‚a:ţət], [ma'lign]
bénigne (adj)	godartet	['gʉ‚a:ţət]

fièvre (f)	feber (m)	['febər]
malaria (f)	malaria (m)	[ma'laria]
gangrène (f)	koldbrann (m)	['kɔlbran]
mal (m) de mer	sjøsyke (m)	['şø‚sykə]
épilepsie (f)	epilepsi (n)	[ɛpilep'si]

épidémie (f)	epidemi (m)	[ɛpide'mi]
typhus (m)	tyfus (m)	['tyfʉs]
tuberculose (f)	tuberkulose (m)	[tubærkʉ'lɔsə]
choléra (m)	kolera (m)	['kʉlera]
peste (f)	pest (m)	['pɛst]

69. Les symptômes. Le traitement. Partie 1

symptôme (m)	symptom (n)	[sʏmp'tʉm]
température (f)	temperatur (m)	[tɛmpəra'tʉr]
fièvre (f)	høy temperatur (m)	['høj tɛmpəra'tʉr]
pouls (m)	puls (m)	['pʉls]

vertige (m)	svimmelhet (m)	['sviməl‚het]
chaud (adj)	varm	['varm]
frisson (m)	skjelving (m/f)	['şɛlviŋ]
pâle (adj)	blek	['blek]

toux (f)	hoste (m)	['hʉstə]
tousser (vi)	å hoste	[ɔ 'hʉstə]
éternuer (vi)	å nyse	[ɔ 'nysə]
évanouissement (m)	besvimelse (m)	[bɛ'sviməlsə]

s'évanouir (vp)	å besvime	[ɔ be'svimə]
bleu (m)	blåmerke (n)	['blɔ,mærkə]
bosse (f)	bule (m)	['bʉlə]
se heurter (vp)	å slå seg	[ɔ 'ʂlɔ sæj]
meurtrissure (f)	blåmerke (n)	['blɔ,mærkə]
se faire mal	å slå seg	[ɔ 'ʂlɔ sæj]

boiter (vi)	å halte	[ɔ 'haltə]
foulure (f)	forvridning (m)	[fɔr'vridniŋ]
se démettre (l'épaule, etc.)	å forvri	[ɔ fɔr'vri]
fracture (f)	brudd (n), fraktur (m)	['brʉd], [frɑk'tʉr]
avoir une fracture	å få brudd	[ɔ 'fɔ 'brʉd]

coupure (f)	skjæresår (n)	['ʂæ:rə,sɔr]
se couper (~ le doigt)	å skjære seg	[ɔ 'ʂæ:rə sæj]
hémorragie (f)	blødning (m/f)	['blødniŋ]

brûlure (f)	brannsår (n)	['brɑn,sɔr]
se brûler (vp)	å brenne seg	[ɔ 'brɛnə sæj]

se piquer (le doigt)	å stikke	[ɔ 'stikə]
se piquer (vp)	å stikke seg	[ɔ 'stikə sæj]
blesser (vt)	å skade	[ɔ 'skɑdə]
blessure (f)	skade (n)	['skɑdə]
plaie (f) (blessure)	sår (n)	['sɔr]
trauma (m)	traume (m)	['trɑʊmə]

délirer (vi)	å snakke i villelse	[ɔ 'snɑkə i 'viləlsə]
bégayer (vi)	å stamme	[ɔ 'stɑmə]
insolation (f)	solstikk (n)	['sʉl,stik]

70. Les symptômes. Le traitement. Partie 2

douleur (f)	smerte (m)	['smæ:ʈə]
écharde (f)	flis (m/f)	['flis]

sueur (f)	svette (m)	['svɛtə]
suer (vi)	å svette	[ɔ 'svɛtə]
vomissement (m)	oppkast (n)	['ɔp,kɑst]
spasmes (m pl)	kramper (m pl)	['krɑmpər]

enceinte (adj)	gravid	[grɑ'vid]
naître (vi)	å fødes	[ɔ 'fødə]
accouchement (m)	fødsel (m)	['føtsəl]
accoucher (vi)	å føde	[ɔ 'fødə]
avortement (m)	abort (m)	[ɑ'bɔ:ʈ]

respiration (f)	åndedrett (n)	['ɔŋdə,drɛt]
inhalation (f)	innånding (m/f)	['in,ɔniŋ]
expiration (f)	utånding (m/f)	['ʉt,ɔndiŋ]
expirer (vi)	å puste ut	[ɔ 'pʉstə ʉt]
inspirer (vi)	å ånde inn	[ɔ 'ɔŋdə ,in]
invalide (m)	handikappet person (m)	['hɑndi,kɑpət pæ'ʂʉn]
handicapé (m)	krøpling (m)	['krøpliŋ]

drogué (m)	narkoman (m)	[nɑrkʊ'mɑn]
sourd (adj)	døv	['døv]
muet (adj)	stum	['stʉm]
sourd-muet (adj)	døvstum	['døf‚stʉm]

fou (adj)	gal	['gɑl]
fou (m)	gal mann (m)	['gɑl ‚mɑn]
folle (f)	gal kvinne (m/f)	['gɑl ‚kvinə]
devenir fou	å bli sinnssyk	[ɔ 'bli 'sin‚syk]

gène (m)	gen (m)	['gen]
immunité (f)	immunitet (m)	[imʉni'tet]
héréditaire (adj)	arvelig	['ɑrvəli]
congénital (adj)	medfødt	['me:‚føt]

virus (m)	virus (m)	['virʉs]
microbe (m)	mikrobe (m)	[mi'krʊbə]
bactérie (f)	bakterie (m)	[bɑk'teriə]
infection (f)	infeksjon (m)	[infɛk'ʂʊn]

71. Les symptômes. Le traitement. Partie 3

| hôpital (m) | sykehus (n) | ['sykə‚hʉs] |
| patient (m) | pasient (m) | [pɑsi'ɛnt] |

diagnostic (m)	diagnose (m)	[diɑ'gnʊsə]
cure (f) (faire une ~)	kur (m)	['kʉr]
traitement (m)	behandling (m/f)	[be'hɑndliŋ]
se faire soigner	å bli behandlet	[ɔ 'bli be'hɑndlət]
traiter (un patient)	å behandle	[ɔ be'hɑndlə]
soigner (un malade)	å skjøtte	[ɔ 'ʂøtə]
soins (m pl)	sykepleie (m/f)	['sykə‚plæjə]

opération (f)	operasjon (m)	[ɔperɑ'ʂʊn]
panser (vt)	å forbinde	[ɔ fɔr'binə]
pansement (m)	forbinding (m)	[fɔr'biniŋ]

vaccination (f)	vaksinering (m/f)	[vɑksi'neriŋ]
vacciner (vt)	å vaksinere	[ɔ vɑksi'nerə]
piqûre (f)	injeksjon (m), sprøyte (m/f)	[injɛk'ʂʊn], ['sprøjtə]
faire une piqûre	å gi en sprøyte	[ɔ 'ji en 'sprøjtə]

crise, attaque (f)	anfall (n)	['ɑn‚fɑl]
amputation (f)	amputasjon (m)	[ɑmpʉtɑ'ʂʊn]
amputer (vt)	å amputere	[ɔ ɑmpʉ'terə]
coma (m)	koma (m)	['kʊmɑ]
être dans le coma	å ligge i koma	[ɔ 'ligə i 'kʊmɑ]
réanimation (f)	intensivavdeling (m/f)	['inten‚siv 'ɑv‚deliŋ]

se rétablir (vp)	å bli frisk	[ɔ 'bli 'frisk]
état (m) (de santé)	tilstand (m)	['til‚stɑn]
conscience (f)	bevissthet (m)	[be'vist‚het]
mémoire (f)	minne (n), hukommelse (m)	['minə], [hʉ'kɔmələsə]
arracher (une dent)	å trekke ut	[ɔ 'trɛkə ʉt]

plombage (m)	fylling (m/f)	['fʏliŋ]
plomber (vt)	å plombere	[ɔ plʊm'berə]

hypnose (f)	hypnose (m)	[hʏp'nʊsə]
hypnotiser (vt)	å hypnotisere	[ɔ hʏpnʊti'serə]

72. Les médecins

médecin (m)	lege (m)	['legə]
infirmière (f)	sykepleierske (m/f)	['sykə‚plæjeʂkə]
médecin (m) personnel	personlig lege (m)	[pæ'ʂʊnli 'legə]

dentiste (m)	tannlege (m)	['tan‚legə]
ophtalmologiste (m)	øyelege (m)	['øjə‚legə]
généraliste (m)	terapeut (m)	[terɑ'pɛut]
chirurgien (m)	kirurg (m)	[çi'rʉrg]

psychiatre (m)	psykiater (m)	[syki'atər]
pédiatre (m)	barnelege (m)	['bɑːŋə‚legə]
psychologue (m)	psykolog (m)	[sykʊ'lɔg]
gynécologue (m)	gynekolog (m)	[gynekʉ'lɔg]
cardiologue (m)	kardiolog (m)	[kɑːdjʉ'lɔg]

73. Les médicaments. Les accessoires

médicament (m)	medisin (m)	[medi'sin]
remède (m)	middel (n)	['midəl]
prescrire (vt)	å ordinere	[ɔ ɔrdi'nerə]
ordonnance (f)	resept (m)	[re'sɛpt]

comprimé (m)	tablett (m)	[tɑb'let]
onguent (m)	salve (m/f)	['sɑlvə]
ampoule (f)	ampulle (m)	[ɑm'pʉlə]
mixture (f)	mikstur (m)	[miks'tʉr]
sirop (m)	sirup (m)	['sirʉp]
pilule (f)	pille (m/f)	['pilə]
poudre (f)	pulver (n)	['pʉlvər]

bande (f)	gasbind (n)	['gɑs‚bin]
coton (m) (ouate)	vatt (m/n)	['vɑt]
iode (m)	jod (m/n)	['ʉd]

sparadrap (m)	plaster (n)	['plɑstər]
compte-gouttes (m)	pipette (m)	[pi'pɛtə]
thermomètre (m)	termometer (n)	[termʊ'metər]
seringue (f)	sprøyte (m/f)	['sprøjtə]

fauteuil (m) roulant	rullestol (m)	['rʉlə‚stʊl]
béquilles (f pl)	krykker (m/f pl)	['krʏkər]

anesthésique (m)	smertestillende middel (n)	['smæːʈə‚stilenə 'midəl]
purgatif (m)	laksativ (n)	[lɑksɑ'tiv]

alcool (m)	sprit (m)	['sprit]
herbe (f) médicinale	legeurter (m/f pl)	['legə‚ʉː[ər]
d'herbes (adj)	urte-	['ʉː[ə-]

74. Le tabac et ses produits dérivés

tabac (m)	tobakk (m)	[tʊ'bɑk]
cigarette (f)	sigarett (m)	[sigɑ'rɛt]
cigare (f)	sigar (m)	[si'gɑr]
pipe (f)	pipe (m/f)	['pɪpə]
paquet (m)	pakke (m/f)	['pɑkə]

allumettes (f pl)	fyrstikker (m/f pl)	['fy‚stikər]
boîte (f) d'allumettes	fyrstikkeske (m)	['fyʂtik‚ɛskə]
briquet (m)	tenner (m)	['tɛnər]
cendrier (m)	askebeger (n)	['ɑskə‚begər]
étui (m) à cigarettes	sigarettetui (n)	[sigɑ'rɛt ɛtʉ'i]

| fume-cigarette (m) | munnstykke (n) | ['mʉn‚stʏkə] |
| filtre (m) | filter (n) | ['filtər] |

fumer (vi, vt)	å røyke	[ɔ 'røjkə]
allumer une cigarette	å tenne en sigarett	[ɔ 'tɛnə en sigɑ'rɛt]
tabagisme (m)	røyking, røkning (m)	['røjkiŋ], ['røkniŋ]
fumeur (m)	røyker (m)	['røjkər]

mégot (m)	stump (m)	['stʉmp]
fumée (f)	røyk (m)	['røjk]
cendre (f)	aske (m/f)	['ɑskə]

L'HABITAT HUMAIN

La ville

75. La ville. La vie urbaine

ville (f)	by (m)	['by]
capitale (f)	hovedstad (m)	['hʊvəd,stɑd]
village (m)	landsby (m)	['lɑns,by]
plan (m) de la ville	bykart (n)	['by,kɑːt]
centre-ville (m)	sentrum (n)	['sɛntrum]
banlieue (f)	forstad (m)	['fɔ,stɑd]
de banlieue (adj)	forstads-	['fɔ,stɑds-]
périphérie (f)	utkant (m)	['ʉt,kɑnt]
alentours (m pl)	omegner (m pl)	['ɔm,æjnər]
quartier (m)	kvarter (n)	[kvaːʈer]
quartier (m) résidentiel	boligkvarter (n)	['bʊli,kvɑːʈer]
trafic (m)	trafikk (m)	[trɑ'fik]
feux (m pl) de circulation	trafikklys (n)	[trɑ'fik,lys]
transport (m) urbain	offentlig transport (m)	['ɔfentli trɑns'pɔːt]
carrefour (m)	veikryss (n)	['væjkrʏs]
passage (m) piéton	fotgjengerovergang (m)	['fʊtjɛŋər 'ɔvər,gɑŋ]
passage (m) souterrain	undergang (m)	['ʉnər,gɑŋ]
traverser (vt)	å gå over	[ɔ 'gɔ 'ɔvər]
piéton (m)	fotgjenger (m)	['fʊtjɛŋər]
trottoir (m)	fortau (n)	['fɔː,tɑʉ]
pont (m)	bro (m/f)	['brʊ]
quai (m)	kai (m/f)	['kɑj]
fontaine (f)	fontene (m)	['fʊntnə]
allée (f)	allé (m)	[a'leː]
parc (m)	park (m)	['pɑrk]
boulevard (m)	bulevard (m)	[bule'vɑr]
place (f)	torg (n)	['tɔr]
avenue (f)	aveny (m)	[ave'ny]
rue (f)	gate (m/f)	['gɑtə]
ruelle (f)	sidegate (m/f)	['sidə,gɑtə]
impasse (f)	blindgate (m/f)	['blin,gɑtə]
maison (f)	hus (n)	['hʉs]
édifice (m)	bygning (m/f)	['bygniŋ]
gratte-ciel (m)	skyskraper (m)	['ʂy,skrɑpər]
façade (f)	fasade (m)	[fa'sɑdə]
toit (m)	tak (n)	['tɑk]

fenêtre (f)	vindu (n)	['vindʉ]
arc (m)	bue (m)	['bʉːə]
colonne (f)	søyle (m)	['søjlə]
coin (m)	hjørne (n)	['jœːŋə]

vitrine (f)	utstillingsvindu (n)	['ʉt‚stiliŋs 'vindʉ]
enseigne (f)	skilt (n)	['ʂilt]
affiche (f)	plakat (m)	[plɑ'kɑt]
affiche (f) publicitaire	reklameplakat (m)	[rɛ'klɑmə‚plɑ'kɑt]
panneau-réclame (m)	reklametavle (m/f)	[rɛ'klɑmə‚tɑvlə]

ordures (f pl)	søppel (m/f/n), avfall (n)	['sœpəl], ['ɑv‚fɑl]
poubelle (f)	søppelkasse (m/f)	['sœpəl‚kɑsə]
jeter à terre	å kaste søppel	[ɔ 'kɑstə 'sœpəl]
décharge (f)	søppelfylling (m/f), deponi (n)	['sœpəl‚fʏliŋ], [‚depɔ'ni]

cabine (f) téléphonique	telefonboks (m)	[tele'fʊn‚bɔks]
réverbère (m)	lyktestolpe (m)	['lʏktə‚stɔlpə]
banc (m)	benk (m)	['bɛŋk]

policier (m)	politi (m)	[pʊli'ti]
police (f)	politi (n)	[pʊli'ti]
clochard (m)	tigger (m)	['tigər]
sans-abri (m)	hjemløs	['jɛm‚løs]

76. Les institutions urbaines

magasin (m)	forretning, butikk (m)	[fɔ'rɛtniŋ], [bʉ'tik]
pharmacie (f)	apotek (n)	[apʊ'tek]
opticien (m)	optikk (m)	[ɔp'tik]
centre (m) commercial	kjøpesenter (n)	['çœpə‚sɛntər]
supermarché (m)	supermarked (n)	['sʉpə‚market]

boulangerie (f)	bakeri (n)	[bake'ri]
boulanger (m)	baker (m)	['bakər]
pâtisserie (f)	konditori (n)	[kʊnditɔ'ri]
épicerie (f)	matbutikk (m)	['mɑtbʉ‚tik]
boucherie (f)	slakterbutikk (m)	['ʂlɑktəbʉ‚tik]

| magasin (m) de légumes | grønnsaksbutikk (m) | ['grœn‚saks bʉ'tik] |
| marché (m) | marked (n) | ['markəd] |

salon (m) de café	kafé, kaffebar (m)	[kɑ'fe], ['kafə‚bar]
restaurant (m)	restaurant (m)	[rɛstʉ'raŋ]
brasserie (f)	pub (m)	['pʉb]
pizzeria (f)	pizzeria (m)	[pitsə'ria]

salon (m) de coiffure	frisørsalong (m)	[fri'sør sa‚lɔŋ]
poste (f)	post (m)	['pɔst]
pressing (m)	renseri (n)	[rɛnse'ri]
atelier (m) de photo	fotostudio (n)	['fɔto‚stʉdiɔ]

| magasin (m) de chaussures | skobutikk (m) | ['skʊ‚bʉ'tik] |
| librairie (f) | bokhandel (m) | ['bʊk‚handəl] |

magasin (m) d'articles de sport	idrettsbutikk (m)	['idrɛts bʉ'tik]
atelier (m) de retouche	reparasjon (m) av klær	[repɑrɑ'ʂʉn ɑ: ˌklær]
location (f) de vêtements	leie (m/f) av klær	['læjə ɑ: ˌklær]
location (f) de films	filmutleie (m/f)	['filmˌʉt'læjə]

cirque (m)	sirkus (m/n)	['sirkʉs]
zoo (m)	zoo, dyrepark (m)	['sʉ:], [dyrə'pɑrk]
cinéma (m)	kino (m)	['çinʉ]
musée (m)	museum (n)	[mʉ'seum]
bibliothèque (f)	bibliotek (n)	[bibliʉ'tek]

théâtre (m)	teater (n)	[te'ɑtər]
opéra (m)	opera (m)	['ʉpera]
boîte (f) de nuit	nattklubb (m)	['nɑtˌklʉb]
casino (m)	kasino (n)	[kɑ'sinʉ]

mosquée (f)	moské (m)	[mʉ'ske]
synagogue (f)	synagoge (m)	[synɑ'gʉgə]
cathédrale (f)	katedral (m)	[kate'drɑl]
temple (m)	tempel (n)	['tɛmpəl]
église (f)	kirke (m/f)	['çirkə]

institut (m)	institutt (n)	[insti'tʉt]
université (f)	universitet (n)	[ʉnivæʂi'tet]
école (f)	skole (m/f)	['skʉlə]

préfecture (f)	prefektur (n)	[prɛfɛk'tʉr]
mairie (f)	rådhus (n)	['rɔdˌhʉs]
hôtel (m)	hotell (n)	[hʉ'tɛl]
banque (f)	bank (m)	['bɑnk]

ambassade (f)	ambassade (m)	[ɑmbɑ'sɑdə]
agence (f) de voyages	reisebyrå (n)	['ræjsə byˌrɔ]
bureau (m) d'information	opplysningskontor (n)	[ɔp'lʏsniŋs kʉn'tʉr]
bureau (m) de change	vekslingskontor (n)	['vɛkʂliŋs kʉn'tʉr]

métro (m)	tunnelbane, T-bane (m)	['tʉnəlˌbɑnə], ['tɛ:ˌbɑnə]
hôpital (m)	sykehus (n)	['sykəˌhʉs]

station-service (f)	bensinstasjon (m)	[bɛn'sinˌstɑ'ʂʉn]
parking (m)	parkeringsplass (m)	[pɑr'keriŋsˌplɑs]

77. Les transports en commun

autobus (m)	buss (m)	['bʉs]
tramway (m)	trikk (m)	['trik]
trolleybus (m)	trolleybuss (m)	['trɔliˌbʉs]
itinéraire (m)	rute (m/f)	['rʉtə]
numéro (m)	nummer (n)	['nʉmər]

prendre ...	å kjøre med ...	[ɔ 'çœ:rə me ...]
monter (dans l'autobus)	å gå på ...	[ɔ 'gɔ pɔ ...]
descendre de ...	å gå av ...	[ɔ 'gɔ ɑ: ...]
arrêt (m)	holdeplass (m)	['hɔləˌplɑs]

arrêt (m) prochain	neste holdeplass (m)	['nɛstə 'hɔlə‚plas]
terminus (m)	endestasjon (m)	['ɛnə‚sta'ʂʊn]
horaire (m)	rutetabell (m)	['rʉtə‚ta'bɛl]
attendre (vt)	å vente	[ɔ 'vɛntə]

ticket (m)	billett (m)	[bi'let]
prix (m) du ticket	billettpris (m)	[bi'let‚pris]

caissier (m)	kasserer (m)	[ka'serər]
contrôle (m) des tickets	billettkontroll (m)	[bi'let kʊn‚trɔl]
contrôleur (m)	billett inspektør (m)	[bi'let inspɛk'tør]

être en retard	å komme for sent	[ɔ 'kɔmə fɔ'ʂɛnt]
rater (~ le train)	å komme for sent til ...	[ɔ 'kɔmə fɔ'ʂɛnt til ...]
se dépêcher	å skynde seg	[ɔ 'ʂynə sæj]

taxi (m)	drosje (m/f), taxi (m)	['drɔʂɛ], ['taksi]
chauffeur (m) de taxi	taxisjåfør (m)	['taksi ʂo'før]
en taxi	med taxi	[me 'taksi]
arrêt (m) de taxi	taxiholdeplass (m)	['taksi 'hɔlə‚plas]
appeler un taxi	å taxi bestellen	[ɔ 'taksi be'stɛlən]
prendre un taxi	å ta taxi	[ɔ 'ta ‚taksi]

trafic (m)	trafikk (m)	[tra'fik]
embouteillage (m)	trafikkork (m)	[tra'fik‚kɔrk]
heures (f pl) de pointe	rushtid (m/f)	['rʉʂ‚tid]
se garer (vp)	å parkere	[ɔ par'kerə]
garer (vt)	å parkere	[ɔ par'kerə]
parking (m)	parkeringsplass (m)	[par'keriŋs‚plas]

métro (m)	tunnelbane, T-bane (m)	['tʉnəl‚banə], ['tɛː‚banə]
station (f)	stasjon (m)	[sta'ʂʊn]
prendre le métro	å kjøre med T-bane	[ɔ 'çœːrə me 'tɛː‚banə]
train (m)	tog (n)	['tɔg]
gare (f)	togstasjon (m)	['tɔg‚sta'ʂʊn]

78. Le tourisme

monument (m)	monument (n)	[mɔnʉ'mɛnt]
forteresse (f)	festning (m/f)	['fɛstniŋ]
palais (m)	palass (n)	[pa'las]
château (m)	borg (m)	['bɔrg]
tour (f)	tårn (n)	['tɔːn̩]
mausolée (m)	mausoleum (n)	[maʊsʊ'leum]

architecture (f)	arkitektur (m)	[arkitɛk'tʉr]
médiéval (adj)	middelalderlig	['midəl‚aldɛːli]
ancien (adj)	gammel	['gaməl]
national (adj)	nasjonal	[naʂʊ'nal]
connu (adj)	kjent	['çɛnt]

touriste (m)	turist (m)	[tʉ'rɪst]
guide (m) (personne)	guide (m)	['gajd]
excursion (f)	utflukt (m/f)	['ʉt‚flʉkt]

77

| montrer (vt) | à vise | [ɔ 'visə] |
| raconter (une histoire) | à fortelle | [ɔ fɔ:'tɛlə] |

trouver (vt)	à finne	[ɔ 'finə]
se perdre (vp)	å gå seg bort	[ɔ 'gɔ sæj 'buː't]
plan (m) (du metro, etc.)	kart, linjekart (n)	['kaːt], ['linjə'kaːt]
carte (f) (de la ville, etc.)	kart (n)	['kaːt]

souvenir (m)	suvenir (m)	[suve'nir]
boutique (f) de souvenirs	suvenirbutikk (m)	[suve'nir bu'tik]
prendre en photo	å fotografere	[ɔ fotɔgrɑ'ferə]
se faire prendre en photo	å bli fotografert	[ɔ 'bli fotɔgrɑ'fɛːt]

79. Le shopping

acheter (vt)	å kjøpe	[ɔ 'çœːpə]
achat (m)	innkjøp (n)	['in,çœp]
faire des achats	å gå shopping	[ɔ 'gɔ ˌsɔpiŋ]
shopping (m)	shopping (m)	['sɔpiŋ]

| être ouvert | å være åpen | [ɔ 'værə 'ɔpən] |
| être fermé | å være stengt | [ɔ 'værə 'stɛŋt] |

chaussures (f pl)	skotøy (n)	['skutøj]
vêtement (m)	klær (n)	['klær]
produits (m pl) de beauté	kosmetikk (m)	[kusme'tik]
produits (m pl) alimentaires	matvarer (m/f pl)	['mat,varər]
cadeau (m)	gave (m/f)	['gavə]

| vendeur (m) | forselger (m) | [fɔ'sɛlər] |
| vendeuse (f) | forselger (m) | [fɔ'sɛlər] |

caisse (f)	kasse (m/f)	['kasə]
miroir (m)	speil (n)	['spæjl]
comptoir (m)	disk (m)	['disk]
cabine (f) d'essayage	prøverom (n)	['prøvə,rum]

essayer (robe, etc.)	å prøve	[ɔ 'prøvə]
aller bien (robe, etc.)	å passe	[ɔ 'pasə]
plaire (être apprécié)	å like	[ɔ 'likə]

prix (m)	pris (m)	['pris]
étiquette (f) de prix	prislapp (m)	['pris,lap]
coûter (vt)	å koste	[ɔ 'kɔstə]
Combien?	Hvor mye?	[vur 'mye]
rabais (m)	rabatt (m)	[ra'bat]

pas cher (adj)	billig	['bili]
bon marché (adj)	billig	['bili]
cher (adj)	dyr	['dyr]
C'est cher	Det er dyrt	[de ær 'dyːt]

| location (f) | utleie (m/f) | ['ut,læje] |
| louer (une voiture, etc.) | å leie | [ɔ 'læjə] |

crédit (m)	**kreditt** (m)	[krɛ'dit]
à crédit (adv)	**på kreditt**	[pɔ krɛ'dit]

80. L'argent

argent (m)	**penger** (m pl)	['pɛŋər]
échange (m)	**veksling** (m/f)	['vɛkʂliŋ]
cours (m) de change	**kurs** (m)	['kuʂ]
distributeur (m)	**minibank** (m)	['mini,bɑnk]
monnaie (f)	**mynt** (m)	['mʏnt]

dollar (m)	**dollar** (m)	['dɔlɑr]
euro (m)	**euro** (m)	['ɛʉrʉ]

lire (f)	**lira** (m)	['lire]
mark (m) allemand	**mark** (m/f)	['mɑrk]
franc (m)	**franc** (m)	['frɑn]
livre sterling (f)	**pund sterling** (m)	['pʉn stɛː'liŋ]
yen (m)	**yen** (m)	['jɛn]

dette (f)	**skyld** (m/f), **gjeld** (m)	['ʂʏl], ['jɛl]
débiteur (m)	**skyldner** (m)	['ʂylnər]
prêter (vt)	**å låne ut**	[ɔ 'loːnə ʉt]
emprunter (vt)	**å låne**	[ɔ 'loːnə]

banque (f)	**bank** (m)	['bɑnk]
compte (m)	**konto** (m)	['kɔntʉ]
verser (dans le compte)	**å sette inn**	[ɔ 'sɛtə in]
verser dans le compto	**å sette inn på kontoen**	[ɔ 'sɛtə in pɔ 'kɔntʉən]
retirer du compte	**å ta ut fra kontoen**	[ɔ 'tɑ ʉt frɑ 'kɔntʉən]

carte (f) de crédit	**kredittkort** (n)	[krɛ'dit,kɔːt]
espèces (f pl)	**kontanter** (m pl)	[kʉn'tɑntər]
chèque (m)	**sjekk** (m)	['ʂɛk]
faire un chèque	**å skrive en sjekk**	[ɔ 'skrivə en 'ʂɛk]
chéquier (m)	**sjekkbok** (m/f)	['ʂɛk,bʉk]

portefeuille (m)	**lommebok** (m)	['lʉmə,bʉk]
bourse (f)	**pung** (m)	['pʉŋ]
coffre fort (m)	**safe, seif** (m)	['sɛjf]

héritier (m)	**arving** (m)	['ɑrviŋ]
héritage (m)	**arv** (m)	['ɑrv]
fortune (f)	**formue** (m)	['fɔr,mʉə]

location (f)	**leie** (m)	['læje]
loyer (m) (argent)	**husleie** (m/f)	['hʉs,læje]
louer (prendre en location)	**å leie**	[ɔ 'læjə]

prix (m)	**pris** (m)	['pris]
coût (m)	**kostnad** (m)	['kɔstnɑd]
somme (f)	**sum** (m)	['sʉm]
dépenser (vt)	**å bruke**	[ɔ 'brʉkə]
dépenses (f pl)	**utgifter** (m/f pl)	['ʉt,jiftər]

économiser (vt)	à spare	[ɔ 'spɑrə]
économe (adj)	sparsom	['spɑʂɔm]

payer (régler)	à betale	[ɔ be'tɑlə]
paiement (m)	betaling (m/f)	[be'tɑliŋ]
monnaie (f) (rendre la ~)	vekslepenger (pl)	['vɛkʂlə͵pɛŋər]

impôt (m)	skatt (m)	['skɑt]
amende (f)	bot (m/f)	['bʊt]
mettre une amende	à bøtelegge	[ɔ 'bøtə͵legə]

81. La poste. Les services postaux

poste (f)	post (m)	['pɔst]
courrier (m) (lettres, etc.)	post (m)	['pɔst]
facteur (m)	postbud (n)	['pɔst͵bʉd]
heures (f pl) d'ouverture	åpningstider (m/f pl)	['ɔpniŋs͵tidər]

lettre (f)	brev (n)	['brev]
recommandé (m)	rekommandert brev (n)	[rekʊmɑn'dɛːt ͵brev]
carte (f) postale	postkort (n)	['pɔst͵kɔːt]
télégramme (m)	telegram (n)	[tele'grɑm]
colis (m)	postpakke (m/f)	['pɔst͵pɑkə]
mandat (m) postal	pengeoverføring (m/f)	['pɛŋə 'ɔvər͵føriŋ]

recevoir (vt)	à motta	[ɔ 'mɔtɑ]
envoyer (vt)	à sende	[ɔ 'sɛnə]
envoi (m)	avsending (m)	['ɑf͵sɛniŋ]

adresse (f)	adresse (m)	[ɑ'drɛsə]
code (m) postal	postnummer (n)	['pɔst͵nʉmər]
expéditeur (m)	avsender (m)	['ɑf͵sɛnər]
destinataire (m)	mottaker (m)	['mɔt͵tɑkər]

prénom (m)	fornavn (n)	['fɔr͵nɑvn]
nom (m) de famille	etternavn (n)	['ɛtə͵nɑvn]

tarif (m)	tariff (m)	[tɑ'rif]
normal (adj)	vanlig	['vɑnli]
économique (adj)	økonomisk	[økʊ'nɔmisk]

poids (m)	vekt (m)	['vɛkt]
peser (~ les lettres)	à veie	[ɔ 'væjə]
enveloppe (f)	konvolutt (m)	[kʊnvʊ'lʉt]
timbre (m)	frimerke (n)	['fri͵mærkə]
timbrer (vt)	à sette på frimerke	[ɔ 'sɛtə pɔ 'fri͵mærkə]

Le logement. La maison. Le foyer

82. La maison. Le logis

maison (f)	hus (n)	['hʉs]
chez soi	hjemme	['jɛmə]
cour (f)	gård (m)	['gɔːr]
clôture (f)	gjerde (n)	['jærə]
brique (f)	tegl (n), murstein (m)	['tæjl], ['mʉˌstæjn]
en brique (adj)	tegl-	['tæjl-]
pierre (f)	stein (m)	['stæjn]
en pierre (adj)	stein-	['stæjn-]
béton (m)	betong (m)	[be'tɔŋ]
en béton (adj)	betong-	[be'tɔŋ-]
neuf (adj)	ny	['ny]
vieux (adj)	gammel	['gaməl]
délabré (adj)	falleferdig	['faləˌfæːɖi]
moderne (adj)	moderne	[mʉ'dɛːɳə]
à plusieurs étages	fleretasjes-	['flerɛˌtaʂɛs-]
haut (adj)	høy	['høj]
étage (m)	etasje (m)	[ɛ'taʂə]
sans étage (adj)	enetasjes	['ɛnɛˌtaʂɛs]
rez-de-chaussée (m)	første etasje (m)	['fœʂtə ɛ'taʂə]
dernier étage (m)	øverste etasje (m)	['øvəʂtə ɛ'taʂə]
toit (m)	tak (n)	['tak]
cheminée (f)	skorstein (m/f)	['skɔˌstæjn]
tuile (f)	takstein (m)	['takˌstæjn]
en tuiles (adj)	taksteins-	['takˌstæjns-]
grenier (m)	loft (n)	['lɔft]
fenêtre (f)	vindu (n)	['vindʉ]
vitre (f)	glass (n)	['glas]
rebord (m)	vinduskarm (m)	['vindʉsˌkarm]
volets (m pl)	vinduslemmer (m pl)	['vindʉsˌlemər]
mur (m)	mur, vegg (m)	['mʉr], ['vɛg]
balcon (m)	balkong (m)	[bal'kɔŋ]
gouttière (f)	nedløpsrør (n)	['nedløpsˌrør]
en haut (à l'étage)	oppe	['ɔpə]
monter (vi)	å gå ovenpå	[ɔ 'gɔ 'ʊvənˌpɔ]
descendre (vi)	å gå ned	[ɔ 'gɔ ne]
déménager (vi)	å flytte	[ɔ 'flʏtə]

83. La maison. L'entrée. L'ascenseur

entrée (f)	inngang (m)	['inˌɡɑŋ]
escalier (m)	trapp (m/f)	['trɑp]
marches (f pl)	trinn (n pl)	['trin]
rampe (f)	gelender (n)	[ɡe'lendər]
hall (m)	hall, lobby (m)	['hɑl], ['lɔbi]

boîte (f) à lettres	postkasse (m/f)	['pɔstˌkɑsə]
poubelle (f) d'extérieur	søppelkasse (m/f)	['sœpəlˌkɑsə]
vide-ordures (m)	søppelsjakt (m/f)	['sœpəlˌʂɑkt]

ascenseur (m)	heis (m)	['hæjs]
monte-charge (m)	lasteheis (m)	['lɑstə'hæjs]
cabine (f)	heiskorg (m/f)	['hæjsˌkɔrg]
prendre l'ascenseur	å ta heisen	[ɔ 'tɑ ˌhæjsən]

appartement (m)	leilighet (m/f)	['læjliˌhet]
locataires (m pl)	beboere (m pl)	[be'bʉerə]
voisin (m)	nabo (m)	['nɑbʉ]
voisine (f)	nabo (m)	['nɑbʉ]
voisins (m pl)	naboer (m pl)	['nɑbʉər]

84. La maison. La porte. La serrure

porte (f)	dør (m/f)	['dœr]
portail (m)	grind (m/f), port (m)	['grin], ['pɔ:t]
poignée (f)	dørhåndtak (n)	['dœrˌhɔntɑk]

déverrouiller (vt)	å låse opp	[ɔ 'lo:sə ɔp]
ouvrir (vt)	å åpne	[ɔ 'ɔpnə]
fermer (vt)	å lukke	[ɔ 'lʉkə]

clé (f)	nøkkel (m)	['nøkəl]
trousseau (m), jeu (m)	knippe (n)	['knipə]

grincer (la porte)	å knirke	[ɔ 'knirkə]
grincement (m)	knirk (m/n)	['knirk]
gond (m)	hengsel (m/n)	['hɛŋsel]
paillasson (m)	dørmatte (m/f)	['dœrˌmɑtə]

serrure (f)	dørlås (m/n)	['dœrˌlɔs]
trou (m) de la serrure	nøkkelhull (n)	['nøkəlˌhʉl]
verrou (m)	slå (m/f)	['ʂlɔ]
loquet (m)	slå (m/f)	['ʂlɔ]
cadenas (m)	hengelås (m/n)	['hɛŋeˌlɔs]

sonner (à la porte)	å ringe	[ɔ 'riŋə]
sonnerie (f)	ringing (m/f)	['riŋiŋ]
sonnette (f)	ringeklokke (m/f)	['riŋəˌklɔkə]
bouton (m)	ringeklokke knapp (m)	['riŋəˌklɔkə 'knɑp]
coups (m pl) à la porte	kakking (m/f)	['kɑkiŋ]
frapper (~ à la porte)	å kakke	[ɔ 'kɑkə]

code (m)	kode (m)	['kʊdə]
serrure (f) à combinaison	kodelås (m/n)	['kʊdə‚lɔs]
interphone (m)	dørtelefon (m)	['dœr‚tele'fʊn]
numéro (m)	nummer (n)	['nʉmər]
plaque (f) de porte	dørskilt (n)	['dœ‚şilt]
judas (m)	kikhull (n)	['çik‚hʉl]

85. La maison de campagne

village (m)	landsby (m)	['lɑns‚by]
potager (m)	kjøkkenhage (m)	['çœkən‚hɑgə]
palissade (f)	gjerde (n)	['jærə]
clôture (f)	stakitt (m/n)	[stɑ'kit]
portillon (m)	port, stakittport (m)	['pɔ:t], [stɑ'kit‚pɔ:t]

grange (f)	kornlåve (m)	['kʊ:n‚lo:və]
cave (f)	jordkjeller (m)	['ju:r‚çɛlər]
abri (m) de jardin	skur, skjul (n)	['skʉr], ['şʉl]
puits (m)	brønn (m)	['brœn]

poêle (m) (~ à bois)	ovn (m)	['ɔvn]
chauffer le poêle	å fyre	[ɔ 'fyrə]
bois (m) de chauffage	ved (m)	['və]
bûche (f)	vedstykke (n), vedskie (f)	['vɛd‚stʏkə], ['vɛ‚şiə]

véranda (f)	veranda (m)	[væ'rɑndɑ]
terrasse (f)	terrasse (m)	[tɛ'rɑsə]
perron (m) d'entrée	yttertrapp (m/f)	['ytə‚trɑp]
balançoire (f)	gynga (m/f)	['jiŋə]

86. Le château. Le palais

château (m)	borg (m)	['bɔrg]
palais (m)	palass (n)	[pɑ'lɑs]
forteresse (f)	festning (m/f)	['fɛstniŋ]

muraille (f)	mur (m)	['mʉr]
tour (f)	tårn (n)	['tɔ:ŋ]
donjon (m)	kjernetårn (n)	['çæ:ŋə'tɔ:ŋ]

herse (f)	fallgitter (n)	['fɑl‚gitər]
souterrain (m)	underjordisk gang (m)	['ʉnər‚ju:rdisk 'gɑŋ]
douve (f)	vollgrav (m/f)	['vɔl‚grɑv]

| chaîne (f) | kjede (m) | ['çɛ:də] |
| meurtrière (f) | skyteskår (n) | ['şytə‚skɔr] |

| magnifique (adj) | praktfull | ['prɑkt‚fʉl] |
| majestueux (adj) | majestetisk | [mɑje'stɛtisk] |

| inaccessible (adj) | uinntakelig | [ʉən'tɑkəli] |
| médiéval (adj) | middelalderlig | ['midəl‚ɑldɛ:‚ļi] |

87. L'appartement

appartement (m)	leilighet (m/f)	['læjli,het]
chambre (f)	rom (n)	['rʊm]
chambre (f) à coucher	soverom (n)	['sɔvə,rʊm]
salle (f) à manger	spisestue (m/f)	['spisə,stʉə]
salon (m)	dagligstue (m/f)	['dɑgli,stʉə]
bureau (m)	arbeidsrom (n)	['ɑrbæjds,rʊm]
antichambre (f)	entré (m)	[ɑn'trɛ:]
salle (f) de bains	bad, baderom (n)	['bɑd], ['bɑdə,rʊm]
toilettes (f pl)	toalett, WC (n)	[tʊɑ'let], [vɛ'sɛ]
plafond (m)	tak (n)	['tɑk]
plancher (m)	gulv (n)	['gʉlv]
coin (m)	hjørne (n)	['jœ:ŋə]

88. L'appartement. Le ménage

faire le ménage	å rydde	[ɔ 'rʏdə]
ranger (jouets, etc.)	å stue unna	[ɔ 'stʉə 'ʉnɑ]
poussière (f)	støv (n)	['støv]
poussiéreux (adj)	støvet	['støvət]
essuyer la poussière	å tørke støv	[ɔ 'tœrkə 'støv]
aspirateur (m)	støvsuger (m)	['støf,sʉgər]
passer l'aspirateur	å støvsuge	[ɔ 'støf,sʉgə]
balayer (vt)	å sope, å feie	[ɔ 'sɔpə], [ɔ 'fæje]
balayures (f pl)	søppel (m/f/n)	['sœpəl]
ordre (m)	orden (m)	['ɔrdən]
désordre (m)	uorden (m)	['ʉ:,ɔrdən]
balai (m) à franges	mopp (m)	['mɔp]
torchon (m)	klut (m)	['klʉt]
balayette (f) de sorgho	feiekost (m)	['fæjə,kʊst]
pelle (f) à ordures	feiebrett (n)	['fæjə,brɛt]

89. Les meubles. L'intérieur

meubles (m pl)	møbler (n pl)	['møblər]
table (f)	bord (n)	['bʊr]
chaise (f)	stol (m)	['stʉl]
lit (m)	seng (m/f)	['sɛŋ]
canapé (m)	sofa (m)	['sʉfɑ]
fauteuil (m)	lenestol (m)	['lenə,stʉl]
bibliothèque (f) (meuble)	bokskap (n)	['bʊk,skɑp]
rayon (m)	hylle (m/f)	['hʏlə]
armoire (f)	klesskap (n)	['kle,skɑp]
patère (f)	knaggbrett (n)	['knɑg,brɛt]

portemanteau (m)	stumtjener (m)	['stʉm,tjenər]
commode (f)	kommode (m)	[kʊ'mʊdə]
table (f) basse	kaffebord (n)	['kɑfə,bʉr]

miroir (m)	speil (n)	['spæjl]
tapis (m)	teppe (n)	['tɛpə]
petit tapis (m)	lite teppe (n)	['litə 'tɛpə]

cheminée (f)	peis (m), ildsted (n)	['pæjs], ['ilsted]
bougie (f)	lys (n)	['lys]
chandelier (m)	lysestake (m)	['lysə,stɑkə]

rideaux (m pl)	gardiner (m/f pl)	[gɑ:'dinər]
papier (m) peint	tapet (n)	[tɑ'pet]
jalousie (f)	persienne (m)	[pæşi'enə]

lampe (f) de table	bordlampe (m/f)	['bʉr,lɑmpə]
applique (f)	vegglampe (m/f)	['vɛg,lɑmpə]
lampadaire (m)	gulvlampe (m/f)	['gʉlv,lɑmpə]
lustre (m)	lysekrone (m/f)	['lysə,krʉnə]

pied (m) (~ de la table)	bein (n)	['bæjn]
accoudoir (m)	armlene (n)	['ɑrm,lenə]
dossier (m)	rygg (m)	['rʏg]
tiroir (m)	skuff (m)	['skʉf]

90. La literie

linge (m) de lit	sengotøy (n)	['sɛŋə,tøj]
oreiller (m)	pute (m/f)	['pʉtə]
taie (f) d'oreiller	putevar, putetrekk (n)	['pʉtə,vɑr], ['pʉtə,trɛk]
couverture (f)	dyne (m/f)	['dynə]
drap (m)	laken (n)	['lɑkən]
couvre-lit (m)	sengeteppe (n)	['sɛŋə,tɛpə]

91. La cuisine

cuisine (f)	kjøkken (n)	['çœkən]
gaz (m)	gass (m)	['gɑs]
cuisinière (f) à gaz	gasskomfyr (m)	['gɑs kɔm,fyr]
cuisinière (f) électrique	elektrisk komfyr (m)	[ɛ'lektrisk kɔm,fyr]
four (m)	bakeovn (m)	['bɑkə,ɔvn]
four (m) micro-ondes	mikrobølgeovn (m)	['mikrʉ,bølgə'ɔvn]

réfrigérateur (m)	kjøleskap (n)	['çœlə,skɑp]
congélateur (m)	fryser (m)	['frysər]
lave-vaisselle (m)	oppvaskmaskin (m)	['ɔpvɑsk mɑ,şin]

hachoir (m) à viande	kjøttkvern (m/f)	['çœt,kvɛːn]
centrifugeuse (f)	juicepresse (m/f)	['dʒʉs,prɛsə]
grille-pain (m)	brødrister (m)	['brø,ristər]
batteur (m)	mikser (m)	['miksər]

machine (f) à café	kaffetrakter (m)	['kɑfə,trɑktər]
cafetière (f)	kaffekanne (m/f)	['kɑfə,kɑnə]
moulin (m) à café	kaffekvern (m/f)	['kɑfə,kvɛ:n]
bouilloire (f)	tekjele (m)	['te,çelə]
théière (f)	tekanne (m/f)	['te,kɑnə]
couvercle (m)	lokk (n)	['lɔk]
passoire (f) à thé	tesil (m)	['te,sil]
cuillère (f)	skje (m)	['ʂe]
petite cuillère (f)	teskje (m)	['te,ʂe]
cuillère (f) à soupe	spiseskje (m)	['spisə,ʂɛ]
fourchette (f)	gaffel (m)	['gɑfəl]
couteau (m)	kniv (m)	['kniv]
vaisselle (f)	servise (n)	[sær'visə]
assiette (f)	tallerken (m)	[tɑ'lærkən]
soucoupe (f)	tefat (n)	['te,fɑt]
verre (m) à shot	shotglass (n)	['ʂɔt,glɑs]
verre (m) (~ d'eau)	glass (n)	['glɑs]
tasse (f)	kopp (m)	['kɔp]
sucrier (m)	sukkerskål (m/f)	['sʉkər,skɔl]
salière (f)	saltbøsse (m/f)	['sɑlt,bøsə]
poivrière (f)	pepperbøsse (m/f)	['pɛpər,bøsə]
beurrier (m)	smørkopp (m)	['smœr,kɔp]
casserole (f)	gryte (m/f)	['grytə]
poêle (f)	steikepanne (m/f)	['stæjkə,pɑnə]
louche (f)	sleiv (m/f)	['ʂlæjv]
passoire (f)	dørslag (n)	['dœʂlɑg]
plateau (m)	brett (n)	['brɛt]
bouteille (f)	flaske (m)	['flɑskə]
bocal (m) (à conserves)	glasskrukke (m/f)	['glɑs,krʉkə]
boîte (f) en fer-blanc	boks (m)	['bɔks]
ouvre-bouteille (m)	flaskeåpner (m)	['flɑskə,ɔpnər]
ouvre-boîte (m)	konservåpner (m)	['kʉnsəv,ɔpnər]
tire-bouchon (m)	korketrekker (m)	['kɔrkə,trɛkər]
filtre (m)	filter (n)	['filtər]
filtrer (vt)	å filtrere	[ɔ fil'trerə]
ordures (f pl)	søppel (m/f/n)	['sœpəl]
poubelle (f)	søppelbøtte (m/f)	['sœpəl,bœtə]

92. La salle de bains

salle (f) de bains	bad, baderom (n)	['bɑd], ['bɑdə,rʉm]
eau (f)	vann (n)	['vɑn]
robinet (m)	kran (m/f)	['krɑn]
eau (f) chaude	varmt vann (n)	['vɑrmt ,vɑn]
eau (f) froide	kaldt vann (n)	['kɑlt vɑn]

dentifrice (m)	tannpasta (m)	['tan‚pasta]
se brosser les dents	å pusse tennene	[ɔ 'pʉsə 'tɛnənə]
brosse (f) à dents	tannbørste (m)	['tan‚bœʂtə]

se raser (vp)	å barbere seg	[ɔ bar'berə sæj]
mousse (f) à raser	barberskum (n)	[bar'bɛ‚skʊm]
rasoir (m)	høvel (m)	['høvəl]

laver (vt)	å vaske	[ɔ 'vaskə]
se laver (vp)	å vaske seg	[ɔ 'vaskə sæj]
douche (f)	dusj (m)	['dʉʂ]
prendre une douche	å ta en dusj	[ɔ 'ta en 'dʉʂ]

baignoire (f)	badekar (n)	['badə‚kar]
cuvette (f)	toalettstol (m)	[tʊa'let‚stʊl]
lavabo (m)	vaskeservant (m)	['vaskə‚sɛr'vant]

savon (m)	såpe (m/f)	['so:pə]
porte-savon (m)	såpeskål (m/f)	['so:pə‚skɔl]

éponge (f)	svamp (m)	['svamp]
shampooing (m)	sjampo (m)	['ʂam‚pʊ]
serviette (f)	håndkle (n)	['hɔn‚kle]
peignoir (m) de bain	badekåpe (m/f)	['badə‚ko:pə]

lessive (f) (faire la ~)	vask (m)	['vask]
machine (f) à laver	vaskemaskin (m)	['vaskə ma‚ʂin]
faire la lessive	å vaske tøy	[ɔ 'vaskə 'tøj]
lessive (f) (poudre)	vaskepulver (n)	['vaskə‚pʉlvər]

93. Les appareils électroménagers

téléviseur (m)	TV (m), TV-apparat (n)	['tɛvɛ], ['tɛvɛ apa'rat]
magnétophone (m)	båndopptaker (m)	['bɔn‚ɔptakər]
magnétoscope (m)	video (m)	['videʊ]
radio (f)	radio (m)	['radiʊ]
lecteur (m)	spiller (m)	['spilər]

vidéoprojecteur (m)	videoprojektor (m)	['videʊ prɔ'jɛktɔr]
home cinéma (m)	hjemmekino (m)	['jɛmə‚çinʊ]
lecteur DVD (m)	DVD-spiller (m)	[deve'de ‚spilər]
amplificateur (m)	forsterker (m)	[fɔ'ʂtærkər]
console (f) de jeux	spillkonsoll (m)	['spil kʊn'sɔl]

caméscope (m)	videokamera (n)	['videʊ ‚kamera]
appareil (m) photo	kamera (n)	['kamera]
appareil (m) photo numérique	digitalkamera (n)	[digi'tal ‚kamera]

aspirateur (m)	støvsuger (m)	['støf‚sʉgər]
fer (m) à repasser	strykejern (n)	['strykə‚jæː ɳ]
planche (f) à repasser	strykebrett (n)	['strykə‚brɛt]

téléphone (m)	telefon (m)	[tele'fʊn]
portable (m)	mobiltelefon (m)	[mʊ'bil tele'fʊn]

machine (f) à écrire	skrivemaskin (m)	['skrivə maˌʂin]
machine (f) à coudre	symaskin (m)	['siːmaˌʂin]
micro (m)	mikrofon (m)	[mikrʊ'fʊn]
écouteurs (m pl)	hodetelefoner (n pl)	['hɔdəteləˌfʊnər]
télécommande (f)	fjernkontroll (m)	['fjæːn̩ kʊn'trɔl]
CD (m)	CD-rom (m)	['sɛdɛˌrʊm]
cassette (f)	kassett (m)	[ka'sɛt]
disque (m) (vinyle)	plate, skive (m/f)	['platə], ['ʂivə]

94. Les travaux de réparation et de rénovation

rénovation (f)	renovering (m/f)	[renʊ'veriŋ]
faire la rénovation	å renovere	[ɔ renʊ'verə]
réparer (vt)	å reparere	[ɔ repa'rerə]
remettre en ordre	å bringe orden	[ɔ 'briŋə 'ɔrdən]
refaire (vt)	å gjøre om	[ɔ 'jørə ɔm]
peinture (f)	maling (m/f)	['maliŋ]
peindre (des murs)	å male	[ɔ 'malə]
peintre (m) en bâtiment	maler (m)	['malər]
pinceau (m)	pensel (m)	['pɛnsəl]
chaux (f)	kalkmaling (m/f)	['kalkˌmaliŋ]
blanchir à la chaux	å hvitmale	[ɔ 'vitˌmalə]
papier (m) peint	tapet (n)	[ta'pet]
tapisser (vt)	å tapetsere	[ɔ tapet'serə]
vernis (m)	ferniss (m)	['fæːˌɳis]
vernir (vt)	å lakkere	[ɔ la'kerə]

95. La plomberie

eau (f)	vann (n)	['van]
eau (f) chaude	varmt vann (n)	['varmt ˌvan]
eau (f) froide	kaldt vann (n)	['kalt van]
robinet (m)	kran (m/f)	['kran]
goutte (f)	dråpe (m)	['droːpə]
goutter (vi)	å dryppe	[ɔ 'drʏpə]
fuir (tuyau)	å lekke	[ɔ 'lekə]
fuite (f)	lekk (m)	['lek]
flaque (f)	pøl, pytt (m)	['pøl], ['pʏt]
tuyau (m)	rør (n)	['rør]
valve (f)	ventil (m)	[vɛn'til]
se boucher (vp)	å bli tilstoppet	[ɔ 'bli til'stɔpət]
outils (m pl)	verktøy (n pl)	['værkˌtøj]
clé (f) réglable	skiftenøkkel (m)	['ʂifteˌnøkəl]
dévisser (vt)	å skru ut	[ɔ 'skrʉ ʉt]

visser (vt)	à skru fast	[ɔ 'skrʉ 'fast]
déboucher (vt)	à rense	[ɔ 'rɛnsə]
plombier (m)	rørlegger (m)	['rør₁legər]
sous-sol (m)	kjeller (m)	['çɛlər]
égouts (m pl)	avløp (n)	['av₁løp]

96. L'incendie

feu (m)	ild (m)	['il]
flamme (f)	flamme (m)	['flamə]
étincelle (f)	gnist (m)	['gnist]
fumée (f)	røyk (m)	['røjk]
flambeau (m)	fakkel (m)	['fakəl]
feu (m) de bois	bål (n)	['bɔl]

essence (f)	bensin (m)	[bɛn'sin]
kérosène (m)	parafin (m)	[para'fin]
inflammable (adj)	brennbar	['brɛn₁bar]
explosif (adj)	eksplosiv	['ɛksplu₁siv]
DÉFENSE DE FUMER	RØYKING FORBUDT	['røjkiŋ for'bʉt]

sécurité (f)	sikkerhet (m/f)	['sikər₁het]
danger (m)	fare (m)	['farə]
dangereux (adj)	farlig	['fɑːl̥i]

prendre feu	à ta fyr	[ɔ 'ta ₁fyr]
explosion (f)	eksplosjon (m)	[ɛksplʉ'ʂʉn]
mettre feu	à sette fyr	[ɔ 'sɛtə ₁fyr]
incendiaire (m)	brannstifter (m)	['bran₁stiftər]
incendie (m) prémédité	brannstiftelse (m)	['bran₁stiftəlsə]

flamboyer (vi)	à flamme	[ɔ 'flamə]
brûler (vi)	à brenne	[ɔ 'brɛnə]
brûler complètement	à brenne ned	[ɔ 'brɛnə ne]

appeler les pompiers	à ringe bransvesenet	[ɔ 'riŋə 'brans₁vesənə]
pompier (m)	brannmann (m)	['bran₁man]
voiture (f) de pompiers	brannbil (m)	['bran₁bil]
sapeurs-pompiers (pl)	brannkorps (n)	['bran₁korps]
échelle (f) des pompiers	teleskopstige (m)	['tele'skʉp₁stiːə]

tuyau (m) d'incendie	slange (m)	['ʂlaŋə]
extincteur (m)	brannslukker (n)	['bran₁ʂlʉkər]
casque (m)	hjelm (m)	['jɛlm]
sirène (f)	sirene (m/f)	[si'renə]

crier (vi)	à skrike	[ɔ 'skrikə]
appeler au secours	à rope på hjelp	[ɔ 'rʉpə pɔ 'jɛlp]
secouriste (m)	redningsmann (m)	['rɛdniŋs₁man]
sauver (vt)	à redde	[ɔ 'rɛdə]

venir (vi)	à ankomme	[ɔ 'ɑn₁kɔmə]
éteindre (feu)	à slokke	[ɔ 'ʂløkə]
eau (f)	vann (n)	['van]

sable (m)	sand (m)	['san]
ruines (f pl)	ruiner (m pl)	[ru'inər]
tomber en ruine	å falle sammen	[ɔ 'falə 'samən]
s'écrouler (vp)	å styrte ned	[ɔ 'sty:tə ne]
s'effondrer (vp)	å styrte inn	[ɔ 'sty:tə in]

morceau (m) (de mur, etc.)	del (m)	['del]
cendre (f)	aske (m/f)	['askə]

mourir étouffé	å kveles	[ɔ 'kveləs]
périr (vi)	å omkomme	[ɔ 'ɔmˌkɔmə]

LES ACTIVITÉS HUMAINS

Le travail. Les affaires. Partie 1

97. Les opérations bancaires

banque (f)	bank (m)	['bank]
agence (f) bancaire	avdeling (m)	['av‚deliŋ]
conseiller (m)	konsulent (m)	[kunsu'lent]
gérant (m)	forstander (m)	[fɔ'ʂtandər]
compte (m)	bankkonto (m)	['bank‚kɔntu]
numéro (m) du compte	kontonummer (n)	['kɔntu‚numər]
compte (m) courant	sjekkonto (m)	['ʂɛk‚kɔntu]
compte (m) sur livret	sparekonto (m)	['sparə‚kɔntu]
ouvrir un compte	å åpne en konto	[ɔ 'ɔpnə en 'kɔntu]
clôturer le compte	å lukke kontoen	[ɔ 'lukə 'kɔntuən]
verser dans le compte	å sette inn på kontoen	[ɔ 'sɛtə in pɔ 'kɔntuən]
retirer du compte	å ta ut fra kontoen	[ɔ 'ta ut fra 'kɔntuən]
dépôt (m)	innskudd (n)	['in‚skud]
faire un dópot	å sette inn	[ɔ 'sɛtə in]
virement (m) bancaire	overføring (m/f)	['ɔvər‚føriŋ]
faire un transfert	å overføre	[ɔ 'ɔvər‚førə]
somme (f)	sum (m)	['sum]
Combien?	Hvor mye?	[vur 'mye]
signature (f)	underskrift (m/f)	['unə‚skrift]
signer (vt)	å underskrive	[ɔ 'unə‚skrivə]
carte (f) de crédit	kredittkort (n)	[krɛ'dit‚kɔ:ʈ]
code (m)	kode (m)	['kudə]
numéro (m) de carte de crédit	kreditkortnummer (n)	[krɛ'dit‚kɔ:ʈ 'numər]
distributeur (m)	minibank (m)	['mini‚bank]
chèque (m)	sjekk (m)	['ʂɛk]
faire un chèque	å skrive en sjekk	[ɔ 'skrivə en 'ʂɛk]
chéquier (m)	sjekkbok (m/f)	['ʂɛk‚buk]
crédit (m)	lån (n)	['lɔn]
demander un crédit	å søke om lån	[ɔ ‚søkə ɔm 'lɔn]
prendre un crédit	å få lån	[ɔ 'fɔ 'lɔn]
accorder un crédit	å gi lån	[ɔ 'ji 'lɔn]
gage (m)	garanti (m)	[garan'ti]

98. Le téléphone. La conversation téléphonique

téléphone (m)	telefon (m)	[tele'fʊn]
portable (m)	mobiltelefon (m)	[mʊ'bil tele'fʊn]
répondeur (m)	telefonsvarer (m)	[tele'fʊn‚svarər]
téléphoner, appeler	å ringe	[ɔ 'riŋə]
appel (m)	telefonsamtale (m)	[tele'fʊn 'sam‚talə]
composer le numéro	å slå et nummer	[ɔ 'şlɔ et 'nʉmər]
Allô!	Hallo!	[ha'lʊ]
demander (~ l'heure)	å spørre	[ɔ 'spørə]
répondre (vi, vt)	å svare	[ɔ 'svarə]
entendre (bruit, etc.)	å høre	[ɔ 'hørə]
bien (adv)	godt	['gɔt]
mal (adv)	dårlig	['doːḷi]
bruits (m pl)	støy (m)	['støj]
récepteur (m)	telefonrør (n)	[tele'fʊn‚rør]
décrocher (vt)	å ta telefonen	[ɔ 'ta tele'fʊnən]
raccrocher (vi)	å legge på røret	[ɔ 'legə pɔ 'rørə]
occupé (adj)	opptatt	['ɔp‚tat]
sonner (vi)	å ringe	[ɔ 'riŋə]
carnet (m) de téléphone	telefonkatalog (m)	[tele'fʊn kata'lɔg]
local (adj)	lokal-	[lɔ'kal-]
appel (m) local	lokalsamtale (m)	[lɔ'kal 'sam‚talə]
interurbain (adj)	riks-	['riks-]
appel (m) interurbain	rikssamtale (m)	['riks 'sam‚talə]
international (adj)	internasjonal	['intɛːŋaşʊ‚nal]
appel (m) international	internasjonal samtale (m)	['intɛːŋaşʊ‚nal 'sam‚talə]

99. Le téléphone portable

portable (m)	mobiltelefon (m)	[mʊ'bil tele'fʊn]
écran (m)	skjerm (m)	['şærm]
bouton (m)	knapp (m)	['knap]
carte SIM (f)	SIM-kort (n)	['sim‚kɔːt]
pile (f)	batteri (n)	[batɛ'ri]
être déchargé	å bli utladet	[ɔ 'bli 'ʉt‚ladət]
chargeur (m)	lader (m)	['ladər]
menu (m)	meny (m)	[me'ny]
réglages (m pl)	innstillinger (m/f pl)	['in‚stiliŋər]
mélodie (f)	melodi (m)	[melɔ'di]
sélectionner (vt)	å velge	[ɔ 'vɛlgə]
calculatrice (f)	regnemaskin (m)	['rɛjnə ma‚şin]
répondeur (m)	telefonsvarer (m)	[tele'fʊn‚svarər]
réveil (m)	vekkerklokka (m/f)	['vɛkər‚klɔka]

contacts (m pl)	kontakter (m pl)	[kʊn'taktər]
SMS (m)	SMS-beskjed (m)	[ɛsɛm'ɛs bɛˌʂɛ]
abonné (m)	abonnent (m)	[abɔ'nɛnt]

100. La papeterie

| stylo (m) à bille | kulepenn (m) | ['kʉːləˌpɛn] |
| stylo (m) à plume | fyllepenn (m) | ['fʏləˌpɛn] |

crayon (m)	blyant (m)	['blyˌant]
marqueur (m)	merkepenn (m)	['mærkəˌpɛn]
feutre (m)	tusjpenn (m)	['tʉʂˌpɛn]

| bloc-notes (m) | notatbok (m/f) | [nʊ'tatˌbʊk] |
| agenda (m) | dagbok (m/f) | ['dɑgˌbʊk] |

règle (f)	linjal (m)	[li'njɑl]
calculatrice (f)	regnemaskin (m)	['rɛjnə mɑˌʂin]
gomme (f)	viskelær (n)	['viskəˌlær]
punaise (f)	tegnestift (m)	['tæjnəˌstift]
trombone (m)	binders (m)	['bindɛʂ]

colle (f)	lim (n)	['lim]
agrafeuse (f)	stiftemaskin (m)	['stiftə mɑˌʂin]
perforateur (m)	hullemaskin (m)	['hʉlə mɑˌʂin]
taille-crayon (m)	blyantspisser (m)	['blyantˌspisər]

Le travail. Les affaires. Partie 2

101. Les médias de masse

journal (m)	avis (m/f)	[a'vis]
revue (f)	magasin, tidsskrift (n)	[maga'sin], ['tid‚skrift]
presse (f)	presse (m/f)	['prɛsə]
radio (f)	radio (m)	['radiʉ]
station (f) de radio	radiostasjon (m)	['radiʉ‚sta'ʂʊn]
télévision (f)	televisjon (m)	['televi‚ʂʊn]

animateur (m)	programleder (m)	[prʉ'gram‚ledər]
présentateur (m) de journaux télévisés	nyhetsoppleser (m)	['nyhets'ɔp‚lesər]
commentateur (m)	kommentator (m)	[kʊmən'tatʊr]

journaliste (m)	journalist (m)	[ʂu:ŋa'list]
correspondant (m)	korrespondent (m)	[kʊrespɔn'dɛnt]
reporter photographe (m)	pressefotograf (m)	['prɛsə foto'graf]
reporter (m)	reporter (m)	[re'pɔ:ʈər]

rédacteur (m)	redaktør (m)	[rɛdak'tør]
rédacteur (m) en chef	sjefredaktør (m)	['ʂɛf rɛdak'tør]

s'abonner (vp)	å abonnere	[ɔ abɔ'nerə]
abonnement (m)	abonnement (n)	[abɔnə'maŋ]
abonné (m)	abonnent (m)	[abɔ'nɛnt]
lire (vi, vt)	å lese	[ɔ 'lesə]
lecteur (m)	leser (m)	['lesər]

tirage (m)	opplag (n)	['ɔp‚lag]
mensuel (adj)	månedlig	['mo:nədli]
hebdomadaire (adj)	ukentlig	['ʉkəntli]
numéro (m)	nummer (n)	['nʉmər]
nouveau (~ numéro)	ny, fersk	['ny], ['fæʂk]

titre (m)	overskrift (m)	['ɔvə‚skrift]
entrefilet (m)	notis (m)	[nʉ'tis]
rubrique (f)	rubrikk (m)	[rʉ'brik]
article (m)	artikkel (m)	[a:'ʈikəl]
page (f)	side (m/f)	['sidə]

reportage (m)	reportasje (m)	[repo:'taʂə]
événement (m)	hendelse (m)	['hɛndəlsə]
sensation (f)	sensasjon (m)	[sɛnsa'ʂʊn]
scandale (m)	skandale (m)	[skan'dalə]
scandaleux	skandaløs	[skanda'løs]
grand (~ scandale)	stor	['stʊr]
émission (f)	program (n)	[prʉ'gram]
interview (f)	intervju (n)	[intə'vjʉ:]

| émission (f) en direct | direktesending (m/f) | [di'rɛktə‚sɛniŋ] |
| chaîne (f) (~ payante) | kanal (m) | [ka'nal] |

102. L'agriculture

agriculture (f)	landbruk (n)	['lan‚brʉk]
paysan (m)	bonde (m)	['bɔnə]
paysanne (f)	bondekone (m/f)	['bɔnə‚kʉnə]
fermier (m)	gårdbruker, bonde (m)	['gɔːr‚brʉkər], ['bɔnə]

| tracteur (m) | traktor (m) | ['traktʉr] |
| moissonneuse-batteuse (f) | skurtresker (m) | ['skʉː‚trɛskər] |

charrue (f)	plog (m)	['plug]
labourer (vt)	å pløye	[ɔ 'pløjə]
champ (m) labouré	pløyemark (m/f)	['pløjə‚mark]
sillon (m)	fure (m)	['fʉrə]

semer (vt)	å så	[ɔ 'sɔ]
semeuse (f)	såmaskin (m)	['soːma‚ʂin]
semailles (f pl)	såing (m/f)	['soːiŋ]

| faux (f) | ljå (m) | ['ljoː] |
| faucher (vt) | å meie, å slå | [ɔ 'mæjə], [ɔ 'slɔ] |

| pelle (f) | spade (m) | ['spadə] |
| becher (vt) | å grave | [ɔ 'gravə] |

couperet (m)	hakke (m/f)	['hakə]
sarcler (vt)	å hakke	[ɔ 'hakə]
mauvaise herbe (f)	ugras (n)	[ʉ'gras]

arrosoir (m)	vannkanne (f)	['van‚kanə]
arroser (plantes)	å vanne	[ɔ 'vanə]
arrosage (m)	vanning (m/f)	['vaniŋ]

| fourche (f) | greip (m) | ['græjp] |
| râteau (m) | rive (m/f) | ['rivə] |

engrais (m)	gjødsel (m/f)	['jøtsəl]
engraisser (vt)	å gjødsle	['ɔ 'jøtslə]
fumier (m)	møkk (m/f)	['møk]

champ (m)	åker (m)	['oːker]
pré (m)	eng (m/f)	['ɛŋ]
potager (m)	kjøkkenhage (m)	['çœkən‚hagə]
jardin (m)	frukthage (m)	['frʉkt‚hagə]

faire paître	å beite	[ɔ 'bæjtə]
berger (m)	gjeter, hyrde (m)	['jetər], ['hʏrdə]
pâturage (m)	beite (n), beitemark (m/f)	['bæjtə], ['bæjtə‚mark]

| élevage (m) | husdyrhold (n) | ['hʉsdyr‚hol] |
| élevage (m) de moutons | sauehold (n) | ['saʉə‚hol] |

plantation (f)	plantasje (m)	[plɑn'tɑʂə]
plate-bande (f)	rad (m/f)	['rɑd]
serre (f)	drivhus (n)	['driv‚hʉs]

| sécheresse (f) | tørke (m/f) | ['tœrkə] |
| sec (l'été ~) | tørr | ['tœr] |

grains (m pl)	korn (n)	['kʉːn̩]
céréales (f pl)	cerealer (n pl)	[sere'ɑlər]
récolter (vt)	å høste	[ɔ 'høstə]

meunier (m)	møller (m)	['mølər]
moulin (m)	mølle (m/f)	['mølə]
moudre (vt)	å male	[ɔ 'mɑlə]
farine (f)	mel (n)	['mel]
paille (f)	halm (m)	['hɑlm]

103. Le BTP et la construction

chantier (m)	byggeplass (m)	['bʏɡə‚plɑs]
construire (vt)	å bygge	[ɔ 'bʏɡə]
ouvrier (m) du bâtiment	bygningsarbeider (m)	['bʏɡniŋs 'ɑr‚bæjər]

projet (m)	prosjekt (n)	[prʉ'ʂɛkt]
architecte (m)	arkitekt (m)	[ɑrki'tɛkt]
ouvrier (m)	arbeider (m)	['ɑr‚bæjdər]

fondations (f pl)	fundament (n)	[fʉndɑ'mɛnt]
toit (m)	tak (n)	['tɑk]
pieu (m) de fondation	pæl (m)	['pæl]
mur (m)	mur, vegg (m)	['mʉr], ['vɛɡ]

| ferraillage (m) | armeringsjern (n) | [ɑr'meriŋs'jæːn̩] |
| échafaudage (m) | stillas (n) | [sti'lɑs] |

béton (m)	betong (m)	[be'tɔŋ]
granit (m)	granitt (m)	[grɑ'nit]
pierre (f)	stein (m)	['stæjn]
brique (f)	tegl (n), murstein (m)	['tæjl], ['mʉ‚stæjn]

sable (m)	sand (m)	['sɑn]
ciment (m)	sement (m)	[se'mɛnt]
plâtre (m)	puss (m)	['pʉs]
plâtrer (vt)	å pusse	[ɔ 'pʉsə]
peinture (f)	maling (m/f)	['mɑliŋ]
peindre (des murs)	å male	[ɔ 'mɑlə]
tonneau (m)	tønne (m)	['tœnə]

grue (f)	heisekran (m/f)	['hæjsə‚krɑn]
monter (vt)	å løfte	[ɔ 'lœftə]
abaisser (vt)	å heise ned	[ɔ 'hæjsə ne]

| bulldozer (m) | bulldoser (m) | ['bʉl‚dʉsər] |
| excavateur (m) | gravemaskin (m) | ['grɑvə mɑ'ʂin] |

godet (m)	skuffe (m/f)	['skʉfə]
creuser (vt)	å grave	[ɔ 'grɑvə]
casque (m)	hjelm (m)	['jɛlm]

Les professions. Les mètiers

104. La recherche d'emploi. Le licenciement

travail (m)	arbeid (n), jobb (m)	['arbæj], ['job]
employés (pl)	ansatte (pl)	['an͵satə]
personnel (m)	personale (n)	[pæşu'nalə]
carrière (f)	karriere (m)	[kari'ɛrə]
perspective (f)	utsikter (m pl)	['ʉt͵siktər]
maîtrise (f)	mesterskap (n)	['mɛstæ͵şkap]
sélection (f)	utvelgelse (m)	['ʉt͵vɛlgəlsə]
agence (f) de recrutement	rekrutteringsbyrå (n)	['rekrʉ͵teriŋs by͵ro]
C.V. (m)	CV (m/n)	['sɛvɛ]
entretien (m)	jobbintervju (n)	['job ͵intər'vjʉ]
emploi (m) vacant	vakanse (m)	['vakansə]
salaire (m)	lønn (m/f)	['lœn]
salaire (m) fixe	fastlønn (m/f)	['fast͵lœn]
rémunération (f)	betaling (m/f)	[be'taliŋ]
poste (m) (~ évolutif)	stilling (m/f)	['stiliŋ]
fonction (f)	plikt (m/f)	['plikt]
liste (f) des fonctions	arbeidsplikter (m/f pl)	['arbæjds͵pliktər]
occupé (adj)	opptatt	['ɔp͵tat]
licencier (vt)	å avskjedige	[ɔ 'af͵şedigə]
licenciement (m)	avskjedigelse (m)	['afşə͵digəlsə]
chômage (m)	arbeidsløshet (m)	['arbæjdsløs͵het]
chômeur (m)	arbeidsløs (m)	['arbæjds͵løs]
retraite (f)	pensjon (m)	[pan'şʉn]
prendre sa retraite	å gå av med pensjon	[ɔ 'gɔ a: me pan'şʉn]

105. Les hommes d'affaires

directeur (m)	direktør (m)	[dirɛk'tør]
gérant (m)	forstander (m)	[fo'ştandər]
patron (m)	boss (m)	['bɔs]
supérieur (m)	overordnet (m)	['ɔvər͵ɔrdnet]
supérieurs (m pl)	overordnede (pl)	['ɔvər͵ɔrdnedə]
président (m)	president (m)	[prɛsi'dɛnt]
président (m) (d'entreprise)	styreformann (m)	['styrə͵forman]
adjoint (m)	stedfortreder (m)	['stedfɔ:͵tredər]
assistant (m)	assistent (m)	[asi'stɛnt]

secrétaire (m, f)	sekretær (m)	[sɛkrə'tær]
secrétaire (m, f) personnel	privatsekretær (m)	[pri'vat sɛkrə'tær]
homme (m) d'affaires	forretningsmann (m)	[fɔ'rɛtniŋs man]
entrepreneur (m)	entreprenør (m)	[ɛntreprə'nør]
fondateur (m)	grunnlegger (m)	['grʉn leɡər]
fonder (vt)	å grunnlegge, å stifte	[ɔ 'grʉn legə], [ɔ 'stiftə]
fondateur (m)	stifter (m)	['stiftər]
partenaire (m)	partner (m)	['paːtnər]
actionnaire (m)	aksjonær (m)	[akʂʉ'nær]
millionnaire (m)	millionær (m)	[milju'nær]
milliardaire (m)	milliardær (m)	[milja:'dær]
propriétaire (m)	eier (m)	['æjər]
propriétaire (m) foncier	jordeier (m)	['juːr æjər]
client (m)	kunde (m)	['kʉndə]
client (m) régulier	fast kunde (m)	[ˌfast 'kʉndə]
acheteur (m)	kjøper (m)	['çœːpər]
visiteur (m)	besøkende (m)	[be'søkenə]
professionnel (m)	yrkesmann (m)	['yrkəs man]
expert (m)	ekspert (m)	[ɛks'pæːt]
spécialiste (m)	spesialist (m)	[spesia'list]
banquier (m)	bankier (m)	[banki'e]
courtier (m)	mekler, megler (m)	['mɛklər]
caissier (m)	kasserer (m)	[ka'serər]
comptable (m)	regnskapsfører (m)	['rɛjnskaps førər]
agent (m) de sécurité	sikkerhetsvakt (m/f)	['sikərhɛts vukl]
investisseur (m)	investor (m)	[in'vɛstʉr]
débiteur (m)	skyldner (m)	['ʂylnər]
créancier (m)	kreditor (m)	['krɛditʉr]
emprunteur (m)	låntaker (m)	['lɔn takər]
importateur (m)	importør (m)	[impɔ:'tør]
exportateur (m)	eksportør (m)	[ɛkspɔ:'tør]
producteur (m)	produsent (m)	[prʉdʉ'sɛnt]
distributeur (m)	distributør (m)	[distribʉ'tør]
intermédiaire (m)	mellommann (m)	['mɛlɔ man]
conseiller (m)	konsulent (m)	[kʉnsʉ'lent]
représentant (m)	representant (m)	[represɛn'tant]
agent (m)	agent (m)	[a'gɛnt]
agent (m) d'assurances	forsikringsagent (m)	[fɔ'ʂikriŋs a'gɛnt]

106. Les mètiers des services

cuisinier (m)	kokk (m)	['kʉk]
cuisinier (m) en chef	sjefkokk (m)	['ʂɛf kʉk]

boulanger (m)	baker (m)	['bakər]
barman (m)	bartender (m)	['ba:‚tɛndər]
serveur (m)	servitør (m)	['særvi'tør]
serveuse (f)	servitrise (m/f)	[særvi'trisə]

avocat (m)	advokat (m)	[advʉ'kat]
juriste (m)	jurist (m)	[jʉ'rist]
notaire (m)	notar (m)	[nʉ'tar]

électricien (m)	elektriker (m)	[ɛ'lektrikər]
plombier (m)	rørlegger (m)	['rør‚legər]
charpentier (m)	tømmermann (m)	['tœmər‚man]

masseur (m)	massør (m)	[ma'sør]
masseuse (f)	massøse (m)	[ma'søsə]
médecin (m)	lege (m)	['legə]

chauffeur (m) de taxi	taxisjåfør (m)	['taksi ʂɔ'før]
chauffeur (m)	sjåfør (m)	[ʂɔ'før]
livreur (m)	bud (n)	['bʉd]

femme (f) de chambre	stuepike (m/f)	['stʉə‚pikə]
agent (m) de sécurité	sikkerhetsvakt (m/f)	['sikərhɛts‚vakt]
hôtesse (f) de l'air	flyvertinne (m/f)	[flyvɛ:'ţinə]

professeur (m)	lærer (m)	['lærər]
bibliothécaire (m)	bibliotekar (m)	[bibliʉ'tekar]
traducteur (m)	oversetter (m)	['ɔvə‚sɛtər]
interprète (m)	tolk (m)	['tɔlk]
guide (m)	guide (m)	['gajd]

coiffeur (m)	frisør (m)	[fri'sør]
facteur (m)	postbud (n)	['pɔst‚bʉd]
vendeur (m)	forselger (m)	[fo'ʂɛlər]

jardinier (m)	gartner (m)	['ga:ţnər]
serviteur (m)	tjener (m)	['tjenər]
servante (f)	tjenestepike (m/f)	['tjenɛstə‚pikə]
femme (f) de ménage	vaskedame (m/f)	['vaskə‚damə]

107. Les professions militaires et leurs grades

soldat (m) (grade)	menig (m)	['meni]
sergent (m)	sersjant (m)	[sær'ʂant]
lieutenant (m)	løytnant (m)	['løjt‚nant]
capitaine (m)	kaptein (m)	[kap'tæjn]

commandant (m)	major (m)	[ma'jɔr]
colonel (m)	oberst (m)	['ʉbɛʂt]
général (m)	general (m)	[gene'ral]
maréchal (m)	marskalk (m)	['marʂal]
amiral (m)	admiral (m)	[admi'ral]
militaire (m)	militær (m)	[mili'tær]
soldat (m)	soldat (m)	[sʉl'dat]

officier (m)	**offiser** (m)	[ɔfi'sɛr]
commandant (m)	**befalshaver** (m)	[be'fals,havər]

garde-frontière (m)	**grensevakt** (m/f)	['grɛnsə,vakt]
opérateur (m) radio	**radiooperatør** (m)	['radiʊ ʊpəra'tør]
éclaireur (m)	**oppklaringssoldat** (m)	['ɔp,klariŋ sʊl'dat]
démineur (m)	**pioner** (m)	[piʊ'ner]
tireur (m)	**skytter** (m)	['ʂytər]
navigateur (m)	**styrmann** (m)	['styr,man]

108. Les fonctionnaires. Les prétres

roi (m)	**konge** (m)	['kʊŋə]
reine (f)	**dronning** (m/f)	['drɔniŋ]

prince (m)	**prins** (m)	['prins]
princesse (f)	**prinsesse** (m/f)	[prin'sɛsə]

tsar (m)	**tsar** (m)	['tsɑr]
tsarine (f)	**tsarina** (m)	[tsɑ'rina]

président (m)	**president** (m)	[prɛsi'dɛnt]
ministre (m)	**minister** (m)	[mi'nistər]
premier ministre (m)	**statsminister** (m)	['stats mi'nistər]
sénateur (m)	**senator** (m)	[se'natʊr]

diplomate (m)	**diplomat** (m)	[diplʊ'mat]
consul (m)	**konsul** (m)	['kʊn,sɵl]
ambassadeur (m)	**ambassadør** (m)	[ambasa'dør]
conseiller (m)	**rådgiver** (m)	['rɔd,ɟivər]

fonctionnaire (m)	**embetsmann** (m)	['ɛmbets,man]
préfet (m)	**prefekt** (m)	[prɛ'fɛkt]
maire (m)	**borgermester** (m)	[bɔrgər'mɛstər]

juge (m)	**dommer** (m)	['dɔmər]
procureur (m)	**anklager** (m)	['an,klagər]

missionnaire (m)	**misjonær** (m)	[miʂʊ'nær]
moine (m)	**munk** (m)	['mʉnk]
abbé (m)	**abbed** (m)	['abed]
rabbin (m)	**rabbiner** (m)	[ra'binər]

vizir (m)	**vesir** (m)	[vɛ'sir]
shah (m)	**sjah** (m)	['ʂa]
cheik (m)	**sjeik** (m)	['ʂæjk]

109. Les professions agricoles

apiculteur (m)	**birøkter** (m)	['bi,røktor]
berger (m)	**gjeter, hyrde** (m)	['jeter], ['hyrdə]
agronome (m)	**agronom** (m)	[agrʊ'nʊm]

| éleveur (m) | husdyrholder (m) | ['hʉsdyr‚hɔldər] |
| vétérinaire (m) | dyrlege, veterinær (m) | ['dyr‚legə], [vetəri'nær] |

fermier (m)	gårdbruker, bonde (m)	['gɔːr‚brʉkər], ['bɔnə]
vinificateur (m)	vinmaker (m)	['vin‚makər]
zoologiste (m)	zoolog (m)	[sʉː'lɔg]
cow-boy (m)	cowboy (m)	['kaw‚bɔj]

110. Les professions artistiques

| acteur (m) | skuespiller (m) | ['skʉə‚spilər] |
| actrice (f) | skuespillerinne (m/f) | ['skʉə‚spilə'rinə] |

| chanteur (m) | sanger (m) | ['saŋər] |
| cantatrice (f) | sangerinne (m/f) | [saŋə'rinə] |

| danseur (m) | danser (m) | ['dansər] |
| danseuse (f) | danserinne (m/f) | [danse'rinə] |

| artiste (m) | skuespiller (m) | ['skʉə‚spilər] |
| artiste (f) | skuespillerinne (m/f) | ['skʉə‚spilə'rinə] |

musicien (m)	musiker (m)	['mʉsikər]
pianiste (m)	pianist (m)	[pia'nist]
guitariste (m)	gitarspiller (m)	[gi'tar‚spilər]

chef (m) d'orchestre	dirigent (m)	[diri'gɛnt]
compositeur (m)	komponist (m)	[kʉmpʉ'nist]
imprésario (m)	impresario (m)	[impre'sariʉ]

metteur (m) en scène	regissør (m)	[rɛşi'sør]
producteur (m)	produsent (m)	[prʉdʉ'sɛnt]
scénariste (m)	manusforfatter (m)	['manʉs fɔr'fatər]
critique (m)	kritiker (m)	['kritikər]

écrivain (m)	forfatter (m)	[fɔr'fatər]
poète (m)	poet, dikter (m)	['pɔɛt], ['diktər]
sculpteur (m)	skulptør (m)	[skʉlp'tør]
peintre (m)	kunstner (m)	['kʉnstnər]

jongleur (m)	sjonglør (m)	[şɔŋ'lør]
clown (m)	klovn (m)	['klɔvn]
acrobate (m)	akrobat (m)	[akrʉ'bat]
magicien (m)	tryllekunstner (m)	['trʏlə‚kʉnstnər]

111. Les différents mètiers

médecin (m)	lege (m)	['legə]
infirmière (f)	sykepleierske (m/f)	['sykə‚plæjeşkə]
psychiatre (m)	psykiater (m)	[syki'atər]
stomatologue (m)	tannlege (m)	['tan‚legə]
chirurgien (m)	kirurg (m)	[çi'rʉrg]

| astronaute (m) | astronaut (m) | [astrʊ'naʊt] |
| astronome (m) | astronom (m) | [astrʊ'nʊm] |

chauffeur (m)	fører (m)	['førər]
conducteur (m) de train	lokfører (m)	['lʊk̟førər]
mécanicien (m)	mekaniker (m)	[me'kanikər]

mineur (m)	gruvearbeider (m)	['grʉvə'ar̩bæjdər]
ouvrier (m)	arbeider (m)	['ar̩bæjdər]
serrurier (m)	låsesmed (m)	['loːsə̩sme]
menuisier (m)	snekker (m)	['snɛkər]
tourneur (m)	dreier (m)	['dræjər]
ouvrier (m) du bâtiment	bygningsarbeider (m)	['bʏgniŋs 'ar̩bæjər]
soudeur (m)	sveiser (m)	['svæjsər]

professeur (m) (titre)	professor (m)	[prʊ'fɛsʊr]
architecte (m)	arkitekt (m)	[arki'tɛkt]
historien (m)	historiker (m)	[hi'stʊrikər]
savant (m)	vitenskapsmann (m)	['vitən̩skaps man]
physicien (m)	fysiker (m)	['fysikər]
chimiste (m)	kjemiker (m)	['çemikər]

archéologue (m)	arkeolog (m)	[̩arkeʊ'lɔg]
géologue (m)	geolog (m)	[geʊ'lɔg]
chercheur (m)	forsker (m)	['fɔʂkər]

| baby-sitter (m, f) | babysitter (m) | ['bɛby̩sitər] |
| pédagogue (m, f) | lærer, pedagog (m) | [lærər], [peda'gɔg] |

rédacteur (m)	redaktør (m)	[rɛdak'tør]
redacteur (m) en chef	sjefredaktør (m)	['ʂɛf rɛdak'tør]
correspondant (m)	korrespondent (m)	[kʊrespɔn'dɛnt]
dactylographe (f)	maskinskriverske (m)	[ma'ʂin ̩skrivɛʂkə]

designer (m)	designer (m)	[de'sajnər]
informaticien (m)	dataekspert (m)	['data ɛks'pɛːt]
programmeur (m)	programmerer (m)	[prʊgra'merər]
ingénieur (m)	ingeniør (m)	[inʂə'njør]

marin (m)	sjømann (m)	['ʂø̩man]
matelot (m)	matros (m)	[ma'trʊs]
secouriste (m)	redningsmann (m)	['rɛdniŋs̩man]

pompier (m)	brannmann (m)	['bran̩man]
policier (m)	politi (m)	[pʊli'ti]
veilleur (m) de nuit	nattvakt (m)	['nat̩vakt]
détective (m)	detektiv (m)	[detɛk'tiv]

douanier (m)	tollbetjent (m)	['tɔlbe̩tjɛnt]
garde (m) du corps	livvakt (m/f)	['liv̩vakt]
gardien (m) de prison	fangevokter (m)	['faŋə̩vɔktər]
inspecteur (m)	inspektør (m)	[inspɛk'tør]

sportif (m)	idrettsmann (m)	['idrɛto̩man]
entraîneur (m)	trener (m)	['trenər]
boucher (m)	slakter (m)	['ʂlaktər]

103

cordonnier (m)	skomaker (m)	['skʊˌmakər]
commerçant (m)	handelsmann (m)	['handəlsˌman]
chargeur (m)	lastearbeider (m)	['lastəˈarˌbæjdər]

| couturier (m) | moteskaper (m) | ['mʊtəˌskapər] |
| modèle (f) | modell (m) | [mʊˈdɛl] |

112. Les occupations. Le statut social

| écolier (m) | skolegutt (m) | ['skʊləˌgʉt] |
| étudiant (m) | student (m) | [stʉˈdɛnt] |

philosophe (m)	filosof (m)	[filuˈsʊf]
économiste (m)	økonom (m)	[økʊˈnʊm]
inventeur (m)	oppfinner (m)	['ɔpˌfinər]

chômeur (m)	arbeidsløs (m)	['arbæjdsˌløs]
retraité (m)	pensjonist (m)	[panʂʊˈnist]
espion (m)	spion (m)	[spiˈun]

prisonnier (m)	fange (m)	['faŋə]
gréviste (m)	streiker (m)	['stræjkər]
bureaucrate (m)	byråkrat (m)	[byrɔˈkrat]
voyageur (m)	reisende (m)	['ræjsenə]

homosexuel (m)	homofil (m)	['hʊmʊˌfil]
hacker (m)	hacker (m)	['hakər]
hippie (m, f)	hippie (m)	['hipi]

bandit (m)	banditt (m)	[banˈdit]
tueur (m) à gages	leiemorder (m)	['læjəˌmʊrdər]
drogué (m)	narkoman (m)	[narkʊˈman]
trafiquant (m) de drogue	narkolanger (m)	['narkɔˌlaŋər]
prostituée (f)	prostituert (m)	[prʊstitʉˈeːt]
souteneur (m)	hallik (m)	['halik]

sorcier (m)	trollmann (m)	['trɔlˌman]
sorcière (f)	trollkjerring (m/f)	['trɔlˌçæriŋ]
pirate (m)	pirat, sjørøver (m)	['piˈrat], ['ʂøˌrøvər]
esclave (m)	slave (m)	['slavə]
samouraï (m)	samurai (m)	[samʉˈraj]
sauvage (m)	villmann (m)	['vilˌman]

Le sport

113. Les types de sports. Les sportifs

sportif (m)	idrettsmann (m)	['idrɛts,man]
type (m) de sport	idrettsgren (m/f)	['idrɛts,gren]
basket-ball (m)	basketball (m)	['basketbal]
basketteur (m)	basketballspiller (m)	['basketbal,spilər]
base-ball (m)	baseball (m)	['bɛjsbɔl]
joueur (m) de base-ball	baseballspiller (m)	['bɛjsbɔl,spilər]
football (m)	fotball (m)	['futbal]
joueur (m) de football	fotballspiller (m)	['futbal,spilər]
gardien (m) de but	målmann (m)	['mo:l,man]
hockey (m)	ishockey (m)	['is,hɔki]
hockeyeur (m)	ishockeyspiller (m)	['is,hɔki 'spilər]
volley-ball (m)	volleyball (m)	['vɔlibal]
joueur (m) de volley-ball	volleyballspiller (m)	['vɔlibal,spilər]
boxe (f)	boksing (m)	['bɔksiŋ]
boxeur (m)	bokser (m)	['bɔksər]
lutte (f)	bryting (m/f)	['brytiŋ]
lutteur (m)	bryter (m)	['brytər]
karaté (m)	karate (m)	[ka'rate]
karatéka (m)	karateutøver (m)	[ka'rate 'ʉ,tøvər]
judo (m)	judo (m)	['jʉdɔ]
judoka (m)	judobryter (m)	['jʉdɔ,brytər]
tennis (m)	tennis (m)	['tɛnis]
joueur (m) de tennis	tennisspiller (m)	['tɛnis,spilər]
natation (f)	svømming (m/f)	['svœmiŋ]
nageur (m)	svømmer (m)	['svœmər]
escrime (f)	fekting (m)	['fɛktiŋ]
escrimeur (m)	fekter (m)	['fɛktər]
échecs (m pl)	sjakk (m)	['ʂak]
joueur (m) d'échecs	sjakkspiller (m)	['ʂak,spilər]
alpinisme (m)	alpinisme (m)	[ulpi'niʂmo]
alpiniste (m)	alpinist (m)	[alpi'nist]
course (f)	løp (n)	['løp]

coureur (m)	løper (m)	['løpər]
athlétisme (m)	friidrett (m)	['fri: 'i͵drɛt]
athlète (m)	atlet (m)	[at'let]

équitation (f)	ridesport (m)	['ridə͵spɔːt]
cavalier (m)	rytter (m)	['rʏtər]

patinage (m) artistique	kunstløp (n)	['kʉnst͵løp]
patineur (m)	kunstløper (m)	['kʉnst͵løpər]
patineuse (f)	kunstløperske (m/f)	['kʉnst͵løpəʂkə]

haltérophilie (f)	vektløfting (m/f)	['vɛkt͵lœftiŋ]
haltérophile (m)	vektløfter (m)	['vɛkt͵lœftər]

course (f) automobile	billøp (m), bilrace (n)	['bil͵løp], ['bil͵ras]
pilote (m)	racerfører (m)	['resə͵førər]

cyclisme (m)	sykkelsport (m)	['sʏkəl͵spɔːt]
cycliste (m)	syklist (m)	[sʏk'list]

sauts (m pl) en longueur	lengdehopp (n pl)	['leŋdə͵hɔp]
sauts (m pl) à la perche	stavhopp (n)	['stav͵hɔp]
sauteur (m)	hopper (m)	['hɔpər]

114. Les types de sports. Divers

football (m) américain	amerikansk fotball (m)	[ameri'kansk 'futbal]
badminton (m)	badminton (m)	['bɛdmintɔn]
biathlon (m)	skiskyting (m/f)	['ʂi͵ʂytiŋ]
billard (m)	biljard (m)	[bil'jaːd]

bobsleigh (m)	bobsleigh (m)	['bɔbslej]
bodybuilding (m)	kroppsbygging (m/f)	['krɔps͵bʏgiŋ]
water-polo (m)	vannpolo (m)	['van͵pulʉ]
handball (m)	håndball (m)	['hɔn͵bal]
golf (m)	golf (m)	['gɔlf]

aviron (m)	roing (m/f)	['ruiŋ]
plongée (f)	dykking (m/f)	['dʏkiŋ]
course (f) à skis	langrenn (n), skirenn (n)	['laŋ͵rɛn], ['ʂi͵rɛn]
tennis (m) de table	bordtennis (m)	['bur͵tɛnis]

voile (f)	seiling (m/f)	['sæjliŋ]
rallye (m)	rally (n)	['rɛli]
rugby (m)	rugby (m)	['rygbi]
snowboard (m)	snøbrett (n)	['snø͵brɛt]
tir (m) à l'arc	bueskyting (m/f)	['bʉ:ə͵ʂytiŋ]

115. La salle de sport

barre (f) à disques	vektstang (m/f)	['vɛkt͵staŋ]
haltères (m pl)	manualer (m pl)	['manʉ͵alər]

appareil (m) d'entraînement	treningsapparat (n)	['treniŋs apa'rat]
vélo (m) d'exercice	trimsykkel (m)	['trim‚sʏkəl]
tapis (m) roulant	løpebånd (n)	['løpə‚bɔːn]
barre (f) fixe	svingstang (m/f)	['sviŋstaŋ]
barres (pl) parallèles	barre (m)	['barə]
cheval (m) d'Arçons	hest (m)	['hɛst]
tapis (m) gymnastique	matte (m/f)	['matə]
corde (f) à sauter	hoppetau (n)	['hɔpə‚taʊ]
aérobic (m)	aerobic (m)	[aɛ'rɔbik]
yoga (m)	yoga (m)	['jogɑ]

116. Le sport. Divers

Jeux (m pl) olympiques	de olympiske leker	[de u'lʏmpiskə 'lekər]
gagnant (m)	seierherre (m)	['sæjər‚hɛrə]
remporter (vt)	å vinne, å seire	[ɔ 'vinə], [ɔ 'sæjrə]
gagner (vi)	å vinne	[ɔ 'vinə]
leader (m)	leder (m)	['ledər]
prendre la tête	å lede	[ɔ 'ledə]
première place (f)	førsteplass (m)	['fœʂtə‚plas]
deuxième place (f)	annenplass (m)	['anən‚plas]
troisième place (f)	tredjeplass (m)	['trɛdjə‚plas]
médaille (f)	medalje (m)	[me'daljə]
trophée (m)	trofé (m/n)	[trɔ'fe]
coupe (f) (trophée)	pokal (m)	[pɔ'kal]
prix (m)	pris (m)	['pris]
prix (m) principal	hovedpris (m)	['hʊvəd‚pris]
record (m)	rekord (m)	[re'kɔrd]
établir un record	å sette rekord	[ɔ 'sɛtə re'kɔrd]
finale (f)	finale (m)	[fi'nalə]
final (adj)	finale-	[fi'nalə-]
champion (m)	mester (m)	['mɛstər]
championnat (m)	mesterskap (n)	['mɛstæ‚ʂkap]
stade (m)	stadion (m/n)	['stadiɔn]
tribune (f)	tribune (m)	[tri'bʉnə]
supporteur (m)	fan (m)	['fæn]
adversaire (m)	motstander (m)	['mʊt‚stɑnər]
départ (m)	start (m)	['staːt]
ligne (f) d'arrivée	mål (n), målstrek (m)	['moːl], ['moːl‚strek]
défaite (f)	nederlag (n)	['nedə‚lɑg]
perdre (vi)	å tape	[ɔ 'tapə]
arbitre (m)	dommer (m)	['dɔmər]
jury (m)	jury (m)	['jʉry]

score (m)	resultat (n)	[resɵl'tat]
match (m) nul	uavgjort (m)	[ɵ:av'jɔ:t]
faire match nul	å spille uavgjort	[ɔ 'spilə ɵ:av'jɔ:t]
point (m)	poeng (n)	[pɔ'ɛŋ]
résultat (m)	resultat (n)	[resɵl'tat]
période (f)	periode (m)	[pæri'ʊdə]
mi-temps (f) (pause)	halvtid (m)	['halˌtid]
dopage (m)	doping (m)	['dʊpiŋ]
pénaliser (vt)	å straffe	[ɔ 'strafə]
disqualifier (vt)	å diskvalifisere	[ɔ 'diskvalifiˌserə]
agrès (m)	redskap (m/n)	['rɛdˌskap]
lance (f)	spyd (n)	['spyd]
poids (m) (boule de métal)	kule (m/f)	['kɵ:lə]
bille (f) (de billard, etc.)	kule (m/f), ball (m)	['kɵ:lə], ['bal]
but (cible)	mål (n)	['mol]
cible (~ en papier)	målskive (m/f)	['mo:lˌsivə]
tirer (vi)	å skyte	[ɔ 'sytə]
précis (un tir ~)	fulltreffer	['fʉlˌtrɛfər]
entraîneur (m)	trener (m)	['trenər]
entraîner (vt)	å trene	[ɔ 'trenə]
s'entraîner (vp)	å trene	[ɔ 'trenə]
entraînement (m)	trening (m/f)	['treniŋ]
salle (f) de gym	idrettssal (m)	['idrɛtsˌsal]
exercice (m)	øvelse (m)	['øvəlsə]
échauffement (m)	oppvarming (m/f)	['ɔpˌvarmiŋ]

L'éducation

117. L'éducation

école (f)	skole (m/f)	['skʉlə]
directeur (m) d'école	rektor (m)	['rektʉr]
élève (m)	elev (m)	[e'lev]
élève (f)	elev (m)	[e'lev]
écolier (m)	skolegutt (m)	['skʉlə‚gʉt]
écolière (f)	skolepike (m)	['skʉlə‚pikə]
enseigner (vt)	å undervise	[ɔ 'ʉnər‚visə]
apprendre (~ l'arabe)	å lære	[ɔ 'lærə]
apprendre par cœur	å lære utenat	[ɔ 'lærə 'ʉtənat]
apprendre (à faire qch)	å lære	[ɔ 'lærə]
être étudiant, -e	å gå på skolen	[ɔ 'gɔ pɔ 'skʉlən]
aller à l'école	å gå på skolen	[ɔ 'gɔ pɔ 'skʉlən]
alphabet (m)	alfabet (n)	[alfa'bet]
matière (f)	fag (n)	['fag]
salle (f) de classe	klasserom (m/f)	['klasə‚rʉm]
leçon (f)	time (m)	['timə]
récréation (f)	frikvarter (n)	['frikva:‚ʈər]
sonnerie (f)	skoleklokke (m/f)	['skʉlə‚klɔkə]
pupitre (m)	skolepult (m)	['skʉlə‚pʉlt]
tableau (m) noir	tavle (m/f)	['tavlə]
note (f)	karakter (m)	[karak'ter]
bonne note (f)	god karakter (m)	['gʉ karak'ter]
mauvaise note (f)	dårlig karakter (m)	['do:[i karak'ter]
donner une note	å gi en karakter	[ɔ 'ji en karak'ter]
faute (f)	feil (m)	['fæjl]
faire des fautes	å gjøre feil	[ɔ 'jørə ‚fæjl]
corriger (une erreur)	å rette	[ɔ 'rɛtə]
antisèche (f)	fuskelapp (m)	['fʉskə‚lap]
devoir (m)	lekser (m/f pl)	['leksər]
exercice (m)	øvelse (m)	['øvəlsə]
être présent	å være til stede	[ɔ 'værə til 'stedə]
être absent	å være fraværende	[ɔ 'værə 'fra‚værənə]
manquer l'école	å skulke skolen	[ɔ 'skʉlkə 'skʉlən]
punir (vt)	å straffe	[ʉ 'strafə]
punition (f)	straff, avstraffelse (m)	['straf], ['af‚strafəlsə]
conduite (f)	oppførsel (m)	['ɔp‚fœʂəl]

carnet (m) de notes	karakterbok (m/f)	[karak'ter,buk]
crayon (m)	blyant (m)	['bly,ant]
gomme (f)	viskelær (n)	['viskə,lær]
craie (f)	kritt (n)	['krit]
plumier (m)	pennal (n)	[pɛ'nal]

cartable (m)	skoleveske (m/f)	['skʉlə,vɛskə]
stylo (m)	penn (m)	['pɛn]
cahier (m)	skrivebok (m/f)	['skrivə,buk]
manuel (m)	lærebok (m/f)	['lærə,buk]
compas (m)	passer (m)	['pasər]

| dessiner (~ un plan) | å tegne | [ɔ 'tæjnə] |
| dessin (m) technique | teknisk tegning (m/f) | ['tɛknisk ,tæjniŋ] |

poésie (f)	dikt (n)	['dikt]
par cœur (adv)	utenat	['ʉtən,at]
apprendre par cœur	å lære utenat	[ɔ 'lærə 'ʉtənat]

vacances (f pl)	skoleferie (m)	['skʉlə,fɛriə]
être en vacances	å være på ferie	[ɔ 'værə pɔ 'fɛriə]
passer les vacances	å tilbringe ferien	[ɔ 'til,briŋə 'fɛriən]

interrogation (f) écrite	prøve (m/f)	['prøvə]
composition (f)	essay (n)	[ɛ'sɛj]
dictée (f)	diktat (m)	[dik'tat]
examen (m)	eksamen (m)	[ɛk'samən]
passer les examens	å ta eksamen	[ɔ 'ta ɛk'samən]
expérience (f) (~ de chimie)	forsøk (n)	['fɔ'søk]

118. L'enseignement supérieur

académie (f)	akademi (n)	[akade'mi]
université (f)	universitet (n)	[ʉnivæşi'tet]
faculté (f)	fakultet (n)	[fakʉl'tet]

étudiant (m)	student (m)	[stʉ'dɛnt]
étudiante (f)	kvinnelig student (m)	['kvinəli stʉ'dɛnt]
enseignant (m)	lærer, foreleser (m)	['lærər], ['fʉrə,lesər]

| salle (f) | auditorium (n) | [,aʉdi'tʉrium] |
| licencié (m) | alumn (m) | [a'lʉmn] |

| diplôme (m) | diplom (n) | [di'plʉm] |
| thèse (f) | avhandling (m/f) | ['av,handliŋ] |

| étude (f) | studie (m) | ['stʉdiə] |
| laboratoire (m) | laboratorium (n) | [labʉra'tɔrium] |

| cours (m) | forelesning (m) | ['fɔrə,lesniŋ] |
| camarade (m) de cours | studiekamerat (m) | ['stʉdiə kame,rat] |

| bourse (f) | stipendium (n) | [sti'pɛndium] |
| grade (m) universitaire | akademisk grad (m) | [aka'demisk ,grad] |

119. Les disciplines scientifiques

mathématiques (f pl)	matematikk (m)	[matəma'tik]
algèbre (f)	algebra (m)	['algə͵bra]
géométrie (f)	geometri (m)	[geʊme'tri]
astronomie (f)	astronomi (m)	[astrʊnʊ'mi]
biologie (f)	biologi (m)	[biʊlʊ'gi]
géographie (f)	geografi (m)	[geʊgra'fi]
géologie (f)	geologi (m)	[geʊlʊ'gi]
histoire (f)	historie (m/f)	[hi'stʊriə]
médecine (f)	medisin (m)	[medi'sin]
pédagogie (f)	pedagogikk (m)	[pedagʊ'gik]
droit (m)	rett (m)	['rɛt]
physique (f)	fysikk (m)	[fy'sik]
chimie (f)	kjemi (m)	[çe'mi]
philosophie (f)	filosofi (m)	[filʊsʊ'fi]
psychologie (f)	psykologi (m)	[sikʊlʊ'gi]

120. Le système d'écriture et l'orthographe

grammaire (f)	grammatikk (m)	[grama'tik]
vocabulaire (m)	ordforråd (n)	['uːrfʊ͵rod]
phonétique (f)	fonetikk (m)	[fʊne'tik]
nom (m)	substantiv (n)	['sʉbstan͵tiv]
adjectif (m)	adjektiv (n)	['adjɛk͵tiv]
verbe (m)	verb (n)	['værb]
adverbe (m)	adverb (n)	[ad'væːb]
pronom (m)	pronomen (n)	[prʊ'nʊmən]
interjection (f)	interjeksjon (m)	[interjɛk'sʊn]
préposition (f)	preposisjon (m)	[prɛpʊsi'sʊn]
racine (f)	rot (m/f)	['rʊt]
terminaison (f)	endelse (m)	['ɛnəlsə]
préfixe (m)	prefiks (n)	[prɛ'fiks]
syllabe (f)	stavelse (m)	['stavəlsə]
suffixe (m)	suffiks (n)	[sʉ'fiks]
accent (m) tonique	betoning (m), trykk (n)	['be'tɔniŋ], ['trʏk]
apostrophe (f)	apostrof (m)	[apʊ'strɔf]
point (m)	punktum (n)	['pʉnktum]
virgule (f)	komma (n)	['kɔma]
point (m) virgule	semikolon (n)	[͵semikʊ'lɔn]
deux-points (m)	kolon (n)	['kʊlɔn]
points (m pl) de suspension	tre prikker (m pl)	['tre 'prikər]
point (m) d'interrogation	spørsmålstegn (n)	['spœşmols͵tæjn]
point (m) d'exclamation	utropstegn (n)	['ʉtrʊps͵tæjn]

111

guillemets (m pl)	anførselstegn (n pl)	[anˈfœʂɛlsˌtejn]
entre guillemets	i anførselstegn	[i anˈfœʂɛlsˌtejn]
parenthèses (f pl)	parentes (m)	[parɛnˈtes]
entre parenthèses	i parentes	[i parɛnˈtes]

trait (m) d'union	bindestrek (m)	[ˈbinəˌstrek]
tiret (m)	tankestrek (m)	[ˈtankəˌstrek]
blanc (m)	mellomrom (n)	[ˈmɛlɔmˌrʊm]

| lettre (f) | bokstav (m) | [ˈbʊkstav] |
| majuscule (f) | stor bokstav (m) | [ˈstʊr ˈbʊkstav] |

| voyelle (f) | vokal (m) | [vʊˈkal] |
| consonne (f) | konsonant (m) | [kʊnsʊˈnant] |

proposition (f)	setning (m)	[ˈsɛtniŋ]
sujet (m)	subjekt (n)	[sʉbˈjɛkt]
prédicat (m)	predikat (n)	[prɛdiˈkat]

ligne (f)	linje (m)	[ˈlinjə]
à la ligne	på ny linje	[pɔ ny ˈlinjə]
paragraphe (m)	avsnitt (n)	[ˈafˌsnit]

mot (m)	ord (n)	[ˈuːr]
groupe (m) de mots	ordgruppe (m/f)	[ˈuːrˌgrʉpə]
expression (f)	uttrykk (n)	[ˈʉtˌtrʏk]
synonyme (m)	synonym (n)	[synʊˈnym]
antonyme (m)	antonym (n)	[antʉˈnym]

règle (f)	regel (m)	[ˈrɛgəl]
exception (f)	unntak (n)	[ˈʉnˌtak]
correct (adj)	riktig	[ˈrikti]

conjugaison (f)	bøyning (m/f)	[ˈbøjniŋ]
déclinaison (f)	bøyning (m/f)	[ˈbøjniŋ]
cas (m)	kasus (m)	[ˈkasʉs]
question (f)	spørsmål (n)	[ˈspœʂˌmol]
souligner (vt)	å understreke	[ɔ ˈʉnəˌstrekə]
pointillé (m)	prikket linje (m)	[ˈprikət ˈlinjə]

121. Les langues étrangères

langue (f)	språk (n)	[ˈsprɔk]
étranger (adj)	fremmed-	[ˈfremə-]
langue (f) étrangère	fremmedspråk (n)	[ˈfremedˌsprɔk]
étudier (vt)	å studere	[ɔ stʉˈderə]
apprendre (~ l'arabe)	å lære	[ɔ ˈlærə]

lire (vi, vt)	å lese	[ɔ ˈlesə]
parler (vi, vt)	å tale	[ɔ ˈtalə]
comprendre (vt)	å forstå	[ɔ fɔˈʂtɔ]
écrire (vt)	å skrive	[ɔ ˈskrivə]
vite (adv)	fort	[ˈfuːt]
lentement (adv)	langsomt	[ˈlaŋsɔmt]

couramment (adv)	flytende	['flytnə]
règles (f pl)	regler (m pl)	['rɛglər]
grammaire (f)	grammatikk (m)	[grɑmɑ'tik]
vocabulaire (m)	ordforråd (n)	['uːrfʊˌrɔd]
phonétique (f)	fonetikk (m)	[fʊne'tik]

manuel (m)	lærebok (m/f)	['læːrəˌbʊk]
dictionnaire (m)	ordbok (m/f)	['uːrˌbʊk]
manuel (m) autodidacte	lærebok (m/f) for selvstudium	['læːrəˌbʊk fɔ 'selˌstʉdium]
guide (m) de conversation	parlør (m)	[pɑː'lør]

cassette (f)	kassett (m)	[kɑ'sɛt]
cassette (f) vidéo	videokassett (m)	['videʊ kɑ'sɛt]
CD (m)	CD-rom (m)	['sɛdɛˌrʊm]
DVD (m)	DVD (m)	[deve'de]

alphabet (m)	alfabet (n)	[ɑlfɑ'bet]
épeler (vt)	å stave	[ɔ 'stɑvə]
prononciation (f)	uttale (m)	['ʉtˌtɑlə]

accent (m)	aksent (m)	[ak'sɑn]
avec un accent	med aksent	[me ak'sɑn]
sans accent	uten aksent	['ʉtən ak'sɑn]

mot (m)	ord (n)	['uːr]
sens (m)	betydning (m)	[be'tʏdniŋ]

cours (m pl)	kurs (n)	['kʉş]
s'inscrire (vp)	å anmelde seg	[ɔ 'anˌmɛlə sæj]
professeur (m) (~ d'anglais)	lærer (m)	['læːrər]

traduction (f) (action)	oversettelse (m)	['ɔvəˌşɛtəlsə]
traduction (f) (texte)	oversettelse (m)	['ɔvəˌşɛtəlsə]
traducteur (m)	oversetter (m)	['ɔvəˌşɛtər]
interprète (m)	tolk (m)	['tɔlk]

polyglotte (m)	polyglott (m)	[pʊlʏ'glɔt]
mémoire (f)	minne (n), hukommelse (m)	['minə], [hʉ'kɔməlsə]

122. Les personnages de contes de fées

Père Noël (m)	Julenissen	['jʉləˌnisən]
Cendrillon (f)	Askepott	['askəˌpɔt]
sirène (f)	havfrue (m/f)	['hɑvˌfrʉə]
Neptune (m)	Neptun	[nɛp'tʉn]

magicien (m)	trollmann (m)	['trɔlˌman]
fée (f)	fe (m)	['fe]
magique (adj)	trylle-	['trʏlə-]
baguette (f) magique	tryllestav (m)	['trʏləˌstɑv]

conte (m) de fées	eventyr (n)	['ɛvənˌtyr]
miracle (m)	mirakel (n)	[mi'rakəl]

| gnome (m) | gnom, dverg (m) | ['gnʉm], ['dvɛrg] |
| se transformer en ... | å forvandle seg til ... | [ɔ fɔr'vandlə sæj til ...] |

esprit (m) (revenant)	spøkelse (n)	['spøkəlsə]
fantôme (m)	fantom (m)	[fɑn'tɔm]
monstre (m)	monster (n)	['mɔnstər]
dragon (m)	drage (m)	['drɑgə]
géant (m)	gigant (m)	[gi'gɑnt]

123. Les signes du zodiaque

Bélier (m)	Væren (m)	['værən]
Taureau (m)	Tyren (m)	['tyrən]
Gémeaux (m pl)	Tvillingene (m pl)	['tviliŋənə]
Cancer (m)	Krepsen (m)	['krɛpsən]
Lion (m)	Løven (m)	['løvən]
Vierge (f)	Jomfruen (m)	['ʉmfrʉən]

Balance (f)	Vekten (m)	['vɛktən]
Scorpion (m)	Skorpionen	[skɔrpi'ʉnən]
Sagittaire (m)	Skytten (m)	['ʂytən]
Capricorne (m)	Steinbukken (m)	['stæjn‚bʉkən]
Verseau (m)	Vannmannen (m)	['vɑn‚mɑnən]
Poissons (m pl)	Fiskene (pl)	['fiskenə]

caractère (m)	karakter (m)	[kɑrɑk'ter]
traits (m pl) du caractère	karaktertrekk (n pl)	[kɑrɑk'ter‚trɛk]
conduite (f)	oppførsel (m)	['ɔp‚fœʂəl]
dire la bonne aventure	å spå	[ɔ 'spɔ]
diseuse (f) de bonne aventure	spåkone (m/f)	['spoː‚kɔnə]
horoscope (m)	horoskop (n)	[hʉrʉ'skɔp]

L'art

124. Le théâtre

théâtre (m)	teater (n)	[te'atər]
opéra (m)	opera (m)	['ʊpera]
opérette (f)	operette (m)	[ʊpe'rɛtə]
ballet (m)	ballett (m)	[ba'let]

affiche (f)	plakat (m)	[pla'kat]
troupe (f) de théâtre	teatertrupp (m)	[te'atər‚trʉp]
tournée (f)	turné (m)	[tʉr'ne:]
être en tournée	å være på turné	[ɔ 'værə pɔ tʉr'ne:]
répéter (vt)	å repetere	[ɔ repe'terə]
répétition (f)	repetisjon (m)	[repeti'ʂʊn]
répertoire (m)	repertoar (n)	[repæ:tʊ'ar]

représentation (f)	forestilling (m/f)	['forə‚stiliŋ]
spectacle (m)	teaterstykke (n)	[te'atər‚stʏkə]
pièce (f) de théâtre	skuespill (n)	['skʉə‚spil]

billet (m)	billett (m)	[bi'let]
billetterie (f pl)	billettluke (m/f)	[bi'let‚lʉkə]
hall (m)	lobby, foajé (m)	['lɔbi], [fʊa'je]
vestiaire (m)	garderobe (m)	[ga:də'rʉbə]
jeton (m) de vestiaire	garderobemerke (n)	[ga:də'rʉbə 'mærkʉ]
jumelles (f pl)	kikkert (m)	['çikɛ:t]
placeur (m)	plassanviser (m)	['plas an‚visər]

parterre (m)	parkett (m)	[par'kɛt]
balcon (m)	balkong (m)	[bal'kɔŋ]
premier (m) balcon	første losjerad (m)	['fœʂtə ‚luʂɛrad]
loge (f)	losje (m)	['lʉʂə]
rang (m)	rad (m/f)	['rad]
place (f)	plass (m)	['plas]

public (m)	publikum (n)	['pʉblikum]
spectateur (m)	tilskuer (m)	['til‚skʉər]
applaudir (vi)	å klappe	[ɔ 'klapə]
applaudissements (m pl)	applaus (m)	[a'plaʊs]
ovation (f)	bifall (n)	['bi‚fal]

scène (f) (monter sur ~)	scene (m)	['se:nə]
rideau (m)	teppe (n)	['tɛpə]
décor (m)	dekorasjon (m)	[dekʊra'ʂʊn]
coulisses (f pl)	kulisser (m pl)	[kʉ'lisər]

scène (f) (la dernière ~)	scene (m)	['se:nə]
acte (m)	akt (m)	['akt]
entracte (m)	mellomakt (m)	['mɛlɔm‚akt]

125. Le cinéma

acteur (m)	skuespiller (m)	['skʉə‚spilər]
actrice (f)	skuespillerinne (m/f)	['skʉə‚spilə'rinə]
cinéma (m) (industrie)	filmindustri (m)	['film indʉ'stri]
film (m)	film (m)	['film]
épisode (m)	del (m)	['del]
film (m) policier	kriminalfilm (m)	[krimi'nal‚film]
film (m) d'action	actionfilm (m)	['ɛkʂən‚film]
film (m) d'aventures	eventyrfilm (m)	['ɛvəntyr‚film]
film (m) de science-fiction	Sci-Fi film (m)	['saj‚faj film]
film (m) d'horreur	skrekkfilm (m)	['skrɛk‚film]
comédie (f)	komedie (m)	['kʉ'mediə]
mélodrame (m)	melodrama (n)	[melɔ'drama]
drame (m)	drama (n)	['drama]
film (m) de fiction	spillefilm (m)	['spilə‚film]
documentaire (m)	dokumentarfilm (m)	[dɔkʉmɛn'tar ‚film]
dessin (m) animé	tegnefilm (m)	['tæjnə‚film]
cinéma (m) muet	stumfilm (m)	['stʉm‚film]
rôle (m)	rolle (m/f)	['rɔlə]
rôle (m) principal	hovedrolle (m)	['hʉvəd‚rɔle]
jouer (vt)	å spille	[ɔ 'spilə]
vedette (f)	filmstjerne (m)	['film‚stjæ:ŋə]
connu (adj)	kjent	['çɛnt]
célèbre (adj)	berømt	[be'rømt]
populaire (adj)	populær	[pʉpʉ'lær]
scénario (m)	manus (n)	['manʉs]
scénariste (m)	manusforfatter (m)	['manʉs fɔr'fatər]
metteur (m) en scène	regissør (m)	[rɛʂi'sør]
producteur (m)	produsent (m)	[prʉdʉ'sɛnt]
assistant (m)	assistent (m)	[asi'stɛnt]
opérateur (m)	kameramann (m)	['kamera‚man]
cascadeur (m)	stuntmann (m)	['stant‚man]
doublure (f)	stand-in (m)	[‚stand'in]
tourner un film	å spille inn en film	[ɔ 'spilə in en 'film]
audition (f)	prøve (m/f)	['prøvə]
tournage (m)	opptak (n)	['ɔp‚tak]
équipe (f) de tournage	filmteam (n)	['film‚tim]
plateau (m) de tournage	opptaksplass (m)	['ɔptaks‚plas]
caméra (f)	filmkamera (n)	['film‚kamera]
cinéma (m)	kino (m)	['çinʉ]
écran (m)	filmduk (m)	['film‚dʉk]
donner un film	å vise en film	[ɔ 'visə en 'film]
piste (f) sonore	lydspor (n)	['lyd‚spʉr]
effets (m pl) spéciaux	spesialeffekter (m pl)	['spesi'al e'fɛktər]

116

sous-titres (m pl)	undertekster (m/f)	['ʉnəˌtɛkstər]
générique (m)	rulletekst (m)	['rʉləˌtɛkst]
traduction (f)	oversettelse (m)	['ɔvəˌsɛtəlsə]

126. La peinture

art (m)	kunst (m)	['kʉnst]
beaux-arts (m pl)	de skjønne kunster	[de 'ʂønə 'kʉnstər]
galerie (f) d'art	kunstgalleri (n)	['kʉnst gale'ri]
exposition (f) d'art	maleriutstilling (m/f)	[ˌmale'ri ʉtˌstiliŋ]
peinture (f)	malerkunst (m)	['malərˌkʉnst]
graphique (f)	grafikk (m)	[gra'fik]
art (m) abstrait	abstrakt kunst (m)	[ab'strakt 'kʉnst]
impressionnisme (m)	impresjonisme (m)	[imprɛʂʉ'nisme]
tableau (m)	maleri (m/f)	[ˌmale'ri]
dessin (m)	tegning (m/f)	['tæjniŋ]
poster (m)	plakat, poster (m)	['plaˌkat], ['pɔstər]
illustration (f)	illustrasjon (m)	[ilʉstra'ʂʉn]
miniature (f)	miniatyr (m)	[minia'tyr]
copie (f)	kopi (m)	[kʊ'pi]
reproduction (f)	reproduksjon (m)	[reprʊdʉk'ʂʉn]
mosaïque (f)	mosaikk (m)	[mʊsa'ik]
vitrail (m)	glassmaleri (n)	['glasˌmale'ri]
fresque (f)	freske (m)	['frɛskə]
gravure (f)	gravyr (m)	[gra'vyr]
buste (m)	byste (m)	['bystə]
sculpture (f)	skulptur (m)	[skʉlp'tʉr]
statue (f)	statue (m)	['statʉə]
plâtre (m)	gips (m)	['jips]
en plâtre	gips-	['jips-]
portrait (m)	portrett (n)	[pɔː'tʃrɛt]
autoportrait (m)	selvportrett (n)	['sɛlˌpɔː'tʃrɛt]
paysage (m)	landskapsmaleri (n)	['lanskapsˌmale'ri]
nature (f) morte	stilleben (n)	['stilˌlebən]
caricature (f)	karikatur (m)	[karika'tʉr]
croquis (m)	skisse (m/f)	['ʂisə]
peinture (f)	maling (m/f)	['maliŋ]
aquarelle (f)	akvarell (m)	[akva'rɛl]
huile (f)	olje (m)	['ɔljə]
crayon (m)	blyant (m)	['blyˌant]
encre (f) de Chine	tusj (m/n)	['tʉʂ]
fusain (m)	kull (n)	['kʉl]
dessiner (vi, vt)	å tegne	[ɔ 'tæjnə]
peindre (vi, vt)	å male	[ɔ 'malə]
poser (vi)	å posere	[ɔ pɔ'serə]
modèle (m)	modell (m)	[mʊ'dɛl]

modèle (f)	modell (m)	[muˈdɛl]
peintre (m)	kunstner (m)	[ˈkʉnstnər]
œuvre (f) d'art	kunstverk (n)	[ˈkʉnstˌværk]
chef (m) d'œuvre	mesterverk (n)	[ˈmɛstɛrˌværk]
atelier (m) d'artiste	atelier (n)	[ateˈlje]

toile (f)	kanvas (m/n), lerret (n)	[ˈkanvas], [ˈleret]
chevalet (m)	staffeli (n)	[stafeˈli]
palette (f)	palett (m)	[paˈlet]

encadrement (m)	ramme (m/f)	[ˈramə]
restauration (f)	restaurering (m)	[rɛstaʉˈreriŋ]
restaurer (vt)	å restaurere	[ɔ rɛstaʉˈrerə]

127. La littérature et la poésie

littérature (f)	litteratur (m)	[litəraˈtʉr]
auteur (m) (écrivain)	forfatter (m)	[forˈfatər]
pseudonyme (m)	pseudonym (n)	[sewdʉˈnym]

livre (m)	bok (m/f)	[ˈbʉk]
volume (m)	bind (n)	[ˈbin]
table (f) des matières	innholdsfortegnelse (m)	[ˈinhɔls fɔːˈʈæjnəlsə]
page (f)	side (m/f)	[ˈsidə]
protagoniste (m)	hovedperson (m)	[ˈhʉvəd pæˈʂʉn]
autographe (m)	autograf (m)	[aʉtʉˈgraf]

récit (m)	novelle (m/f)	[nʉˈvɛlə]
nouvelle (f)	kortroman (m)	[ˈkʉːʈ rʉˌman]
roman (m)	roman (m)	[rʉˈman]
œuvre (f) littéraire	verk (n)	[ˈværk]
fable (f)	fabel (m)	[ˈfabəl]
roman (m) policier	kriminalroman (m)	[krimiˈnal rʉˌman]

vers (m)	dikt (n)	[ˈdikt]
poésie (f)	poesi (m)	[pɔɛˈsi]
poème (m)	epos (n)	[ˈɛpɔs]
poète (m)	poet, dikter (m)	[ˈpɔɛt], [ˈdiktər]

belles-lettres (f pl)	skjønnlitteratur (m)	[ˈʂøn literaˈtʉr]
science-fiction (f)	science fiction (m)	[ˈsajəns ˌfikʂn]
aventures (f pl)	eventyr (n pl)	[ˈɛvənˌtyr]
littérature (f) didactique	undervisningslitteratur (m)	[ˈʉnərˌvisniŋs literaˈtʉr]
littérature (f) pour enfants	barnelitteratur (m)	[ˈbɑːŋə literaˈtʉr]

128. Le cirque

cirque (m)	sirkus (m/n)	[ˈsirkʉs]
chapiteau (m)	ambulerende sirkus (n)	[ˈambʉˌlerɛnə ˈsirkʉs]
programme (m)	program (n)	[prʉˈgram]
représentation (f)	forestilling (m/f)	[ˈforəˌstiliŋ]
numéro (m)	nummer (n)	[ˈnʉmər]

arène (f)	manesje, arena (m)	[ma'neʂə], [ɑ'rena]
pantomime (f)	pantomime (m)	[pantʉ'mimə]
clown (m)	klovn (m)	['klɔvn]

acrobate (m)	akrobat (m)	[akrʉ'bat]
acrobatie (f)	akrobatikk (m)	[akrʉba'tik]
gymnaste (m)	gymnast (m)	[gʏm'nast]
gymnastique (f)	gymnastikk (m)	[gʏmna'stik]
salto (m)	salto (m)	['saltʉ]

hercule (m)	atlet (m)	[at'let]
dompteur (m)	dyretemmer (m)	['dyrə̩tɛmər]
écuyer (m)	rytter (m)	['rʏtər]
assistant (m)	assistent (m)	[asi'stɛnt]

truc (m)	trikk, triks (n)	['trik], ['triks]
tour (m) de passe-passe	trylletriks (n)	['trʏlə̩triks]
magicien (m)	tryllekunstner (m)	['trʏlə̩kʉnstnər]

jongleur (m)	sjonglør (m)	[ʂɔŋ'lør]
jongler (vi)	å sjonglere	[ɔ 'ʂɔŋ̩lerə]
dresseur (m)	dressør (m)	[drɛ'sør]
dressage (m)	dressur (m)	[drɛ'sʉr]
dresser (vt)	å dressere	[ɔ drɛ'serə]

129. La musique

musique (f)	musikk (m)	[mʉ'sik]
musicien (m)	musiker (m)	['mʉsikər]
instrument (m) de musique	musikkinstrument (n)	[mʉ'sik instrʉ'mɛnt]
jouer de …	å spille …	[ɔ 'spilə …]

guitare (f)	gitar (m)	['gi̩tar]
violon (m)	fiolin (m)	[fiʉ'lin]
violoncelle (m)	cello (m)	['sɛlʉ]
contrebasse (f)	kontrabass (m)	['kʉntra̩bas]
harpe (f)	harpe (m)	['harpə]

piano (m)	piano (n)	[pi'anʉ]
piano (m) à queue	flygel (n)	['flygəl]
orgue (m)	orgel (n)	['ɔrgəl]

instruments (m pl) à vent	blåseinstrumenter (n pl)	['blo:sə instrʉ'mɛntər]
hautbois (m)	obo (m)	[ʉ'bʉ]
saxophone (m)	saksofon (m)	[saksʉ'fʉn]
clarinette (f)	klarinett (m)	[klari'nɛt]
flûte (f)	fløyte (m)	['fløjtə]
trompette (f)	trompet (m)	[trʉm'pet]

| accordéon (m) | trekkspill (n) | ['trɛk̩spil] |
| tambour (m) | tromme (m) | ['trʉmə] |

| duo (m) | duett (m) | [dʉ'ɛt] |
| trio (m) | trio (m) | ['triʉ] |

quartette (m)	kvartett (m)	[kvɑːˈʈɛt]
chœur (m)	kor (n)	[ˈkʊr]
orchestre (m)	orkester (n)	[ɔrˈkɛstər]
musique (f) pop	popmusikk (m)	[ˈpɔp muˈsik]
musique (f) rock	rockmusikk (m)	[ˈrɔk muˈsik]
groupe (m) de rock	rockeband (n)	[ˈrɔkəˌbɛnd]
jazz (m)	jazz (m)	[ˈjas]
idole (f)	idol (n)	[iˈdʊl]
admirateur (m)	beundrer (m)	[beˈundrər]
concert (m)	konsert (m)	[kʊnˈsæːʈ]
symphonie (f)	symfoni (m)	[sʏmfʊˈni]
œuvre (f) musicale	komposisjon (m)	[kʊmpʊziˈʂʊn]
composer (vt)	å komponere	[ɔ kʊmpʊˈnerə]
chant (m) (~ d'oiseau)	synging (m/f)	[ˈsʏŋiŋ]
chanson (f)	sang (m)	[ˈsɑŋ]
mélodie (f)	melodi (m)	[melɔˈdi]
rythme (m)	rytme (m)	[ˈrʏtmə]
blues (m)	blues (m)	[ˈblus]
notes (f pl)	noter (m pl)	[ˈnʊtər]
baguette (f)	taktstokk (m)	[ˈtaktˌstɔk]
archet (m)	bue, boge (m)	[ˈbuːə], [ˈbɔgə]
corde (f)	streng (m)	[ˈstrɛŋ]
étui (m)	futteral (n), kasse (m/f)	[ˈfuteˈral], [ˈkasə]

Les loisirs. Les voyages

130. Les voyages. Les excursions

tourisme (m)	turisme (m)	[tʉ'rismə]
touriste (m)	turist (m)	[tʉ'rist]
voyage (m) (à l'étranger)	reise (m/f)	['ræjsə]
aventure (f)	eventyr (n)	['ɛvənˌtyr]
voyage (m)	tripp (m)	['trip]
vacances (f pl)	ferie (m)	['fɛriə]
être en vacances	å være på ferie	[ɔ 'værə pɔ 'fɛriə]
repos (m) (jours de ~)	hvile (m/f)	['vilə]
train (m)	tog (n)	['tɔg]
en train	med tog	[me 'tɔg]
avion (m)	fly (n)	['fly]
en avion	med fly	[me 'fly]
en voiture	med bil	[me 'bil]
en bateau	med skip	[me 'ʂip]
bagage (m)	bagasje (m)	[bɑ'gɑʂə]
malle (f)	koffert (m)	['kʊfɛːt]
chariot (m)	bagasjetralle (m/f)	[bɑ'gɑʂəˌtrɑlə]
passeport (m)	pass (n)	['pɑs]
visa (m)	visum (n)	['visʉm]
ticket (m)	billett (m)	[bi'let]
billet (m) d'avion	flybillett (m)	['fly bi'let]
guide (m) (livre)	reisehåndbok (m/f)	['ræjsəˌhɔnbʊk]
carte (f)	kart (n)	['kɑːʈ]
région (f) (~ rurale)	område (n)	['ɔmˌroːdə]
endroit (m)	sted (n)	['sted]
exotique (adj)	eksotisk	[ɛk'sʊtisk]
étonnant (adj)	forunderlig	[fɔ'rʉndeːli]
groupe (m)	gruppe (m)	['grʉpə]
excursion (f)	utflukt (m/f)	['ʉtˌflʉkt]
guide (m) (personne)	guide (m)	['gɑjd]

131. L'hôtel

hôtel (m)	hotell (n)	[hʊ'tɛl]
motel (m)	motell (n)	[mʊ'tɛl]
3 étoiles	trestjernet	['treˌstjæːɳə]
5 étoiles	femstjernet	['fɛmˌstjæːɳə]

descendre (à l'hôtel)	**å bo**	[ɔ 'buː]
chambre (f)	**rom** (n)	['rʊm]
chambre (f) simple	**enkeltrom** (n)	['ɛnkeltˌrʊm]
chambre (f) double	**dobbeltrom** (n)	['dɔbeltˌrʊm]
réserver une chambre	**å reservere rom**	[ɔ resɛr'verə 'rʊm]

demi-pension (f)	**halvpensjon** (m)	['hal panˌsʊn]
pension (f) complète	**fullpensjon** (m)	['fʉl panˌsʊn]

avec une salle de bain	**med badekar**	[me 'badəˌkar]
avec une douche	**med dusj**	[me 'dʉʂ]
télévision (f) par satellite	**satellitt-TV** (m)	[satɛ'lit 'tɛvɛ]
climatiseur (m)	**klimaanlegg** (n)	['klima'anˌleg]
serviette (f)	**håndkle** (n)	['hɔnˌkle]
clé (f)	**nøkkel** (m)	['nøkəl]

administrateur (m)	**administrator** (m)	[admini'straːtʊr]
femme (f) de chambre	**stuepike** (m/f)	['stʉəˌpikə]
porteur (m)	**pikkolo** (m)	['pikɔlo]
portier (m)	**portier** (m)	[pɔː'tje]

restaurant (m)	**restaurant** (m)	[rɛstʉ'raŋ]
bar (m)	**bar** (m)	['bar]
petit déjeuner (m)	**frokost** (m)	['frʊkɔst]
dîner (m)	**middag** (m)	['miˌda]
buffet (m)	**buffet** (m)	[bʉ'fɛ]

hall (m)	**hall, lobby** (m)	['hal], ['lɔbi]
ascenseur (m)	**heis** (m)	['hæjs]

PRIÈRE DE NE PAS DÉRANGER	**VENNLIGST IKKE FORSTYRR!**	['vɛnligt ikə fɔ'ʂtyr]
DÉFENSE DE FUMER	**RØYKING FORBUDT**	['røjkiŋ fɔr'bʉt]

132. Le livre. La lecture

livre (m)	**bok** (m/f)	['bʊk]
auteur (m)	**forfatter** (m)	[fɔr'fatər]
écrivain (m)	**forfatter** (m)	[fɔr'fatər]
écrire (~ un livre)	**å skrive**	[ɔ 'skrivə]

lecteur (m)	**leser** (m)	['lesər]
lire (vi, vt)	**å lese**	[ɔ 'lesə]
lecture (f)	**lesning** (m/f)	['lesniŋ]

à part soi	**for seg selv**	[for sæj 'sɛl]
à haute voix	**høyt**	['højt]

éditer (vt)	**å publisere**	[ɔ pʉbli'serə]
édition (f) (~ des livres)	**publisering** (m/f)	[pʉbli'seriŋ]
éditeur (m)	**forlegger** (m)	['fɔːˌlegər]
maison (f) d'édition	**forlag** (n)	['fɔːˌlag]
paraître (livre)	**å komme ut**	[ɔ 'kɔmə ʉt]
sortie (f) (~ d'un livre)	**utgivelse** (m)	['ʉtˌjivəlsə]

tirage (m)	opplag (n)	['ɔp‚lɑg]
librairie (f)	bokhandel (m)	['bʊk‚handəl]
bibliothèque (f)	bibliotek (n)	[bibliʊ'tek]

nouvelle (f)	kortroman (m)	['kʊːʈ rʊ‚man]
récit (m)	novelle (m/f)	[nʊ'vɛlə]
roman (m)	roman (m)	[rʊ'man]
roman (m) policier	kriminalroman (m)	[krimi'nal rʊ‚man]

mémoires (m pl)	memoarer (pl)	[memʊ'arər]
légende (f)	legende (m)	['le'gɛndə]
mythe (m)	myte (m)	['myːtə]

vers (m pl)	dikt (n pl)	['dikt]
autobiographie (f)	selvbiografi (m)	['sɛl‚biʊgra'fi]
les œuvres choisies	utvalgte verker (n pl)	['ʉt‚valgtə 'værkər]
science-fiction (f)	science fiction (m)	['sajəns ‚fikʂn]
titre (m)	tittel (m)	['titəl]
introduction (f)	innledning (m)	['in‚ledniŋ]
page (f) de titre	tittelblad (n)	['titəl‚bla]

chapitre (m)	kapitel (n)	[ka'pitəl]
extrait (m)	utdrag (n)	['ʉt‚drag]
épisode (m)	episode (m)	[ɛpi'sʊdə]

sujet (m)	handling (m/f)	['handliŋ]
sommaire (m)	innhold (n)	['in‚hɔl]
table (f) des matières	innholdsfortegnelse (m)	['inhɔls fɔː'ʈæjnəlsə]
protagoniste (m)	hovedperson (m)	['hʊvəd pæ'ʂʊn]

volume (m)	bind (n)	['bin]
couverture (f)	omslag (n)	['ɔm‚slag]
reliure (f)	bokbind (n)	['bʊk‚bin]
marque-page (m)	bokmerke (n)	['bʊk‚mærkə]

page (f)	side (m/f)	['sidə]
feuilleter (vt)	å bla	[ɔ 'bla]
marges (f pl)	marger (m pl)	['margər]
annotation (f)	annotering (n)	[anʊ'teriŋ]
note (f) de bas de page	anmerkning (m)	['an‚mærkniŋ]

texte (m)	tekst (m/f)	['tɛkst]
police (f)	skrift, font (m)	['skrift], ['fɔnt]
faute (f) d'impression	trykkfeil (m)	['trʏk‚fæjl]

traduction (f)	oversettelse (m)	['ɔvə‚sɛtəlsə]
traduire (vt)	å oversette	[ɔ 'ɔvə‚sɛtə]
original (m)	original (m)	[ɔrigi'nal]

célèbre (adj)	berømt	[be'rømt]
inconnu (adj)	ukjent	['ʉ‚çɛnt]
intéressant (adj)	interessant	[intere'san]
best-seller (m)	bestselger (m)	['bɛst‚sɛlər]
dictionnaire (m)	ordbok (m/f)	['uːɽ‚bʊk]
manuel (m)	lærebok (m/f)	['lærə‚bʊk]
encyclopédie (f)	encyklopedi (m)	[ɛnsʏklɔpe'di]

123

133. La chasse. La pêche

chasse (f)	jakt (m/f)	['jakt]
chasser (vi, vt)	å jage	[ɔ 'jagə]
chasseur (m)	jeger (m)	['jɛːgər]
tirer (vi)	å skyte	[ɔ 'ʂytə]
fusil (m)	gevær (n)	[ge'vær]
cartouche (f)	patron (m)	[pɑ'trʊn]
grains (m pl) de plomb	hagl (n)	['hɑgl]
piège (m) à mâchoires	saks (m/f)	['sɑks]
piège (m)	felle (m/f)	['fɛlə]
être pris dans un piège	å fanges i felle	[ɔ 'fɑŋəs i 'fɛlə]
mettre un piège	å sette opp felle	[ɔ 'sɛtə ɔp 'fɛlə]
braconnier (m)	tyvskytter (m)	['tyf‚sytər]
gibier (m)	vilt (n)	['vilt]
chien (m) de chasse	jakthund (m)	['jakt‚hʉn]
safari (m)	safari (m)	[sɑ'fɑri]
animal (m) empaillé	utstoppet dyr (n)	['ʉt‚stɔpet ‚dyr]
pêcheur (m)	fisker (m)	['fiskər]
pêche (f)	fiske (n)	['fiskə]
pêcher (vi)	å fiske	[ɔ 'fiskə]
canne (f) à pêche	fiskestang (m/f)	['fiskə‚stɑŋ]
ligne (f) de pêche	fiskesnøre (n)	['fiskə‚snøre]
hameçon (m)	krok (m)	['krʊk]
flotteur (m)	dupp (m)	['dʉp]
amorce (f)	agn (m)	['ɑŋn]
lancer la ligne	å kaste ut	[ɔ 'kɑstə ʉt]
mordre (vt)	å bite	[ɔ 'bitə]
pêche (f) (poisson capturé)	fangst (m)	['fɑŋst]
trou (m) dans la glace	hull (n) i isen	['hʉl i ‚isən]
filet (m)	nett (n)	['nɛt]
barque (f)	båt (m)	['bɔt]
pêcher au filet	å fiske med nett	[ɔ 'fiskə me 'nɛt]
jeter un filet	å kaste nettet	[ɔ 'kɑstə 'nɛtə]
retirer le filet	å hale opp nettet	[ɔ 'hɑlə ɔp 'nɛtə]
tomber dans le filet	å bli fanget i nett	[ɔ 'bli 'fɑŋət i 'nɛt]
baleinier (m)	hvalfanger (m)	['vɑl‚fɑŋər]
baleinière (f)	hvalbåt (m)	['vɑl‚bɔt]
harpon (m)	harpun (m)	[hɑr'pʉn]

134. Les jeux. Le billard

billard (m)	biljard (m)	[bil'ja:ɖ]
salle (f) de billard	biljardsalong (m)	[bil'ja:ɖsɑ‚lɔŋ]
bille (f) de billard	biljardkule (m/f)	[bil'ja:ɖ‚kʉ:lə]

empocher une bille	à støte en kule	[ɔ 'støtə en 'kʉ:lə]
queue (f)	kø (m)	['kø]
poche (f)	hull (n)	['hʉl]

135. Les jeux de cartes

carreau (m)	ruter (m pl)	['rʉtər]
pique (m)	spar (m pl)	['spar]
cœur (m)	hjerter (m)	['jæ:ʈər]
trèfle (m)	kløver (m)	['kløvər]

as (m)	ess (n)	['ɛs]
roi (m)	konge (m)	['kʊŋə]
dame (f)	dame (m/f)	['damə]
valet (m)	knekt (m)	['knɛkt]

carte (f)	kort (n)	['kɔ:ʈ]
jeu (m) de cartes	kort (n pl)	['kɔ:ʈ]
atout (m)	trumf (m)	['trʉmf]
paquet (m) de cartes	kortstokk (m)	['kɔ:ʈˌstɔk]

point (m)	poeng (n)	[pɔ'ɛŋ]
distribuer (les cartes)	à gi, à dele ut	[ɔ 'ji], [ɔ 'delə ʉt]
battre les cartes	à blande	[ɔ 'blanə]
tour (m) de jouer	trekk (n)	['trɛk]
tricheur (m)	falskspiller (m)	['falskˌspilər]

136. Les loisirs. Les jeux

se promener (vp)	à spasere	[ɔ spa'serə]
promenade (f)	spasertur (m)	[spa'sɛ:ˌtʉr]
promenade (f) (en voiture)	kjøretur (m)	['çœ:rəˌtʉr]
aventure (f)	eventyr (n)	['ɛvənˌtyr]
pique-nique (m)	piknik (m)	['piknik]

jeu (m)	spill (n)	['spil]
joueur (m)	spiller (m)	['spilər]
partie (f) (~ de cartes, etc.)	parti (n)	[pɑ:'ʈi]

collectionneur (m)	samler (m)	['samlər]
collectionner (vt)	à samle	[ɔ 'samlə]
collection (f)	samling (m/f)	['samliŋ]

mots (m pl) croisés	kryssord (n)	['krʏsˌʊ:r]
hippodrome (m)	travbane (m)	['travˌbanə]
discothèque (f)	diskotek (n)	[diskʊ'tek]

| sauna (m) | sauna (m) | ['saʊna] |
| loterie (f) | lotteri (n) | [lɔte'ri] |

| trekking (m) | campingtur (m) | ['kampiŋˌtʉr] |
| camp (m) | leir (m) | ['læjr] |

tente (f)	telt (n)	['tɛlt]
boussole (f)	kompass (m/n)	[kʊm'pɑs]
campeur (m)	camper (m)	['kampər]

regarder (la télé)	å se på	[ɔ 'se pɔ]
téléspectateur (m)	TV-seer (m)	['tɛvɛ ˌse:ər]
émission (f) de télé	TV-show (n)	['tɛvɛ ˌɕɔ:w]

137. La photographie

appareil (m) photo	kamera (n)	['kamera]
photo (f)	foto, fotografi (n)	['fɔtɔ], ['fɔtɔgra'fi]

photographe (m)	fotograf (m)	[fɔtɔ'graf]
studio (m) de photo	fotostudio (n)	['fɔtɔˌstʉdiɔ]
album (m) de photos	fotoalbum (n)	['fɔtɔˌalbʉm]

objectif (m)	objektiv (n)	[ɔbjɛk'tiv]
téléobjectif (m)	teleobjektiv (n)	['teleɔbjek'tiv]
filtre (m)	filter (n)	['filtər]
lentille (f)	linse (m/f)	['linsə]

optique (f)	optikk (m)	[ɔp'tik]
diaphragme (m)	blender (m)	['blenər]
temps (m) de pose	eksponeringstid (m/f)	[ɛkspʉ'neriŋsˌtid]
viseur (m)	søker (m)	['søkər]

appareil (m) photo numérique	digitalkamera (n)	[digi'tal ˌkamera]
trépied (m)	stativ (m)	[sta'tiv]
flash (m)	blits (m)	['blits]
photographier (vt)	å fotografere	[ɔ fɔtɔgra'ferə]
prendre en photo	å ta bilder	[ɔ 'ta 'bildər]
se faire prendre en photo	å bli fotografert	[ɔ 'bli fɔtɔgra'fɛ:t]

mise (f) au point	fokus (n)	['fokʉs]
mettre au point	å stille skarphet	[ɔ 'stilə 'skarpˌhet]
net (adj)	skarp	['skarp]
netteté (f)	skarphet (m)	['skarpˌhet]

contraste (m)	kontrast (m)	[kʊn'trast]
contrasté (adj)	kontrast-	[kʊn'trast-]

épreuve (f)	bilde (n)	['bildə]
négatif (m)	negativ (m/n)	['negaˌtiv]
pellicule (f)	film (m)	['film]
image (f)	bilde (n)	['bildə]
tirer (des photos)	å skrive ut	[ɔ skrivə ʉt]

138. La plage. La baignade

plage (f)	badestrand (m/f)	['badəˌstran]
sable (m)	sand (m)	['san]

désert (plage ~e)	øde	['ødə]
bronzage (m)	solbrenthet (m)	['sʉlbrɛntˌhet]
se bronzer (vp)	å sole seg	[ɔ 'sʉlə sæj]
bronzé (adj)	solbrent	['sʉlˌbrɛnt]
crème (f) solaire	solkrem (m)	['sʉlˌkrɛm]

bikini (m)	bikini (m)	[bi'kini]
maillot (m) de bain	badedrakt (m/f)	['bɑdəˌdrɑkt]
slip (m) de bain	badebukser (m/f)	['bɑdəˌbʉksər]

piscine (f)	svømmebasseng (n)	['svœməˌbɑ'sɛŋ]
nager (vi)	å svømme	[ɔ 'svœmə]
douche (f)	dusj (m)	['dʉʂ]
se changer (vp)	å kle seg om	[ɔ 'kle sæj ˌɔm]
serviette (f)	håndkle (n)	['hɔnˌkle]

| barque (f) | båt (m) | ['bɔt] |
| canot (m) à moteur | motorbåt (m) | ['mɔtʉrˌbot] |

ski (m) nautique	vannski (m pl)	['vɑnˌʂi]
pédalo (m)	pedalbåt (m)	['pe'dɑlˌbɔt]
surf (m)	surfing (m/f)	['sørfiŋ]
surfeur (m)	surfer (m)	['sørfər]

scaphandre (m) autonome	scuba (n)	['skʉbɑ]
palmes (f pl)	svømmeføtter (m pl)	['svœməˌfœtər]
masque (m)	maske (m/f)	['mɑskə]
plongeur (m)	dykker (m)	['dʏkər]
plonger (vi)	å dykke	[ɔ 'dʏkə]
sous l'eau (adv)	under vannet	['ʉnər 'vɑnə]

parasol (m)	parasoll (m)	[pɑrɑ'sɔl]
chaise (f) longue	liggestol (m)	['ligəˌstʉl]
lunettes (f pl) de soleil	solbriller (m pl)	['sʉlˌbrilər]
matelas (m) pneumatique	luftmadrass (m)	['lʉftmɑˌdrɑs]

| jouer (s'amuser) | å leke | [ɔ 'lekə] |
| se baigner (vp) | å bade | [ɔ 'bɑdə] |

ballon (m) de plage	ball (m)	['bɑl]
gonfler (vt)	å blåse opp	[ɔ 'blɔːsə ɔp]
gonflable (adj)	luft-, oppblåsbar	['lʉft-], [ɔp'blɔːsbɑr]

vague (f)	bølge (m)	['bølgə]
bouée (f)	bøye (m)	['bøjə]
se noyer (vp)	å drukne	[ɔ 'drʉknə]

sauver (vt)	å redde	[ɔ 'rɛdə]
gilet (m) de sauvetage	redningsvest (m)	['rɛdniŋsˌvɛst]
observer (vt)	å observere	[ɔ ɔbsɛr'verə]
maître nageur (m)	badevakt (m/f)	['bɑdəˌvɑkt]

127

LE MATÉRIEL TECHNIQUE. LES TRANSPORTS

Le matériel technique

139. L'informatique

ordinateur (m)	datamaskin (m)	['data ma‚şin]
PC (m) portable	bærbar, laptop (m)	['bær‚bar], ['laptɔp]
allumer (vt)	å slå på	[ɔ 'şlɔ pɔ]
éteindre (vt)	å slå av	[ɔ 'şlɔ a:]
clavier (m)	tastatur (n)	[tasta'tʉr]
touche (f)	tast (m)	['tast]
souris (f)	mus (m/f)	['mʉs]
tapis (m) de souris	musematte (m/f)	['mʉse‚matə]
bouton (m)	knapp (m)	['knap]
curseur (m)	markør (m)	[mar'kør]
moniteur (m)	monitor (m)	['mɔnitɔr]
écran (m)	skjerm (m)	['şærm]
disque (m) dur	harddisk (m)	['har‚disk]
capacité (f) du disque dur	harddiskkapasitet (m)	['har‚disk kapasi'tet]
mémoire (f)	minne (n)	['minə]
mémoire (f) vive	hovedminne (n)	['hɔvəd‚minə]
fichier (m)	fil (m)	['fil]
dossier (m)	mappe (m/f)	['mapə]
ouvrir (vt)	å åpne	[ɔ 'ɔpnə]
fermer (vt)	å lukke	[ɔ 'lʉkə]
sauvegarder (vt)	å lagre	[ɔ 'lagrə]
supprimer (vt)	å slette, å fjerne	[ɔ 'şletə], [ɔ 'fjæ:ɳə]
copier (vt)	å kopiere	[ɔ kʉ'pjerə]
trier (vt)	å sortere	[ɔ sɔ:'terə]
copier (vt)	å overføre	[ɔ 'ɔvər‚førə]
programme (m)	program (n)	[prʉ'gram]
logiciel (m)	programvare (m/f)	[prʉ'gram‚varə]
programmeur (m)	programmerer (m)	[prʉgra'merər]
programmer (vt)	å programmere	[ɔ prʉgra'merə]
hacker (m)	hacker (m)	['hakər]
mot (m) de passe	passord (n)	['pas‚u:r]
virus (m)	virus (m)	['virʉs]
découvrir (détecter)	å oppdage	[ɔ 'ɔp‚dagə]
bit (m)	byte (m)	['bajt]

mégabit (m)	megabyte (m)	['mega,bɑjt]
données (f pl)	data (m pl)	['dɑtɑ]
base (f) de données	database (m)	['dɑtɑ,bɑsə]

câble (m)	kabel (m)	['kɑbəl]
déconnecter (vt)	å koble fra	[ɔ 'kɔblə frɑ]
connecter (vt)	å koble	[ɔ 'kɔblə]

140. L'Internet. Le courrier électronique

Internet (m)	Internett	['intə,ŋɛt]
navigateur (m)	nettleser (m)	['nɛt,lesər]
moteur (m) de recherche	søkemotor (m)	['søkə,mɔtʊr]
fournisseur (m) d'accès	leverandør (m)	[levəran'dør]

administrateur (m) de site	webmaster (m)	['vɛb,mɑstər]
site (m) web	webside, hjemmeside (m/f)	['vɛb,sidə], ['jɛmə,sidə]
page (f) web	nettside (m)	['nɛt,sidə]

adresse (f)	adresse (m)	[ɑ'drɛsə]
carnet (m) d'adresses	adressebok (f)	[ɑ'drɛsə,bʊk]

boîte (f) de réception	postkasse (m/f)	['pɔst,kɑsə]
courrier (m)	post (m)	['pɔst]
pleine (adj)	full	['fʉl]

message (m)	melding (m/f)	['mɛliŋ]
messages (pl) entrants	innkommende meldinger	['in,kɔmenə 'mɛliŋər]
messages (pl) sortants	utgående meldinger	['ʉt,gɔənə 'mɛliŋər]
expéditeur (m)	avsender (m)	['af,sɛnərj]
envoyer (vt)	å sende	[ɔ 'sɛnə]
envoi (m)	avsending (m)	['af,sɛniŋ]
destinataire (m)	mottaker (m)	['mɔt,tɑkər]
recevoir (vt)	å motta	[ɔ 'mɔtɑ]

correspondance (f)	korrespondanse (m)	[kʊrespɔn'dɑnsə]
être en correspondance	å brevveksle	[ɔ 'bʁɛv,vɛkslə]

fichier (m)	fil (m)	['fil]
télécharger (vt)	å laste ned	[ɔ 'lɑstə 'ne]
créer (vt)	å opprette	[ɔ 'ɔp,rɛtə]
supprimer (vt)	å slette, å fjerne	[ɔ 'şlɛtə], [ɔ 'fjæ:ŋə]
supprimé (adj)	slettet	['şletət]

connexion (f) (ADSL, etc.)	forbindelse (m)	[fɔr'binəlsə]
vitesse (f)	hastighet (m/f)	['hɑsti,het]
modem (m)	modem (n)	['mʊ'dɛm]
accès (m)	tilgang (m)	['til,gɑŋ]
port (m)	port (m)	['pɔ:t]

connexion (f) (établir la ~)	tilkobling (m/f)	['til,kɔbliŋ]
se connecter à ...	å koble	[ʊ 'kɔblə]
sélectionner (vt)	å velge	[ɔ 'vɛlgə]
rechercher (vt)	å søke etter ...	[ɔ 'søkə ,ɛtər ...]

Les transports

141. L'avion

avion (m)	**fly** (n)	['fly]
billet (m) d'avion	**flybillett** (m)	['fly bi'let]
compagnie (f) aérienne	**flyselskap** (n)	['flysəl‚skɑp]
aéroport (m)	**flyplass** (m)	['fly‚plɑs]
supersonique (adj)	**overlyds-**	['ɔvə‚lyds-]
commandant (m) de bord	**kaptein** (m)	[kɑp'tæjn]
équipage (m)	**besetning** (m/f)	[be'sɛtniŋ]
pilote (m)	**pilot** (m)	[pi'lɔt]
hôtesse (f) de l'air	**flyvertinne** (m/f)	[flyvɛː'ʈinə]
navigateur (m)	**styrmann** (m)	['styr‚mɑn]
ailes (f pl)	**vinger** (m pl)	['viŋər]
queue (f)	**hale** (m)	['hɑlə]
cabine (f)	**cockpit, førerkabin** (m)	['kɔkpit], ['førərkɑ‚bin]
moteur (m)	**motor** (m)	['mɔtʊr]
train (m) d'atterrissage	**landingshjul** (n)	['lɑniŋs‚jʉl]
turbine (f)	**turbin** (m)	[tʉr'bin]
hélice (f)	**propell** (m)	[prʊ'pɛl]
boîte (f) noire	**svart boks** (m)	['svɑːʈ bɔks]
gouvernail (m)	**ratt** (n)	['rɑt]
carburant (m)	**brensel** (n)	['brɛnsəl]
consigne (f) de sécurité	**sikkerhetsbrosjyre** (m)	['sikərhɛts‚brɔ'ʂyrə]
masque (m) à oxygène	**oksygenmaske** (m/f)	['ɔksygən‚mɑskə]
uniforme (m)	**uniform** (m)	[ʉni'fɔrm]
gilet (m) de sauvetage	**redningsvest** (m)	['rɛdniŋs‚vɛst]
parachute (m)	**fallskjerm** (m)	['fɑl‚særm]
décollage (m)	**start** (m)	['stɑːʈ]
décoller (vi)	**å løfte**	[ɔ 'lœftə]
piste (f) de décollage	**startbane** (m)	['stɑːʈ‚bɑnə]
visibilité (f)	**siktbarhet** (m)	['siktbɑr‚het]
vol (m) (~ d'oiseau)	**flyging** (m/f)	['flygiŋ]
altitude (f)	**høyde** (m)	['højdə]
trou (m) d'air	**lufthull** (n)	['lʉft‚hʉl]
place (f)	**plass** (m)	['plɑs]
écouteurs (m pl)	**hodetelefoner** (n pl)	['hɔdətelə‚fʊnər]
tablette (f)	**klappbord** (n)	['klɑp‚bʊr]
hublot (m)	**vindu** (n)	['vindʉ]
couloir (m)	**midtgang** (m)	['mit‚gɑŋ]

142. Le train

train (m)	tog (n)	['tog]
train (m) de banlieue	lokaltog (n)	[lo'kal‚tog]
TGV (m)	ekspresstog (n)	[ɛks'prɛs‚tog]
locomotive (f) diesel	diesellokomotiv (n)	['disəl lʊkɔmɔ'tiv]
locomotive (f) à vapeur	damplokomotiv (n)	['damp lʊkɔmɔ'tiv]
wagon (m)	vogn (m)	['voŋn]
wagon-restaurant (m)	restaurantvogn (m/f)	[rɛstʊ'raŋ‚voŋn]
rails (m pl)	skinner (m/f pl)	['ʂinər]
chemin (m) de fer	jernbane (m)	['jæːn‚banə]
traverse (f)	sville (m/f)	['svilə]
quai (m)	perrong, plattform (m/f)	[pɛ'rɔŋ], ['platfɔrm]
voie (f)	spor (n)	['spʊr]
sémaphore (m)	semafor (m)	[sema'fʊr]
station (f)	stasjon (m)	[sta'ʂʊn]
conducteur (m) de train	lokfører (m)	['lʊk‚førər]
porteur (m)	bærer (m)	['bærər]
steward (m)	betjent (m)	['be'tjɛnt]
passager (m)	passasjer (m)	[pasa'ʂɛr]
contrôleur (m) de billets	billett inspektør (m)	[bi'let inspɛk'tør]
couloir (m)	korridor (m)	[kʊri'dɔr]
frein (m) d'urgence	nødbrems (m)	['nød‚brɛms]
compartiment (m)	kupê (m)	[ku'pe]
couchette (f)	køye (m/f)	['køjə]
couchette (f) d'en haut	overkøye (m/f)	['ɔvər‚køjə]
couchette (f) d'en bas	underkøye (m/f)	['ʉnər‚køjə]
linge (m) de lit	sengetøy (n)	['sɛŋə‚tøj]
ticket (m)	billett (m)	[bi'let]
horaire (m)	rutetabell (m)	['rʉtə‚ta'bɛl]
tableau (m) d'informations	informasjonstavle (m/f)	[informa'ʂʉns ‚tavlə]
partir (vi)	å avgå	[ɔ 'avgɔ]
départ (m) (du train)	avgang (m)	['av‚gaŋ]
arriver (le train)	å ankomme	[ɔ 'an‚kɔmə]
arrivée (f)	ankomst (m)	['an‚kɔmst]
arriver en train	å ankomme med toget	[ɔ 'an‚kɔmə me 'tɔge]
prendre le train	å gå på toget	[ɔ 'gɔ pɔ 'tɔge]
descendre du train	å gå av toget	[ɔ 'gɔ a: 'tɔge]
accident (m) ferroviaire	togulykke (m/n)	['tog ʉ'lʏkə]
dérailler (vi)	å spore av	[ɔ 'spʊrə a:]
locomotive (f) à vapeur	damplokomotiv (n)	['damp lʊkɔmɔ'tiv]
chauffeur (m)	fyrbøter (m)	['fyi‚bøtər]
chauffe (f)	fyrrom (n)	['fyr‚rʊm]
charbon (m)	kull (n)	['kʉl]

143. Le bateau

| bateau (m) | skip (n) | ['ʂip] |
| navire (m) | fartøy (n) | ['fɑːˌʈøj] |

bateau (m) à vapeur	dampskip (n)	['dɑmpˌʂip]
paquebot (m)	elvebåt (m)	['ɛlvəˌbɔt]
bateau (m) de croisière	cruiseskip (n)	['krʉsˌʂip]
croiseur (m)	krysser (m)	['krʏsər]

yacht (m)	jakt (m/f)	['jakt]
remorqueur (m)	bukserbåt (m)	[bʉk'serˌbɔt]
péniche (f)	lastepram (m)	['lɑstəˌprɑm]
ferry (m)	ferje, ferge (m/f)	['færjə], ['færgə]

| voilier (m) | seilbåt (n) | ['sæjlˌbɔt] |
| brigantin (m) | brigantin (m) | [brigɑn'tin] |

| brise-glace (m) | isbryter (m) | ['isˌbrytər] |
| sous-marin (m) | ubåt (m) | ['ʉːˌbɔt] |

canot (m) à rames	båt (m)	['bɔt]
dinghy (m)	jolle (m/f)	['jɔlə]
canot (m) de sauvetage	livbåt (m)	['livˌbɔt]
canot (m) à moteur	motorbåt (m)	['mɔtʉrˌbɔt]

capitaine (m)	kaptein (m)	[kɑp'tæjn]
matelot (m)	matros (m)	[mɑ'trʉs]
marin (m)	sjømann (m)	['ʂøˌmɑn]
équipage (m)	besetning (m/f)	[be'sɛtniŋ]

maître (m) d'équipage	båtsmann (m)	['bɔsˌmɑn]
mousse (m)	skipsgutt, jungmann (m)	['ʂipsˌgʉt], ['jʉŋˌmɑn]
cuisinier (m) du bord	kokk (m)	['kʉk]
médecin (m) de bord	skipslege (m)	['ʂipsˌlegə]

pont (m)	dekk (n)	['dɛk]
mât (m)	mast (m/f)	['mɑst]
voile (f)	seil (n)	['sæjl]

cale (f)	lasterom (n)	['lɑstəˌrʉm]
proue (f)	baug (m)	['bæu]
poupe (f)	akterende (m)	['ɑktəˌrɛnə]
rame (f)	åre (m)	['oːrə]
hélice (f)	propell (m)	[prʉ'pɛl]

cabine (f)	hytte (m)	['hʏte]
carré (m) des officiers	offisersmesse (m/f)	[ɔfi'sɛrsˌmɛsə]
salle (f) des machines	maskinrom (n)	[mɑ'ʂinˌrʉm]
passerelle (f)	kommandobro (m/f)	[kɔ'mɑndʉˌbrʉ]
cabine (f) de T.S.F.	radiorom (m)	['rɑdiʉˌrʉm]
onde (f)	bølge (m)	['bølgə]
journal (m) de bord	loggbok (m/f)	['lɔgˌbʉk]
longue-vue (f)	langkikkert (m)	['lɑŋˌkikeːt]
cloche (f)	klokke (m/f)	['klɔkə]

pavillon (m)	flagg (n)	['flɑg]
grosse corde (f) tressée	trosse (m/f)	['trʊsə]
nœud (m) marin	knute (m)	['knʉtə]

| rampe (f) | rekkverk (n) | ['rɛk‚værk] |
| passerelle (f) | landgang (m) | ['lɑn‚gɑŋ] |

ancre (f)	anker (n)	['ɑnkər]
lever l'ancre	å lette anker	[ɔ 'letə 'ɑnkər]
jeter l'ancre	å kaste anker	[ɔ 'kɑstə 'ɑnkər]
chaîne (f) d'ancrage	ankerkjetting (m)	['ɑnkər‚çɛtiŋ]

port (m)	havn (m/f)	['hɑvn]
embarcadère (m)	kai (m/f)	['kɑj]
accoster (vi)	å fortøye	[ɔ fɔː'tøjə]
larguer les amarres	å kaste loss	[ɔ 'kɑstə lɔs]

voyage (m) (à l'étranger)	reise (m/f)	['ræjsə]
croisière (f)	cruise (n)	['krʉs]
cap (m) (suivre un ~)	kurs (m)	['kʉʂ]
itinéraire (m)	rute (m/f)	['rʉtə]

chenal (m)	seilrende (m)	['sæjl‚rɛnə]
bas-fond (m)	grunne (m/f)	['grʉnə]
échouer sur un bas-fond	å gå på grunn	[ɔ 'gɔ pɔ 'grʉn]

tempête (f)	storm (m)	['stɔrm]
signal (m)	signal (n)	[siŋ'nɑl]
sombrer (vi)	å synke	[ɔ 'sʏnkə]
Un homme à la mer!	Mann over bord!	['mɑn ‚ɔvər 'bʊr]
SOS (m)	SOS (n)	[ɛsʉ'ɛs]
bouée (f) de sauvetage	livbøye (m/f)	['lɪv‚bøjə]

144. L'aêroport

aéroport (m)	flyplass (m)	['fly‚plɑs]
avion (m)	fly (n)	['fly]
compagnie (f) aérienne	flyselskap (n)	['flysəl‚skɑp]
contrôleur (m) aérien	flygeleder (m)	['flygə‚ledər]

départ (m)	avgang (m)	['ɑv‚gɑŋ]
arrivée (f)	ankomst (m)	['ɑn‚kɔmst]
arriver (par avion)	å ankomme	[ɔ 'ɑn‚kɔmə]

| temps (m) de départ | avgangstid (m/f) | ['ɑvgɑŋs‚tid] |
| temps (m) d'arrivée | ankomsttid (m/f) | ['ɑn‚kɔms‚tid] |

| être retardé | å bli forsinket | [ɔ 'bli fɔ'ʂinkət] |
| retard (m) de l'avion | avgangsforsinkelse (m) | ['ɑvgɑŋs fɔ'ʂinkəlsə] |

tableau (m) d'informations	informasjonstavle (m/f)	[informɑ'ʂʉns ‚tɑvlə]
information (f)	informasjon (m)	[informɑ'ʂʉn]
annoncer (vt)	å meddele	[ɔ 'mɛd‚delə]
vol (m)	fly (n)	['fly]

133

douane (f)	toll (m)	['tɔl]
douanier (m)	tollbetjent (m)	['tɔlbe̞ˌtjɛnt]

déclaration (f) de douane	tolldeklarasjon (m)	['tɔldɛklaraˈʂʊn]
remplir (vt)	å utfylle	[ɔ 'ʉtˌfʏlə]
remplir la déclaration	å utfylle en tolldeklarasjon	[ɔ 'ʉtˌfʏlə en 'tɔldɛklaraˌʂʊn]
contrôle (m) de passeport	passkontroll (m)	['pɑskʊnˌtrɔl]

bagage (m)	bagasje (m)	[bɑ'gaʂə]
bagage (m) à main	håndbagasje (m)	['hɔnˌbɑ'gaʂə]
chariot (m)	bagasjetralle (m/f)	[bɑ'gaʂe̞ˌtralə]

atterrissage (m)	landing (m)	['lɑniŋ]
piste (f) d'atterrissage	landingsbane (m)	['lɑniŋsˌbɑnə]
atterrir (vi)	å lande	[ɔ 'lɑnə]
escalier (m) d'avion	trapp (m/f)	['trap]

enregistrement (m)	innsjekking (m/f)	['inˌʂɛkiŋ]
comptoir (m) d'enregistrement	innsjekkingsskranke (m)	['inˌʂɛkiŋs ˌskrankə]
s'enregistrer (vp)	å sjekke inn	[ɔ 'ʂɛkə in]
carte (f) d'embarquement	boardingkort (n)	['bɔːd̦iŋˌkɔːt]
porte (f) d'embarquement	gate (m/f)	['gejt]

transit (m)	transitt (m)	[tran'sit]
attendre (vt)	å vente	[ɔ 'vɛntə]
salle (f) d'attente	ventehall (m)	['vɛntəˌhal]
raccompagner (à l'aéroport, etc.)	å ta avskjed	[ɔ 'ta 'afˌsɛd]
dire au revoir	å si farvel	[ɔ 'si far'vɛl]

145. Le vélo. La moto

vélo (m)	sykkel (m)	['sʏkəl]
scooter (m)	skooter (m)	['skutər]
moto (f)	motorsykkel (m)	['mɔtʊrˌʂʏkəl]

faire du vélo	å sykle	[ɔ 'sʏklə]
guidon (m)	styre (n)	['styrə]
pédale (f)	pedal (m)	[pe'dal]
freins (m pl)	bremser (m pl)	['brɛmsər]
selle (f)	sete (n)	['setə]

pompe (f)	pumpe (m/f)	['pʉmpə]
porte-bagages (m)	bagasjebrett (n)	[bɑ'gaʂəˌbrɛt]
phare (m)	lykt (m/f)	['lʏkt]
casque (m)	hjelm (m)	['jɛlm]

roue (f)	hjul (n)	['jʉl]
garde-boue (m)	skjerm (m)	['ʂærm]
jante (f)	felg (m)	['fɛlg]
rayon (m)	eik (m/f)	['æjk]

La voiture

146. Les différents types de voiture

automobile (f)	bil (m)	['bil]
voiture (f) de sport	sportsbil (m)	['spɔːʦˌbil]
limousine (f)	limousin (m)	[limʉ'sin]
tout-terrain (m)	terrengbil (m)	[tɛ'rɛŋˌbil]
cabriolet (m)	kabriolet (m)	[kɑbriʉ'le]
minibus (m)	minibuss (m)	['miniˌbʉs]
ambulance (f)	ambulanse (m)	[ɑmbʉ'lɑnsə]
chasse-neige (m)	snøplog (m)	['snøˌplɔg]
camion (m)	lastebil (m)	['lɑstəˌbil]
camion-citerne (m)	tankbil (m)	['tɑnkˌbil]
fourgon (m)	skapbil (m)	['skɑpˌbil]
tracteur (m) routier	trekkvogn (m/f)	['trɛkˌvɔŋn]
remorque (f)	tilhenger (m)	['tilˌhɛŋər]
confortable (adj)	komfortabel	[kʊmfɔːˈʈɑbəl]
d'occasion (adj)	brukt	['brʉkt]

147. La voiture. La carrosserie

capot (m)	panser (n)	['pɑnsər]
aile (f)	skjerm (m)	['ʂærm]
toit (m)	tak (n)	['tɑk]
pare-brise (m)	frontrute (m/f)	['frɔntˌrʉtə]
rétroviseur (m)	bakspeil (n)	['bɑkˌspæjl]
lave-glace (m)	vindusspyler (m)	['vindʉsˌspylər]
essuie-glace (m)	viskerblader (n pl)	['viskəblɑər]
fenêtre (f) latéral	siderute (m/f)	['sidəˌrʉtə]
lève-glace (m)	vindusheis (m)	['vindʉsˌhæjs]
antenne (f)	antenne (m)	[ɑn'tɛnə]
toit (m) ouvrant	takluke (m/f), soltak (n)	['tɑkˌlʉkə], ['sʊlˌtɑk]
pare-chocs (m)	støtfanger (m)	['støtˌfɑŋər]
coffre (m)	bagasjerom (n)	[bɑ'gɑʂəˌrʊm]
galerie (f) de toit	takgrind (m/f)	['tɑkˌgrin]
portière (f)	dør (m/f)	['dœr]
poignée (f)	dørhåndtak (n)	['dœrˌhɔntɑk]
serrure (f)	dørlås (m/n)	['dœrˌlɔs]
plaque (f) d'immatriculation	nummerskilt (n)	['nʉmərˌsilt]
silencieux (m)	lyddemper (m)	['lydˌdɛmpər]

réservoir (m) d'essence	bensintank (m)	[bɛn'sin,tɑnk]
pot (m) d'échappement	eksosrør (n)	['ɛksʊs,rør]
accélérateur (m)	gass (m)	['gɑs]
pédale (f)	pedal (m)	[pe'dɑl]
pédale (f) d'accélérateur	gasspedal (m)	['gɑs pe'dɑl]
frein (m)	brems (m)	['brɛms]
pédale (f) de frein	bremsepedal (m)	['brɛmsə pe'dɑl]
freiner (vi)	å bremse	[ɔ 'brɛmsə]
frein (m) à main	håndbrekk (n)	['hɔn,brɛk]
embrayage (m)	koppling (m)	['kɔpliŋ]
pédale (f) d'embrayage	kopplingspedal (m)	['kɔpliŋs pe'dɑl]
disque (m) d'embrayage	koplingsskive (m/f)	['kɔpliŋs,sivə]
amortisseur (m)	støtdemper (m)	['støt,dɛmpər]
roue (f)	hjul (n)	['jʉl]
roue (f) de rechange	reservehjul (n)	[re'sɛrvə,jʉl]
pneu (m)	dekk (n)	['dɛk]
enjoliveur (m)	hjulkapsel (m)	['jʉl,kɑpsəl]
roues (f pl) motrices	drivhjul (n pl)	['driv,jʉl]
à traction avant	forhjulsdrevet	['forjʉls,drevət]
à traction arrière	bakhjulsdrevet	['bɑkjʉls,drevət]
à traction intégrale	firehjulsdrevet	['firəjʉls,drevət]
boîte (f) de vitesses	girkasse (m/f)	['gir,kɑsə]
automatique (adj)	automatisk	[aʊtu'mɑtisk]
mécanique (adj)	mekanisk	[me'kɑnisk]
levier (m) de vitesse	girspak (m)	['gi,spɑk]
phare (m)	lyskaster (m)	['lys,kɑstər]
feux (m pl)	lyskastere (m pl)	['lys,kɑstərə]
feux (m pl) de croisement	nærlys (n)	['nær,lys]
feux (m pl) de route	fjernlys (n)	['fjæ:n̩,lys]
feux (m pl) stop	stopplys, bremselys (n)	['stɔp,lys], ['brɛmsə,lys]
feux (m pl) de position	parkeringslys (n)	[pɑr'keriŋs,lys]
feux (m pl) de détresse	varselblinklys (n)	['vɑsəl,blink lys]
feux (m pl) de brouillard	tåkelys (n)	['to:kə,lys]
clignotant (m)	blinklys (n)	['blink,lys]
feux (m pl) de recul	baklys (n)	['bɑk,lys]

148. La voiture. L'habitacle

habitacle (m)	interiør (n), innredning (m/f)	[inter'jør], ['in,rɛdniŋ]
en cuir (adj)	lær-	['lær-]
en velours (adj)	velur	[ve'lʉr]
revêtement (m)	trekk (n)	['trɛk]
instrument (m)	instrument (n)	[instrʉ'mɛnt]
tableau (m) de bord	dashbord (n)	['dɑʂbɔ:d]

indicateur (m) de vitesse	speedometer (n)	[spidʊ'metər]
aiguille (f)	viser (m)	['visər]

compteur (m) de kilomètres	kilometerteller (m)	[çilu'metər‚tɛlər]
indicateur (m)	indikator (m)	[indi'katʊr]
niveau (m)	nivå (n)	[ni'vo]
témoin (m)	varsellampe (m/f)	['vaʂəl‚lampə]

volant (m)	ratt (n)	['rat]
klaxon (m)	horn (n)	['hʊːn]
bouton (m)	knapp (m)	['knap]
interrupteur (m)	bryter (m)	['brytər]

siège (m)	sete (n)	['setə]
dossier (m)	seterygg (m)	['setə‚ryg]
appui-tête (m)	nakkestøtte (m/f)	['nakə‚stœtə]
ceinture (f) de sécurité	sikkerhetsbelte (m)	['sikərhɛts‚bɛltə]
mettre la ceinture	å spenne fast sikkerhetsbeltet	[ɔ 'spɛnə fast 'sikərhets‚bɛltə]
réglage (m)	justering (m/f)	[jʉ'steriŋ]

airbag (m)	kollisjonspute (m/f)	['kʊliʂʊns‚pʉtə]
climatiseur (m)	klimaanlegg (n)	['klima'an‚leg]

radio (f)	radio (m)	['radiʊ]
lecteur (m) de CD	CD-spiller (m)	['sɛdɛ ‚spilər]
allumer (vt)	å slå på	[ɔ 'ʂlɔ pɔ]
antenne (f)	antenne (m)	[an'tɛnə]
boîte (f) à gants	hanskerom (n)	['hanskə‚rʊm]
cendrier (m)	askebeger (n)	['askə‚begər]

149. La voiture. Le moteur

moteur (m)	motor (m)	['mɔtʊr]
diesel (adj)	diesel-	['disəl-]
à essence (adj)	bensin-	[bɛn'sin-]

capacité (f) du moteur	motorvolum (n)	['mɔtʊr vo'lʉm]
puissance (f)	styrke (m)	['styrkə]
cheval-vapeur (m)	hestekraft (m/f)	['hɛstə‚kraft]
piston (m)	stempel (n)	['stɛmpəl]
cylindre (m)	sylinder (m)	[sy'lindər]
soupape (f)	ventil (m)	[vɛn'til]

injecteur (m)	injektor (m)	[i'njɛktʊr]
générateur (m)	generator (m)	[gene'ratʊr]
carburateur (m)	forgasser (m)	[fɔr'gasər]
huile (f) moteur	motorolje (m)	['mɔtʊr‚ɔljə]

radiateur (m)	radiator (m)	[radi'atʊr]
liquide (m) de réfroidissement	kjølevæske (m/f)	['çœle‚væskə]
ventilateur (m)	vifte (m/f)	['viftə]
batterie (f)	batteri (n)	[batɛ'ri]
starter (m)	starter (m)	['staːʈər]

| allumage (m) | tenning (m/f) | ['tɛniŋ] |
| bougie (f) d'allumage | tennplugg (m) | ['tɛn‚plɵg] |

borne (f)	klemme (m/f)	['klemə]
borne (f) positive	plussklemme (m/f)	['plɵs‚klemə]
borne (f) négative	minusklemme (m/f)	['minɵs‚klemə]
fusible (m)	sikring (m)	['sikriŋ]

filtre (m) à air	luftfilter (n)	['lɵft‚filtər]
filtre (m) à huile	oljefilter (n)	['ɔljə‚filtər]
filtre (m) à essence	brenselsfilter (n)	['brɛnsəls‚filtər]

150. La voiture. La réparation

accident (m) de voiture	bilulykke (m/f)	['bil ɵ'lʏkə]
accident (m) de route	trafikkulykke (m/f)	[trɑ'fik ɵ'lʏkə]
percuter contre ...	å kjøre inn i ...	[ɔ 'çœːrə in i ...]
s'écraser (vp)	å havarere	[ɔ hɑvɑ'rerə]
dégât (m)	skade (m)	['skɑdə]
intact (adj)	uskadd	['ɵ‚skɑd]

panne (f)	havari (n)	[hɑvɑ'ri]
tomber en panne	å bryte sammen	[ɔ 'brytə 'samən]
corde (f) de remorquage	slepetau (n)	['ʂlepə‚taʉ]

crevaison (f)	punktering (m)	[pɵn'teriŋ]
crever (vi) (pneu)	å være punktert	[ɔ 'værə pɵnk'tɛːt]
gonfler (vt)	å pumpe opp	[ɔ 'pɵmpə ɔp]
pression (f)	trykk (n)	['trʏk]
vérifier (vt)	å sjekke	[ɔ 'ʂɛkə]

réparation (f)	reparasjon (m)	[repɑrɑ'ʂɵn]
garage (m) (atelier)	bilverksted (n)	['bil 'værk‚sted]
pièce (f) détachée	reservedel (m)	[re'sɛrvə‚del]
pièce (f)	del (m)	['del]

boulon (m)	bolt (m)	['bɔlt]
vis (f)	skrue (m)	['skrʉə]
écrou (m)	mutter (m)	['mɵtər]
rondelle (f)	skive (m/f)	['ʂivə]
palier (m)	lager (n)	['lɑgər]

tuyau (m)	rør (m)	['rør]
joint (m)	pakning (m/f)	['pɑkniŋ]
fil (m)	ledning (m)	['ledniŋ]

cric (m)	jekk (m), donkraft (m/f)	['jɛk], ['dɔn‚krɑft]
clé (f) de serrage	skrunøkkel (m)	['skrʉ‚nøkəl]
marteau (m)	hammer (m)	['hɑmər]
pompe (f)	pumpe (m/f)	['pɵmpə]
tournevis (m)	skrutrekker (m)	['skrʉ‚trɛkər]

| extincteur (m) | brannslukker (n) | ['brɑn‚ʂlɵkər] |
| triangle (m) de signalisation | varseltrekant (m) | ['vɑʂəl 'trɛ‚kɑnt] |

caler (vi)	å skjære	[ɔ 'ʂæːrə]
calage (m)	stans (m), stopp (m/n)	['stɑns], ['stɔp]
être en panne	å være ødelagt	[ɔ 'værə 'ødə‚lɑkt]

surchauffer (vi)	å bli overopphetet	[ɔ 'bli 'ɔvərɔp‚hetət]
se boucher (vp)	å bli tilstoppet	[ɔ 'bli til'stɔpət]
geler (vi)	å fryse	[ɔ 'frysə]
éclater (tuyau, etc.)	å sprekke, å briste	[ɔ 'sprɛkə], [ɔ 'bristə]

pression (f)	trykk (n)	['trʏk]
niveau (m)	nivå (n)	[ni'vo]
lâche (courroie ~)	slakk	['ʂlɑk]

fosse (f)	bulk (m)	['bʉlk]
bruit (m) anormal	bankelyd (m), dunk (m/n)	['bɑnkə‚lyd], ['dʉnk]
fissure (f)	sprekk (m)	['sprɛk]
égratignure (f)	ripe (m/f)	['ripə]

151. La voiture. La route

route (f)	vei (m)	['væj]
grande route (autoroute)	hovedvei (m)	['hʉvəd‚væj]
autoroute (f)	motorvei (m)	['mɔtʉr‚væj]
direction (f)	retning (m/f)	['rɛtniŋ]
distance (f)	avstand (m)	['ɑf‚stɑn]

pont (m)	bro (m/f)	['brʉ]
parking (m)	parkeringsplass (m)	[pɑr'keriŋs‚plɑs]
place (f)	torg (n)	['tɔr]
échangeur (m)	trafikkmaskin (m)	[trɑ'fik mɑ‚ʂin]
tunnel (m)	tunnel (m)	['tʉnəl]

station-service (f)	bensinstasjon (m)	[bɛn'sin‚stɑ'ʂʉn]
parking (m)	parkeringsplass (m)	[pɑr'keriŋs‚plɑs]
poste (m) d'essence	bensinpumpe (m/f)	[bɛn'sin‚pʉmpə]
garage (m) (atelier)	bilverksted (n)	['bil 'værk‚sted]
se ravitailler (vp)	å tanke opp	[ɔ 'tɑnkə ɔp]
carburant (m)	brensel (n)	['brɛnsəl]
jerrycan (m)	bensinkanne (m/f)	[bɛn'sin‚kɑnə]

asphalte (m)	asfalt (m)	['ɑs‚fɑlt]
marquage (m)	vegoppmerking (m/f)	['veg 'ɔp‚mærkiŋ]
bordure (f)	fortauskant (m)	['fɔːtaʉs‚kɑnt]
barrière (f) de sécurité	autovern, veirekkverk (n)	['aʉtɔ‚væːn], ['væj‚rekværk]
fossé (m)	veigrøft (m/f)	['væj‚grœft]
bas-côté (m)	veikant (m)	['væj‚kɑnt]
réverbère (m)	lyktestolpe (m)	['lʏktə‚stɔlpə]

conduire (une voiture)	å kjøre	[ɔ 'çœːrə]
tourner (~ à gauche)	å svinge	[ɔ 'sviŋə]
faire un demi-tour	å ta en U-sving	[ɔ 'tɑ en 'ʉː‚sviŋ]
marche (f) arrière	revers (m)	[re'væʂ]
klaxonner (vi)	å tute	[ɔ 'tʉtə]
coup (m) de klaxon	tut (n)	['tʉt]

s'embourber (vp)	å kjøre seg fast	[ɔ 'çœ:rə sæj 'fɑst]
déraper (vi)	å spinne	[ɔ 'spinə]
couper (le moteur)	å stanse	[ɔ 'stɑnsə]
vitesse (f)	hastighet (m/f)	['hɑsti̩het]
dépasser la vitesse	å overskride fartsgrensen	[ɔ 'ɔvə̩skridə 'fɑ:ʈs̩grɛnsən]
mettre une amende	å gi bot	[ɔ 'ji 'bʊt]
feux (m pl) de circulation	trafikklys (n)	[trɑ'fik̩lys]
permis (m) de conduire	førerkort (n)	['førər̩kɔ:ʈ]
passage (m) à niveau	planovergang (m)	['plɑn 'ɔvər̩gɑŋ]
carrefour (m)	veikryss (n)	['væjkrʏs]
passage (m) piéton	fotgjengerovergang (m)	['fʊt̩jɛŋər 'ɔvər̩gɑŋ]
virage (m)	kurve (m)	['kʉrvə]
zone (f) piétonne	gågate (m/f)	['go:̩gɑtə]

LES GENS. LES ÉVÉNEMENTS

Les grands événements de la vie

152. Les fêtes et les événements

fête (f)	fest (m)	['fɛst]
fête (f) nationale	nasjonaldag (m)	[naʂu'nal,da]
jour (m) férié	festdag (m)	['fɛst,da]
fêter (vt)	å feire	[ɔ 'fæjrə]
événement (m) (~ du jour)	begivenhet (m/f)	[be'jiven,het]
événement (m) (soirée, etc.)	evenement (n)	[ɛvenə'maŋ]
banquet (m)	bankett (m)	[ban'kɛt]
réception (f)	resepsjon (m)	[resɛp'ʂun]
festin (m)	fest (n)	['fɛst]
anniversaire (m)	årsdag (m)	['oːʂ,da]
jubilé (m)	jubileum (n)	[jʉbi'leʉm]
célébrer (vt)	å feire	[ɔ 'fæjrə]
Nouvel An (m)	nytt år (n)	['nʏt ,oːr]
Bonne année!	Godt nytt år!	['gɔt nʏt ,oːr]
Père Noël (m)	Julenissøn	['jʉlə,nisøn]
Noël (m)	Jul (m/f)	['jʉl]
Joyeux Noël!	Gledelig jul!	['gledəli 'jʉl]
arbre (m) de Noël	juletre (n)	['jʉlə,trɛ]
feux (m pl) d'artifice	fyrverkeri (n)	[,fyrværkə'ri]
mariage (m)	bryllup (n)	['brʏlʉp]
fiancé (m)	brudgom (m)	['brʉd,gom]
fiancée (f)	brud (m/f)	['brʉd]
inviter (vt)	å innby, å invitere	[ɔ 'inby], [ɔ invi'terə]
lettre (f) d'invitation	innbydelse (m)	[in'bydəlse]
invité (m)	gjest (m)	['jɛst]
visiter (~ les amis)	å besøke	[ɔ be'søkə]
accueillir les invités	å hilse på gjestene	[ɔ 'hilsə pɔ 'jɛstenə]
cadeau (m)	gave (m/f)	['gavə]
offrir (un cadeau)	å gi	[ɔ 'ji]
recevoir des cadeaux	å få gaver	[ɔ 'fɔ 'gavər]
bouquet (m)	bukett (m)	[bʉ'kɛt]
félicitations (f pl)	lykkønskning (m/f)	['lʏk,ønskniŋ]
féliciter (vt)	å gratulere	[ɔ gratʉ'lerə]
carte (f) de veux	gratulasjonskort (n)	[gratʉla'ʂuns,koːt]

envoyer une carte	**à sende postkort**	[ɔ 'sɛnə 'pɔstˌkɔːt]
recevoir une carte	**à få postkort**	[ɔ 'fɔ 'pɔstˌkɔːt]

toast (m)	**skål** (m/f)	['skɔl]
offrir (un verre, etc.)	**à tilby**	[ɔ 'tilby]
champagne (m)	**champagne** (m)	[ʂamˈpanjə]

s'amuser (vp)	**à more seg**	[ɔ 'mʊrə sæj]
gaieté (f)	**munterhet** (m)	['mʉntərˌhet]
joie (f) (émotion)	**glede** (m/f)	['gledə]

danse (f)	**dans** (m)	['dɑns]
danser (vi, vt)	**à danse**	[ɔ 'dɑnsə]

valse (f)	**vals** (m)	['vɑls]
tango (m)	**tango** (m)	['tɑŋgʊ]

153. L'enterrement. Le deuil

cimetière (m)	**gravplass, kirkegård** (m)	['grɑvˌplɑs], ['çirkəˌgɔːr]
tombe (f)	**grav** (m)	['grɑv]
croix (f)	**kors** (n)	['kɔːʂ]
pierre (f) tombale	**gravstein** (m)	['grɑfˌstæjn]
clôture (f)	**gjerde** (n)	['jærə]
chapelle (f)	**kapell** (n)	[kaˈpɛl]

mort (f)	**død** (m)	['dø]
mourir (vi)	**à dø**	[ɔ 'dø]
défunt (m)	**den avdøde**	[den 'ɑvˌdødə]
deuil (m)	**sorg** (m/f)	['sɔr]

enterrer (vt)	**à begrave**	[ɔ beˈgrɑvə]
maison (f) funéraire	**begravelsesbyrå** (n)	[beˈgrɑvəlsəs byˌro]
enterrement (m)	**begravelse** (m)	[beˈgrɑvəlsə]

couronne (f)	**krans** (m)	['krɑns]
cercueil (m)	**likkiste** (m/f)	['likˌçistə]
corbillard (m)	**likbil** (m)	['likˌbil]
linceul (m)	**likklede** (n)	['likˌkledə]

cortège (m) funèbre	**gravfølge** (n)	['grɑvˌfølgə]
urne (f) funéraire	**askeurne** (m/f)	['ɑskəˌʉːnə]
crématoire (m)	**krematorium** (n)	[krɛmaˈtʊrium]

nécrologue (m)	**nekrolog** (m)	[nekrʊˈlɔg]
pleurer (vi)	**à gråte**	[ɔ 'groːtə]
sangloter (vi)	**à hulke**	[ɔ 'hʉlkə]

154. La guerre. Les soldats

section (f)	**tropp** (m)	['trɔp]
compagnie (f)	**kompani** (n)	[kʊmpaˈni]

régiment (m)	regiment (n)	[rɛgi'mɛnt]
armée (f)	hær (m)	['hær]
division (f)	divisjon (m)	[divi'ʂʊn]

| détachement (m) | tropp (m) | ['trɔp] |
| armée (f) (Moyen Âge) | hær (m) | ['hær] |

| soldat (m) (un militaire) | soldat (m) | [sʊl'dɑt] |
| officier (m) | offiser (m) | [ɔfi'sɛr] |

soldat (m) (grade)	menig (m)	['meni]
sergent (m)	sersjant (m)	[sær'ʂɑnt]
lieutenant (m)	løytnant (m)	['løjt‚nɑnt]

capitaine (m)	kaptein (m)	[kɑp'tæjn]
commandant (m)	major (m)	[mɑ'jɔr]
colonel (m)	oberst (m)	['ʊbɛʂt]
général (m)	general (m)	[gene'rɑl]

marin (m)	sjømann (m)	['ʂø‚mɑn]
capitaine (m)	kaptein (m)	[kɑp'tæjn]
maître (m) d'équipage	båtsmann (m)	['bɔs‚mɑn]

artilleur (m)	artillerist (m)	[‚ɑːʈile'rist]
parachutiste (m)	fallskjermjeger (m)	['fɑl‚ʂærm 'jɛːgər]
pilote (m)	flyger, flyver (m)	['flygər], ['flyvər]
navigateur (m)	styrmann (m)	['styr‚mɑn]
mécanicien (m)	mekaniker (m)	[me'kɑnikər]

démineur (m)	pioner (m)	[piʊ'ner]
parachutiste (m)	fallskjermhoppor (m)	['fɑl‚ʂærm 'hɔpər]
éclaireur (m)	oppklaringssoldat (m)	['ɔp‚klɑriŋ sʊl'dɑt]
tireur (m) d'élite	skarpskytte (m)	['skɑrp‚ʂʏtə]

patrouille (f)	patrulje (m)	[pɑ'trʉlje]
patrouiller (vi)	å patruljere	[ɔ patrʉ'ljerə]
sentinelle (f)	vakt (m)	['vɑkt]

guerrier (m)	kriger (m)	['krigər]
héros (m)	helt (m)	['hɛlt]
héroïne (f)	heltinne (m)	['hɛlt‚inə]
patriote (m)	patriot (m)	[patri'ɔt]

| traître (m) | forræder (m) | [fɔ'rædər] |
| trahir (vt) | å forråde | [ɔ fɔ'rɔːdə] |

| déserteur (m) | desertør (m) | [desæː'ʈør] |
| déserter (vt) | å desertere | [ɔ desæː'ʈerə] |

mercenaire (m)	leiesoldat (m)	['læjəsʊl‚dɑt]
recrue (f)	rekrutt (m)	[re'krʉt]
volontaire (m)	frivillig (m)	['fri‚vili]

mort (m)	drept (m)	['drɛpt]
blessé (m)	såret (m)	['sɔːrə]
prisonnier (m) de guerre	fange (m)	['faŋə]

155. La guerre. Partie 1

guerre (f)	krig (m)	['krig]
faire la guerre	å være i krig	[ɔ 'værə i ˌkrig]
guerre (f) civile	borgerkrig (m)	['bɔrgərˌkrig]
perfidement (adv)	lumsk, forræderisk	['lʉmsk], [fɔ'rædərisk]
déclaration (f) de guerre	krigserklæring (m)	['krigs ærˌklæriŋ]
déclarer (la guerre)	å erklære	[ɔ ær'klærə]
agression (f)	aggresjon (m)	[agre'ʂʉn]
attaquer (~ un pays)	å angripe	[ɔ 'anˌgripə]
envahir (vt)	å invadere	[ɔ inva'derə]
envahisseur (m)	angriper (m)	['anˌgripər]
conquérant (m)	erobrer (m)	[ɛ'rʉbrər]
défense (f)	forsvar (n)	['fʉˌsvar]
défendre (vt)	å forsvare	[ɔ fɔ'ʂvarə]
se défendre (vp)	å forsvare seg	[ɔ fɔ'ʂvarə sæj]
ennemi (m)	fiende (m)	['fiɛndə]
adversaire (m)	motstander (m)	['mʉtˌstanər]
ennemi (adj) (territoire ~)	fiendtlig	['fjɛntli]
stratégie (f)	strategi (m)	[strate'gi]
tactique (f)	taktikk (m)	[tak'tik]
ordre (m)	ordre (m)	['ɔrdrə]
commande (f)	ordre, kommando (m/f)	['ɔrdrə], ['kʉ'mandʉ]
ordonner (vt)	å beordre	[ɔ be'ɔrdrə]
mission (f)	oppdrag (m)	['ɔpdrag]
secret (adj)	hemmelig	['hɛməli]
bataille (f)	batalje (m)	[ba'taljə]
bataille (f)	slag (n)	['ʂlag]
combat (m)	kamp (m)	['kamp]
attaque (f)	angrep (n)	['anˌgrɛp]
assaut (m)	storm (m)	['stɔrm]
prendre d'assaut	å storme	[ɔ 'stɔrmə]
siège (m)	beleiring (m/f)	[be'læjriŋ]
offensive (f)	offensiv (m), angrep (n)	['ɔfenˌsif], ['anˌgrɛp]
passer à l'offensive	å angripe	[ɔ 'anˌgripə]
retraite (f)	retrett (m)	[rɛ'trɛt]
faire retraite	å retirere	[ɔ reti'rerə]
encerclement (m)	omringing (m/f)	['ɔmˌriŋiŋ]
encercler (vt)	å omringe	[ɔ 'ɔmˌriŋə]
bombardement (m)	bombing (m/f)	['bʉmbiŋ]
lancer une bombe	å slippe bombe	[ɔ 'ʂlipə 'bʉmbə]
bombarder (vt)	å bombardere	[ɔ bʉmbɑː'dʲerə]
explosion (f)	eksplosjon (m)	[ɛksplʉ'ʂʉn]

coup (m) de feu	skudd (n)	['skʉd]
tirer un coup de feu	å skyte av	[ɔ 'ʂytə ɑ:]
fusillade (f)	skytning (m/f)	['ʂytniŋ]

viser ... (cible)	å sikte på ...	[ɔ 'siktə pɔ ...]
pointer (sur ...)	å rette	[ɔ 'rɛtə]
atteindre (cible)	å treffe	[ɔ 'trɛfə]

faire sombrer	å senke	[ɔ 'sɛnkə]
trou (m) (dans un bateau)	hull (n)	['hʉl]
sombrer (navire)	å synke	[ɔ 'sʏnkə]

front (m)	front (m)	['frɔnt]
évacuation (f)	evakuering (m/f)	[ɛvakʉ'eriŋ]
évacuer (vt)	å evakuere	[ɔ ɛvakʉ'erə]

tranchée (f)	skyttergrav (m)	['ʂytə,grɑv]
barbelés (m pl)	piggtråd (m)	['pig,trɔd]
barrage (m) (~ antichar)	hinder (n), sperring (m/f)	['hindər], ['spɛriŋ]
tour (f) de guet	vakttårn (n)	['vakt,tɔ:ɳ]

hôpital (m)	militærsykehus (n)	[mili'tær,sykə'hʉs]
blesser (vt)	å såre	[ɔ 'so:rə]
blessure (f)	sår (n)	['sɔr]
blessé (m)	såret (n)	['so:rə]
être blessé	å bli såret	[ɔ 'bli 'so:rət]
grave (blessure)	alvorlig	[al'vɔ:ḷi]

156. Les armes

arme (f)	våpen (n)	['vɔpən]
armes (f pl) à feu	skytevåpen (n)	['ʂytə,vɔpən]
armes (f pl) blanches	blankvåpen (n)	['blank,vɔpən]

arme (f) chimique	kjemisk våpen (n)	['çemisk ,vɔpən]
nucléaire (adj)	kjerne-	['çæ:ɳə-]
arme (f) nucléaire	kjernevåpen (n)	['çæ:ɳə,vɔpən]

| bombe (f) | bombe (m) | ['bʉmbə] |
| bombe (f) atomique | atombombe (m) | [a'tʉm,bʉmbə] |

pistolet (m)	pistol (m)	[pi'stʉl]
fusil (m)	gevær (n)	[ge'vær]
mitraillette (f)	maskinpistol (m)	[ma'ʂin pi,stʉl]
mitrailleuse (f)	maskingevær (n)	[ma'ʂin ge,vær]

bouche (f)	munning (m)	['mʉniŋ]
canon (m)	løp (n)	['løp]
calibre (m)	kaliber (m/n)	[ka'libər]

gâchette (f)	avtrekker (m)	['av,trɛkər]
mire (f)	sikte (n)	['siktə]
magasin (m)	magasin (n)	[maga'sin]
crosse (f)	kolbe (m)	['kɔlbə]

145

| grenade (f) à main | håndgranat (m) | ['hɔnˌgrɑ'nɑt] |
| explosif (m) | sprengstoff (n) | ['sprɛŋˌstɔf] |

balle (f)	kule (m/f)	['kʉːlə]
cartouche (f)	patron (m)	[pɑ'trʊn]
charge (f)	ladning (m)	['lɑdniŋ]
munitions (f pl)	ammunisjon (m)	[amʉni'ʂʊn]

bombardier (m)	bombefly (n)	['bʊmbəˌfly]
avion (m) de chasse	jagerfly (n)	['jagərˌfly]
hélicoptère (m)	helikopter (n)	[heli'kɔptər]

pièce (f) de D.C.A.	luftvernkanon (m)	['lʉftvɛːn̩ kɑ'nʊn]
char (m)	stridsvogn (m/f)	['stridsˌvɔŋn]
canon (m) d'un char	kanon (m)	[kɑ'nʊn]

artillerie (f)	artilleri (n)	[ˌɑːtʲile'ri]
canon (m)	kanon (m)	[kɑ'nʊn]
pointer (~ l'arme)	å rette	[ɔ 'rɛtə]

obus (m)	projektil (m)	[prʊek'til]
obus (m) de mortier	granat (m/f)	[grɑ'nɑt]
mortier (m)	granatkaster (m)	[grɑ'nɑtˌkɑstər]
éclat (m) d'obus	splint (m)	['splint]

sous-marin (m)	ubåt (m)	['ʉːˌbɔt]
torpille (f)	torpedo (m)	[tʊr'pedʊ]
missile (m)	rakett (m)	[rɑ'kɛt]

charger (arme)	å lade	[ɔ 'lɑdə]
tirer (vi)	å skyte	[ɔ 'ʂytə]
viser ... (cible)	å sikte på ...	[ɔ 'siktə pɔ ...]
baïonnette (f)	bajonett (m)	[bɑjo'nɛt]

épée (f)	kårde (m)	['koːrdə]
sabre (m)	sabel (m)	['sɑbəl]
lance (f)	spyd (n)	['spyd]
arc (m)	bue (m)	['bʉːə]
flèche (f)	pil (m/f)	['pil]
mousquet (m)	muskett (m)	[mʉ'skɛt]
arbalète (f)	armbrøst (m)	['ɑrmˌbrøst]

157. Les hommes préhistoriques

primitif (adj)	ur-	['ʉr-]
préhistorique (adj)	forhistorisk	['forhiˌstʉrisk]
ancien (adj)	oldtidens, antikkens	['ɔlˌtidəns], [an'tikəns]

Âge (m) de pierre	Steinalderen	['stæjnˌalderən]
Âge (m) de bronze	bronsealder (m)	['brɔnsəˌaldər]
période (f) glaciaire	istid (m/f)	['isˌtid]

| tribu (f) | stamme (m) | ['stamə] |
| cannibale (m) | kannibal (m) | [kani'bɑl] |

chasseur (m)	jeger (m)	['jɛːgər]
chasser (vi, vt)	å jage	[ɔ 'jagə]
mammouth (m)	mammut (m)	['mamʉt]

caverne (f)	grotte (m/f)	['grɔtə]
feu (m)	ild (m)	['il]
feu (m) de bois	bål (n)	['bɔl]
dessin (m) rupestre	helleristning (m/f)	['hɛlə,ristniŋ]

outil (m)	redskap (m/n)	['rɛd,skap]
lance (f)	spyd (n)	['spyd]
hache (f) en pierre	steinøks (m/f)	['stæjn,øks]
faire la guerre	å være i krig	[ɔ 'værə i ,krig]
domestiquer (vt)	å temme	[ɔ 'tɛmə]

idole (f)	idol (n)	[i'dʉl]
adorer, vénérer (vt)	å dyrke	[ɔ 'dyrkə]
superstition (f)	overtro (m)	['ɔvə,trʉ]
rite (m)	ritual (n)	[ritʉ'al]

évolution (f)	evolusjon (m)	[ɛvɔlʉ'ʂʊn]
développement (m)	utvikling (m/f)	['ʉt,vikliŋ]
disparition (f)	forsvinning (m/f)	[fɔ'ʂviniŋ]
s'adapter (vp)	å tilpasse seg	[ɔ 'til,pasə sæj]

archéologie (f)	arkeologi (m)	[,arkeʉlʉ'gi]
archéologue (m)	arkeolog (m)	[,arkeʉ'lɔg]
archéologique (adj)	arkeologisk	[,arkeʉ'lɔgisk]

site (m) d'excavation	utgravingssted (n)	['ʉt,graviŋs ,sted]
fouilles (f pl)	utgravingor (m/f pl)	['ʉt,qraviŋər]
trouvaille (f)	funn (n)	['fʉn]
fragment (m)	fragment (n)	[frag'mɛnt]

158. Le Moyen Âge

peuple (m)	folk (n)	['fɔlk]
peuples (m pl)	folk (n pl)	['fɔlk]
tribu (f)	stamme (m)	['stamə]
tribus (f pl)	stammer (m pl)	['stamər]

Barbares (m pl)	barbarer (m pl)	[bar'barər]
Gaulois (m pl)	gallere (m pl)	['galere]
Goths (m pl)	gotere (m pl)	['gɔterə]
Slaves (m pl)	slavere (m pl)	['slavɛrə]
Vikings (m pl)	vikinger (m pl)	['vikiŋər]

| Romains (m pl) | romere (m pl) | ['rʊmerə] |
| romain (adj) | romersk | ['rʊmæʂk] |

byzantins (m pl)	bysantiner (m pl)	[bysan'tinər]
Byzance (f)	Bysants	[by'sants]
byzantin (adj)	bysantinsk	[bysan'tinsk]
empereur (m)	keiser (m)	['kæjsər]

chef (m)	høvding (m)	['høvdiŋ]
puissant (adj)	mektig	['mɛkti]
roi (m)	konge (m)	['kuŋə]
gouverneur (m)	hersker (m)	['hæʂkər]

chevalier (m)	ridder (m)	['ridər]
féodal (m)	føydalherre (m)	['føjdal͵hɛrə]
féodal (adj)	føydal	['føjdal]
vassal (m)	vasall (m)	[va'sal]

duc (m)	hertug (m)	['hæːʈɵg]
comte (m)	greve (m)	['grevə]
baron (m)	baron (m)	[ba'rʊn]
évêque (m)	biskop (m)	['biskɔp]

armure (f)	rustning (m/f)	['rʉstniŋ]
bouclier (m)	skjold (n)	['ʂɔl]
glaive (m)	sverd (n)	['sværd]
visière (f)	visir (n)	[vi'sir]
cotte (f) de mailles	ringbrynje (m/f)	['riŋ͵brynjə]

| croisade (f) | korstog (n) | ['kɔːʂ͵tɔg] |
| croisé (m) | korsfarer (m) | ['kɔːʂ͵farər] |

territoire (m)	territorium (n)	[tɛri'tʊrium]
attaquer (~ un pays)	å angripe	[ɔ 'an͵gripə]
conquérir (vt)	å erobre	[ɔ ɛ'rʊbrə]
occuper (envahir)	å okkupere	[ɔ ɔkʉ'perə]

siège (m)	beleiring (m/f)	[be'læjriŋ]
assiégé (adj)	beleiret	[be'læjrət]
assiéger (vt)	å beleire	[ɔ be'læjrə]

inquisition (f)	inkvisisjon (m)	[inkvisi'ʂʊn]
inquisiteur (m)	inkvisitor (m)	[inkvi'sitʉr]
torture (f)	tortur (m)	[tɔː'ʈʉr]
cruel (adj)	brutal	[brʉ'tal]
hérétique (m)	kjetter (m)	['çɛtər]
hérésie (f)	kjetteri (n)	[çɛtə'ri]

navigation (f) en mer	sjøfart (m)	['ʂøʶ͵faːʈ]
pirate (m)	pirat, sjørøver (m)	['piˈrat], ['ʂøʶ͵røvər]
piraterie (f)	sjørøveri (n)	['ʂøʶ røvɛ'ri]
abordage (m)	entring (m/f)	['ɛntriŋ]

| butin (m) | bytte (n) | ['bytə] |
| trésor (m) | skatter (m pl) | ['skatər] |

découverte (f)	oppdagelse (m)	['ɔp͵dagəlsə]
découvrir (vt)	å oppdage	[ɔ 'ɔp͵dagə]
expédition (f)	ekspedisjon (m)	[ɛkspedi'ʂʊn]

mousquetaire (m)	musketer (m)	[mʉskə'ter]
cardinal (m)	kardinal (m)	[kaːɖi'nal]
héraldique (f)	heraldikk (m)	[heral'dik]
héraldique (adj)	heraldisk	[he'raldisk]

159. Les dirigeants. Les responsables. Les autorités

roi (m)	konge (m)	['kʊŋə]
reine (f)	dronning (m/f)	['drɔniŋ]
royal (adj)	kongelig	['kʊŋəli]
royaume (m)	kongerike (n)	['kʊŋəˌrikə]
prince (m)	prins (m)	['prins]
princesse (f)	prinsesse (m/f)	[prin'sɛsə]
président (m)	president (m)	[prɛsi'dɛnt]
vice-président (m)	visepresident (m)	['visə prɛsi'dɛnt]
sénateur (m)	senator (m)	[se'natʊr]
monarque (m)	monark (m)	[mʊ'nɑrk]
gouverneur (m)	hersker (m)	['hæʂkər]
dictateur (m)	diktator (m)	[dik'tatʊr]
tyran (m)	tyrann (m)	[ty'ran]
magnat (m)	magnat (m)	[maŋ'nat]
directeur (m)	direktør (m)	[dirɛk'tør]
chef (m)	sjef (m)	['ʂɛf]
gérant (m)	forstander (m)	[fɔ'ʂtandər]
boss (m)	boss (m)	['bɔs]
patron (m)	eier (m)	['æjər]
leader (m)	leder (m)	['ledər]
chef (m) (~ d'une délégation)	leder (m)	['ledər]
autorités (f pl)	myndigheter (m pl)	['myndiˌhetər]
supérieurs (m pl)	overordnede (pl)	['ɔvərˌɔrdnədə]
gouverneur (m)	guvernør (m)	[gʉver'nør]
consul (m)	konsul (m)	['kʊnˌsʉl]
diplomate (m)	diplomat (m)	[diplʉ'mat]
maire (m)	borgermester (m)	[bɔrgər'mɛstər]
shérif (m)	sheriff (m)	[ʂɛ'rif]
empereur (m)	keiser (m)	['kæjsər]
tsar (m)	tsar (m)	['tsar]
pharaon (m)	farao (m)	['farɑu]
khan (m)	khan (m)	['kɑn]

160. Les crimes. Les criminels. Partie 1

bandit (m)	banditt (m)	[ban'dit]
crime (m)	forbrytelse (m)	[fɔr'brytəlsə]
criminel (m)	forbryter (m)	[fɔr'brytər]
voleur (m)	tyv (m)	['tyv]
voler (qch à qn)	å stjele	[ɔ 'stjelə]
kidnapper (vt)	å kidnappe	[ɔ 'kidˌnɛpə]
kidnapping (m)	kidnapping (m)	['kidˌnɛpiŋ]

kidnappeur (m)	kidnapper (m)	['kid,nɛpər]
rançon (f)	løsepenger (m pl)	['løsə,pɛŋər]
exiger une rançon	å kreve løsepenger	[ɔ 'krevə 'løsə,pɛŋər]
cambrioler (vt)	å rane	[ɔ 'ranə]
cambriolage (m)	ran (n)	['ran]
cambrioleur (m)	raner (m)	['ranər]
extorquer (vt)	å presse ut	[ɔ 'prɛsə ʉt]
extorqueur (m)	utpresser (m)	['ʉt,prɛsər]
extorsion (f)	utpressing (m/f)	['ʉt,prɛsiŋ]
tuer (vt)	å myrde	[ɔ 'my:də]
meurtre (m)	mord (n)	['mʊr]
meurtrier (m)	morder (m)	['mʊrdər]
coup (m) de feu	skudd (n)	['skʉd]
tirer un coup de feu	å skyte av	[ɔ 'şytə ɑ:]
abattre (par balle)	å skyte ned	[ɔ 'şytə ne]
tirer (vi)	å skyte	[ɔ 'şytə]
coups (m pl) de feu	skyting, skytning (m/f)	['şytiŋ], ['şytniŋ]
incident (m)	hendelse (m)	['hɛndəlsə]
bagarre (f)	slagsmål (n)	['şlaks,mol]
Au secours!	Hjelp!	['jɛlp]
victime (f)	offer (n)	['ɔfər]
endommager (vt)	å skade	[ɔ 'skadə]
dommage (m)	skade (m)	['skadə]
cadavre (m)	lik (n)	['lik]
grave (~ crime)	alvorlig	[al'vo:ļi]
attaquer (vt)	å anfalle	[ɔ 'an,falə]
battre (frapper)	å slå	[ɔ 'şlɔ]
passer à tabac	å klå opp	[ɔ 'klɔ ɔp]
prendre (voler)	å berøre	[ɔ be'røvə]
poignarder (vt)	å stikke i hjel	[ɔ 'stikə i 'jel]
mutiler (vt)	å lemleste	[ɔ 'lem,lestə]
blesser (vt)	å såre	[ɔ 'so:rə]
chantage (m)	utpressing (m/f)	['ʉt,prɛsiŋ]
faire chanter	å utpresse	[ɔ 'ʉt,prɛsə]
maître (m) chanteur	utpresser (m)	['ʉt,prɛsər]
racket (m) de protection	utpressing (m/f)	['ʉt,prɛsiŋ]
racketteur (m)	utpresser (m)	['ʉt,prɛsər]
gangster (m)	gangster (m)	['gɛŋstər]
mafia (f)	mafia (m)	['mafia]
pickpocket (m)	lommetyv (m)	['lʊmə,tyv]
cambrioleur (m)	innbruddstyv (m)	['inbrʉds,tyv]
contrebande (f) (trafic)	smugling (m/f)	['smʉgliŋ]
contrebandier (m)	smugler (m)	['smʉglər]
contrefaçon (f)	forfalskning (m/f)	[fɔr'falskniŋ]
falsifier (vt)	å forfalske	[ɔ fɔr'falskə]
faux (falsifié)	falsk	['falsk]

161. Les crimes. Les criminels. Partie 2

viol (m)	voldtekt (m)	['vɔl‚tɛkt]
violer (vt)	å voldta	[ɔ 'vɔl‚ta]
violeur (m)	voldtektsmann (m)	['vɔl‚tɛkts man]
maniaque (m)	maniker (m)	['maniker]

prostituée (f)	prostituert (m)	[prʊstitʉ'e:t]
prostitution (f)	prostitusjon (m)	[prʊstitʉ'ʂʊn]
souteneur (m)	hallik (m)	['halik]

drogué (m)	narkoman (m)	[narkʉ'man]
trafiquant (m) de drogue	narkolanger (m)	['narkɔ‚laŋer]

faire exploser	å sprenge	[ɔ 'sprɛŋe]
explosion (f)	eksplosjon (m)	[ɛksplʉ'ʂʊn]
mettre feu	å sette fyr	[ɔ 'sɛte ‚fyr]
incendiaire (m)	brannstifter (m)	['bran‚stifter]

terrorisme (m)	terrorisme (m)	[tɛrʉ'risme]
terroriste (m)	terrorist (m)	[tɛrʉ'rist]
otage (m)	gissel (m)	['jisel]

escroquer (vt)	å bedra	[ɔ be'dra]
escroquerie (f)	bedrag (n)	[be'drag]
escroc (m)	bedrager, svindler (m)	[be'drager], ['svindler]

soudoyer (vt)	å bestikke	[ɔ be'stike]
corruption (f)	bestikkelse (m)	[be'stikelse]
pot-de-vin (m)	bestikkelse (m)	[be'stikelse]

poison (m)	gift (m/f)	['jift]
empoisonner (vt)	å forgifte	[ɔ fɔr'jifte]
s'empoisonner (vp)	å forgifte seg selv	[ɔ fɔr'jifte sæj sɛl]

suicide (m)	selvmord (n)	['sɛl‚mʊr]
suicidé (m)	selvmorder (m)	['sɛl‚mʊrder]

menacer (vt)	å true	[ɔ 'trʉe]
menace (f)	trussel (m)	['trʉsel]
attenter (vt)	å begå mordforsøk	[ɔ be'gɔ 'mʊrdfɔ‚søk]
attentat (m)	mordforsøk (n)	['mʊrdfɔ‚søk]

voler (un auto)	å stjele	[ɔ 'stjele]
détourner (un avion)	å kapre	[ɔ 'kapre]

vengeance (f)	hevn (m)	['hɛvn]
se venger (vp)	å hevne	[ɔ 'hɛvne]

torturer (vt)	å torturere	[ɔ tɔ:tʉ'rere]
torture (f)	tortur (m)	[tɔ:'tʉr]
tourmenter (vt)	å plage	[ɔ 'plage]

pirate (m)	pirat, sjørøver (m)	['pi'rat], ['sø‚røver]
voyou (m)	bølle (m)	['bøle]

armé (adj)	bevæpnet	[be'væpnət]
violence (f)	vold (m)	['vɔl]
illégal (adj)	illegal	['ile‚gal]

espionnage (m)	spionasje (m)	[spiʊ'naşə]
espionner (vt)	å spionere	[ɔ spiʊ'nerə]

162. La police. La justice. Partie 1

justice (f)	justis (m), rettspleie (m/f)	['jʉ'stis], ['rɛts‚plæje]
tribunal (m)	rettssal (m)	['rɛts‚sal]

juge (m)	dommer (m)	['dɔmər]
jury (m)	lagrettemedlemmer (n pl)	['lag‚rɛtə medle'mer]
cour (f) d'assises	lagrette, juryordning (m)	['lag‚rɛtə], ['jʉri‚ɔrdniŋ]
juger (vt)	å dømme	[ɔ 'dœmə]

avocat (m)	advokat (m)	[advʊ'kat]
accusé (m)	anklaget (m)	['an‚klaget]
banc (m) des accusés	anklagebenk (m)	[an'klagə‚bɛnk]

inculpation (f)	anklage (m)	['an‚klagə]
inculpé (m)	anklagede (m)	['an‚klagedə]

condamnation (f)	dom (m)	['dɔm]
condamner (vt)	å dømme	[ɔ 'dœmə]

coupable (m)	skyldige (m)	['şyldiə]
punir (vt)	å straffe	[ɔ 'strafə]
punition (f)	straff, avstraffelse (m)	['straf], ['af‚strafəlsə]

amende (f)	bot (m/f)	['bʊt]
détention (f) à vie	livsvarig fengsel (n)	['lifs‚vari 'fɛŋsəl]
peine (f) de mort	dødsstraff (m/f)	['død‚straf]
chaise (f) électrique	elektrisk stol (m)	[ɛ'lektrisk ‚stʊl]
potence (f)	galge (m)	['galgə]

exécuter (vt)	å henrette	[ɔ 'hɛn‚rɛtə]
exécution (f)	henrettelse (m)	['hɛn‚rɛtəlsə]

prison (f)	fengsel (n)	['fɛŋsəl]
cellule (f)	celle (m)	['sɛlə]

escorte (f)	eskorte (m)	[ɛs'kɔ:ţə]
gardien (m) de prison	fangevokter (m)	['faŋə‚vɔktər]
prisonnier (m)	fange (m)	['faŋə]

menottes (f pl)	håndjern (n pl)	['hɔn‚jæ:ŋ]
mettre les menottes	å sette håndjern	[ɔ 'sɛtə 'hɔn‚jæ:ŋ]

évasion (f)	flykt (m/f)	['flʏkt]
s'évader (vp)	å flykte, å rømme	[ɔ 'flʏktə], [ɔ 'rœmə]
disparaître (vi)	å forsvinne	[ɔ fɔ'şvinə]
libérer (vt)	å løslate	[ɔ 'løs‚latə]

amnistie (f)	amnesti (m)	[amnɛ'sti]
police (f)	politi (n)	[pʊli'ti]
policier (m)	politi (m)	[pʊli'ti]
commissariat (m) de police	politistasjon (m)	[pʊli'ti͵sta'ʂʊn]
matraque (f)	gummikølle (m/f)	['gʉmi͵kølə]
haut parleur (m)	megafon (m)	[mega'fʊn]

voiture (f) de patrouille	patruljebil (m)	[pɑ'trʉljə͵bil]
sirène (f)	sirene (m/f)	[si'renə]
enclencher la sirène	å slå på sirenen	[ɔ 'ʂlɔ pɔ si'renən]
hurlement (m) de la sirène	sirene hyl (n)	[si'renə ͵hyl]

lieu (m) du crime	åsted (n)	['ɔsted]
témoin (m)	vitne (n)	['vitnə]
liberté (f)	frihet (m)	['fri͵het]
complice (m)	medskyldig (m)	['mɛ͵syldi]
s'enfuir (vp)	å flykte	[ɔ 'flʏktə]
trace (f)	spor (n)	['spʊr]

163. La police. La justice. Partie 2

recherche (f)	ettersøking (m/f)	['ɛtə͵søkiŋ]
rechercher (vt)	å søke etter ...	[ɔ 'søkə ͵ɛtər ...]
suspicion (f)	mistanke (m)	['mis͵tankə]
suspect (adj)	mistenkelig	[mis'tɛnkəli]
arrêter (dans la rue)	å stoppe	[ɔ 'stɔpə]
détenir (vt)	å anholde	[ɔ 'an͵hɔlə]

affaire (f) (~ pénale)	sak (m/f)	['sɑk]
enquête (f)	etterforskning (m/f)	['ɛtər͵fɔʂkniŋ]
détective (m)	detektiv (m)	[detɛk'tiv]
enquêteur (m)	etterforsker (m)	['ɛtər͵fɔʂkər]
hypothèse (f)	versjon (m)	[væ'ʂʊn]

motif (m)	motiv (n)	[mʊ'tiv]
interrogatoire (m)	forhør (n)	[for'hør]
interroger (vt)	å forhøre	[ɔ for'hørə]
interroger (~ les voisins)	å avhøre	[ɔ 'av͵hørə]
inspection (f)	sjekking (m/f)	['ʂɛkiŋ]

rafle (f)	rassia, razzia (m)	['rɑsia]
perquisition (f)	ransakelse (m)	['ran͵sakəlsə]
poursuite (f)	jakt (m/f)	['jakt]
poursuivre (vt)	å forfølge	[ɔ for'følə]
dépister (vt)	å spore	[ɔ 'spʊrə]

arrestation (f)	arrest (m)	[a'rɛst]
arrêter (vt)	å arrestere	[ɔ arɛ'sterə]
attraper (~ un criminel)	å fange	[ɔ 'faŋə]
capture (f)	pågripelse (m)	['pɔ͵gripəlsə]

document (m)	dokument (n)	[dokʉ'mɛnt]
preuve (f)	bevis (n)	[be'vis]
prouver (vt)	å bevise	[ɔ be'visə]

empreinte (f) de pied	fotspor (n)	['fut͜spʊr]
empreintes (f pl) digitales	fingeravtrykk (n pl)	['fiŋər͜avtrʏk]
élément (m) de preuve	bevis (n)	[be'vis]
alibi (m)	alibi (n)	['alibi]
innocent (non coupable)	uskyldig	[ʉ'ʂyldi]
injustice (f)	urettferdighet (m)	['ʉrɛtfærdi͜het]
injuste (adj)	urettferdig	['ʉrɛt͜færdi]
criminel (adj)	kriminell	[krimi'nɛl]
confisquer (vt)	å konfiskere	[ɔ kʊnfi'skerə]
drogue (f)	narkotika (m)	[nar'kɔtika]
arme (f)	våpen (n)	['vɔpən]
désarmer (vt)	å avvæpne	[ɔ 'av͜væpnə]
ordonner (vt)	å befale	[ɔ be'falə]
disparaître (vi)	å forsvinne	[ɔ fɔ'ʂvinə]
loi (f)	lov (m)	['lɔv]
légal (adj)	lovlig	['lɔvli]
illégal (adj)	ulovlig	[ʉ'lɔvli]
responsabilité (f)	ansvar (n)	['an͜svar]
responsable (adj)	ansvarlig	[ans'vɑːl̩i]

LA NATURE

La Terre. Partie 1

164. L'espace cosmique

cosmos (m)	rommet, kosmos (n)	['rʊmə], ['kɔsmɔs]
cosmique (adj)	rom-	['rʊm-]
espace (m) cosmique	ytre rom (n)	['ytrə ,rʊm]
monde (m)	verden (m)	['værdən]
univers (m)	univers (n)	[ʉni'væʂ]
galaxie (f)	galakse (m)	[ga'laksə]

étoile (f)	stjerne (m/f)	['stjæ:ŋə]
constellation (f)	stjernebilde (n)	['stjæ:ŋə,bildə]
planète (f)	planet (m)	[pla'net]
satellite (m)	satellitt (m)	[satɛ'lit]

météorite (m)	meteoritt (m)	[meteʊ'rit]
comète (f)	komet (m)	[kʊ'met]
astéroïde (m)	asteroide (n)	[asterʊ'idə]

orbite (f)	bane (m)	['banə]
tourner (vi)	å rotere	[ɔ rɔ'terə]
atmosphère (f)	atmosfære (m)	[atmʊ'sfærə]

Soleil (m)	Solen	['sʊlən]
système (m) solaire	solsystem (n)	['sʊl sʏ'stem]
éclipse (f) de soleil	solformørkelse (m)	['sʊl fɔr'mœrkəlsə]

Terre (f)	Jorden	['ju:rən]
Lune (f)	Månen	['mo:nən]

Mars (m)	Mars	['maʂ]
Vénus (f)	Venus	['venʉs]
Jupiter (m)	Jupiter	['jʉpitər]
Saturne (m)	Saturn	['sɑ,tʉ:ŋ]

Mercure (m)	Merkur	[mær'kʉr]
Uranus (m)	Uranus	[ʉ'ranʉs]
Neptune	Neptun	[nɛp'tʉn]
Pluton (m)	Pluto	['plʉtʊ]

la Voie Lactée	Melkeveien	['mɛlkə,væjən]
la Grande Ours	den Store Bjørn	['dən 'stʉrə ,bjœ:ŋ]
la Polaire	Nordstjernen, Polaris	['nʊ:r,stjæ:ŋən], [pɔ'laris]

martien (m)	marsbeboer (m)	['maʂ,bebʊər]
extraterrestre (m)	utenomjordisk vesen (n)	['ʉtənɔm,ju:rdisk 'vesən]

155

| alien (m) | romvesen (n) | ['rʊmˌvesən] |
| soucoupe (f) volante | flygende tallerken (m) | ['flygenə taˈlærkən] |

vaisseau (m) spatial	romskip (n)	['rʊmˌʂip]
station (f) orbitale	romstasjon (m)	['rʊmˌstaˈʂʊn]
lancement (m)	start (m), oppskyting (m/f)	['stɑːt], ['ɔpˌʂytiŋ]

moteur (m)	motor (m)	['mɔtʊr]
tuyère (f)	dyse (m)	['dysə]
carburant (m)	brensel (n), drivstoff (n)	['brɛnsəl], ['drifˌstɔf]

cabine (f)	cockpit (m), flydekk (n)	['kɔkpit], ['flyˌdɛk]
antenne (f)	antenne (m)	[an'tɛnə]
hublot (m)	koøye (n)	['kʊˌøjə]
batterie (f) solaire	solbatteri (n)	['sʊl batɛ'ri]
scaphandre (m)	romdrakt (m/f)	['rʊmˌdrakt]

| apesanteur (f) | vektløshet (m/f) | ['vɛktløsˌhet] |
| oxygène (m) | oksygen (n) | ['ɔksy'gen] |

| arrimage (m) | dokking (m/f) | ['dɔkiŋ] |
| s'arrimer à ... | å dokke | [ɔ 'dɔkə] |

observatoire (m)	observatorium (n)	[ɔbsərvaˈtʊrium]
télescope (m)	teleskop (n)	[tele'skʊp]
observer (vt)	å observere	[ɔ ɔbsɛr'verə]
explorer (un cosmos)	å utforske	[ɔ 'ʉtˌføʂkə]

165. La Terre

Terre (f)	Jorden	['juːrən]
globe (m) terrestre	jordklode (m)	['juːrˌklodə]
planète (f)	planet (m)	[plaˈnet]

atmosphère (f)	atmosfære (m)	[atmʊ'sfærə]
géographie (f)	geografi (m)	[geʊgra'fi]
nature (f)	natur (m)	[na'tʉr]

globe (m) de table	globus (m)	['globʉs]
carte (f)	kart (n)	['kɑːt]
atlas (m)	atlas (n)	['atlas]

| Europe (f) | Europa | [ɛʉ'rʊpa] |
| Asie (f) | Asia | ['asia] |

| Afrique (f) | Afrika | ['afrika] |
| Australie (f) | Australia | [aʊ'stralia] |

Amérique (f)	Amerika	[a'merika]
Amérique (f) du Nord	Nord-Amerika	['nʊːr a'merika]
Amérique (f) du Sud	Sør-Amerika	['sør a'merika]

| l'Antarctique (m) | Antarktis | [an'tarktis] |
| l'Arctique (m) | Arktis | ['arktis] |

166. Les quatre parties du monde

nord (m)	nord (n)	['nu:r]
vers le nord	mot nord	[mʊt 'nu:r]
au nord	i nord	[i 'nu:r]
du nord (adj)	nordlig	['nu:rli]
sud (m)	syd, sør	['syd], ['sør]
vers le sud	mot sør	[mʊt 'sør]
au sud	i sør	[i 'sør]
du sud (adj)	sydlig, sørlig	['sydli], ['sø:li]
ouest (m)	vest (m)	['vɛst]
vers l'occident	mot vest	[mʊt 'vɛst]
à l'occident	i vest	[i 'vɛst]
occidental (adj)	vestlig, vest-	['vɛstli]
est (m)	øst (m)	['øst]
vers l'orient	mot øst	[mʊt 'øst]
à l'orient	i øst	[i 'øst]
oriental (adj)	østlig	['østli]

167. Les océans et les mers

mer (f)	hav (n)	['hav]
océan (m)	verdenshav (n)	[værdəns'hav]
golfe (m)	bukt (m/f)	['bʉkt]
détroit (m)	sund (n)	['sʉn]
terre (f) ferme	fastland (n)	['fast‚lan]
continent (m)	fastland, kontinent (n)	['fast‚lan], [kʊnti'nɛnt]
île (f)	øy (m/f)	['øj]
presqu'île (f)	halvøy (m/f)	['hal‚ø:j]
archipel (m)	skjærgård (m), arkipelag (n)	['ʂær‚gɔr], [ɑrkipe'lag]
baie (f)	bukt (m/f)	['bʉkt]
port (m)	havn (m/f)	['havn]
lagune (f)	lagune (m)	[la'gʉnə]
cap (m)	nes (n), kapp (n)	['nes], ['kap]
atoll (m)	atoll (m)	[a'tɔl]
récif (m)	rev (n)	['rev]
corail (m)	korall (m)	[kʊ'ral]
récif (m) de corail	korallrev (n)	[kʊ'ral‚rɛv]
profond (adj)	dyp	['dyp]
profondeur (f)	dybde (m)	['dybdə]
abîme (m)	avgrunn (m)	['av‚grun]
fosse (f) océanique	dyphavsgrop (m/f)	['dyphɑfs‚grɔp]
courant (m)	strøm (m)	['strøm]
baigner (vt) (mer)	å omgi	[ɔ 'ɔm‚ji]
littoral (m)	kyst (m)	['çyst]

côte (f)	kyst (m)	['çyst]
marée (f) haute	flo (m/f)	['flʊ]
marée (f) basse	ebbe (m), fjære (m/f)	['ɛbə], ['fjærə]
banc (m) de sable	sandbanke (m)	['sɑnˌbɑnkə]
fond (m)	bunn (m)	['bʉn]

vague (f)	bølge (m)	['bølgə]
crête (f) de la vague	bølgekam (m)	['bølgəˌkam]
mousse (f)	skum (n)	['skʉm]

tempête (f) en mer	storm (m)	['stɔrm]
ouragan (m)	orkan (m)	[ɔr'kɑn]
tsunami (m)	tsunami (m)	[tsʉ'nami]
calme (m)	stille (m/f)	['stilə]
calme (tranquille)	stille	['stilə]

pôle (m)	pol (m)	['pʊl]
polaire (adj)	pol-, polar	['pʊl-], [pʊ'lɑr]

latitude (f)	bredde, latitude (m)	['brɛdə], ['lɑtiˌtʉdə]
longitude (f)	lengde (m/f)	['leŋdə]
parallèle (f)	breddegrad (m)	['brɛdəˌgrad]
équateur (m)	ekvator (m)	[ɛ'kvatʊr]

ciel (m)	himmel (m)	['himəl]
horizon (m)	horisont (m)	[hʊri'sɔnt]
air (m)	luft (f)	['lʉft]

phare (m)	fyr (n)	['fyr]
plonger (vi)	å dykke	[ɔ 'dʏkə]
sombrer (vi)	å synke	[ɔ 'sʏnkə]
trésor (m)	skatter (m pl)	['skatər]

168. Les montagnes

montagne (f)	fjell (n)	['fjɛl]
chaîne (f) de montagnes	fjellkjede (m)	['fjɛlˌçɛːdə]
crête (f)	fjellrygg (m)	['fjɛlˌrʏg]

sommet (m)	topp (m)	['tɔp]
pic (m)	tind (m)	['tin]
pied (m)	fot (m)	['fʊt]
pente (f)	skråning (m)	['skrɔniŋ]

volcan (m)	vulkan (m)	[vʉl'kɑn]
volcan (m) actif	virksom vulkan (m)	['virksɔm vʉl'kɑn]
volcan (m) éteint	utslukt vulkan (m)	['ʉtˌslʉkt vʉl'kɑn]

éruption (f)	utbrudd (n)	['ʉtˌbrʉd]
cratère (m)	krater (n)	['kratər]
magma (m)	magma (m/n)	['magma]
lave (f)	lava (m)	['lava]
en fusion (lave ~)	glødende	['glødenə]
canyon (m)	canyon (m)	['kanjən]

défilé (m) (gorge)	gjel (n), kløft (m)	['jel], ['klœft]
crevasse (f)	renne (m/f)	['rɛnə]
précipice (m)	avgrunn (m)	['av‚grʉn]

col (m) de montagne	pass (n)	['pas]
plateau (m)	platå (n)	[pla'to]
rocher (m)	klippe (m)	['klipə]
colline (f)	ås (m)	['ɔs]

glacier (m)	bre, jøkel (m)	['bre], ['jøkəl]
chute (f) d'eau	foss (m)	['fɔs]
geyser (m)	geysir (m)	['gɛjsir]
lac (m)	innsjø (m)	['in'ʂø]

plaine (f)	slette (m/f)	['ʂletə]
paysage (m)	landskap (n)	['lan‚skap]
écho (m)	ekko (n)	['ɛkʊ]

alpiniste (m)	alpinist (m)	[alpi'nist]
varappeur (m)	fjellklatrer (m)	['fjɛl‚klatrər]
conquérir (vt)	å erobre	[ɔ ɛ'rʊbrə]
ascension (f)	bestigning (m/f)	[be'stigniŋ]

169. Les fleuves

rivière (f), fleuve (m)	elv (m/f)	['ɛlv]
source (f)	kilde (m)	['çildə]
lit (m) (d'une rivière)	elveleie (n)	['ɛlvə‚læje]
bassin (m)	flodbasoong (n)	['flʊd ba‚seŋ]
se jeter dans ...	å munne ut ...	[ɔ 'mʉnə ʉt ...]

| affluent (m) | bielv (m/f) | ['bi‚elv] |
| rive (f) | bredd (m) | ['brɛd] |

courant (m)	strøm (m)	['strøm]
en aval	medstrøms	['me‚strøms]
en amont	motstrøms	['mʊt‚strøms]

inondation (f)	oversvømmelse (m)	['ɔvə‚svœməlsə]
les grandes crues	flom (m)	['flɔm]
déborder (vt)	å overflø	[ɔ 'ɔvər‚flø]
inonder (vt)	å oversvømme	[ɔ 'ɔvə‚svœmə]

| bas-fond (m) | grunne (m/f) | ['grʉnə] |
| rapide (m) | stryk (m/n) | ['stryk] |

barrage (m)	demning (m)	['dɛmniŋ]
canal (m)	kanal (m)	[ka'nal]
lac (m) de barrage	reservoar (n)	[resɛrvʊ'ar]
écluse (f)	sluse (m)	['ʂlʉsə]

plan (m) d'eau	vannmasse (m)	['van‚masə]
marais (m)	myr, sump (m)	['myr], ['sʉmp]
fondrière (f)	hengemyr (m)	['hɛŋə‚myr]

tourbillon (m)	virvel (m)	['virvəl]
ruisseau (m)	bekk (m)	['bɛk]
potable (adj)	drikke-	['drikə-]
douce (l'eau ~)	fersk-	['fæʂk-]

| glace (f) | is (m) | ['is] |
| être gelé | å fryse til | [ɔ 'frysə til] |

170. La forêt

| forêt (f) | skog (m) | ['skʊg] |
| forestier (adj) | skog- | ['skʊg-] |

fourré (m)	tett skog (n)	['tɛt ˌskʊg]
bosquet (m)	lund (m)	['lʉn]
clairière (f)	glenne (m/f)	['glenə]

| broussailles (f pl) | krattskog (m) | ['kratˌskʊg] |
| taillis (m) | kratt (n) | ['krat] |

| sentier (m) | sti (m) | ['sti] |
| ravin (m) | ravine (m) | [ra'vinə] |

arbre (m)	tre (n)	['trɛ]
feuille (f)	blad (n)	['bla]
feuillage (m)	løv (n)	['løv]

chute (f) de feuilles	løvfall (n)	['løvˌfal]
tomber (feuilles)	å falle	[ɔ 'falə]
sommet (m)	tretopp (m)	['trɛˌtɔp]

rameau (m)	kvist, gren (m)	['kvist], ['gren]
branche (f)	gren, grein (m/f)	['gren], ['græjn]
bourgeon (m)	knopp (m)	['knɔp]
aiguille (f)	nål (m/f)	['nɔl]
pomme (f) de pin	kongle (m/f)	['kʊŋlə]

creux (m)	trehull (n)	['trɛˌhʉl]
nid (m)	reir (n)	['ræjr]
terrier (m) (~ d'un renard)	hule (m/f)	['hʉlə]

tronc (m)	stamme (m)	['stamə]
racine (f)	rot (m/f)	['rʊt]
écorce (f)	bark (m)	['bark]
mousse (f)	mose (m)	['mʊsə]

déraciner (vt)	å rykke opp med roten	[ɔ 'rykə ɔp me 'rutən]
abattre (un arbre)	å felle	[ɔ 'fɛlə]
déboiser (vt)	å hogge ned	[ɔ 'hɔgə 'ne]
souche (f)	stubbe (m)	['stʉbə]

feu (m) de bois	bål (n)	['bɔl]
incendie (m)	skogbrann (m)	['skʊgˌbran]
éteindre (feu)	å slokke	[ɔ 'ʂløkə]

garde (m) forestier	skogvokter (m)	['skʊɡˌvɔktər]
protection (f)	vern (n), beskyttelse (m)	['væːŋ], ['be'ʂytəlsə]
protéger (vt)	å beskytte	[ɔ be'ʂytə]
braconnier (m)	tyvskytter (m)	['tyfˌʂytər]
piège (m) à mâchoires	saks (m/f)	['saks]

| cueillir (vt) | å plukke | [ɔ 'plʉkə] |
| s'égarer (vp) | å gå seg vill | [ɔ 'ɡɔ sæj 'vil] |

171. Les ressources naturelles

ressources (f pl) naturelles	naturressurser (m pl)	[na'tʉr rɛ'sʉʂər]
minéraux (m pl)	mineraler (n pl)	[minə'ralər]
gisement (m)	forekomster (m pl)	['fɔrəˌkɔmstər]
champ (m) (~ pétrolifère)	felt (m)	['fɛlt]

extraire (vt)	å utvinne	[ɔ 'ʉtˌvinə]
extraction (f)	utvinning (m/f)	['ʉtˌviniŋ]
minerai (m)	malm (m)	['malm]
mine (f) (site)	gruve (m/f)	['ɡrʉvə]
puits (m) de mine	gruvesjakt (m/f)	['ɡrʉvəˌʂakt]
mineur (m)	gruvearbeider (m)	['ɡrʉvə'arˌbæjdər]

| gaz (m) | gass (m) | ['ɡas] |
| gazoduc (m) | gassledning (m) | ['ɡasˌledniŋ] |

pétrole (m)	olje (m)	['ɔljə]
pipeline (m)	oljeledning (m)	['ɔljəˌledniŋ]
tour (f) de forage	oljebrønn (m)	['ɔljəˌhrœn]
derrick (m)	boretårn (n)	['boːrəˌtɔːn]
pétrolier (m)	tankskip (n)	['tankˌʂip]

sable (m)	sand (m)	['san]
calcaire (m)	kalkstein (m)	['kalkˌstæjn]
gravier (m)	grus (m)	['ɡrʉs]
tourbe (f)	torv (m/f)	['tɔrv]
argile (f)	leir (n)	['læjr]
charbon (m)	kull (n)	['kʉl]

fer (m)	jern (n)	['jæːn]
or (m)	gull (n)	['ɡʉl]
argent (m)	sølv (n)	['søl]
nickel (m)	nikkel (m)	['nikəl]
cuivre (m)	kobber (n)	['kɔbər]

zinc (m)	sink (m/n)	['sink]
manganèse (m)	mangan (m/n)	[ma'ŋan]
mercure (m)	kvikksølv (n)	['kvikˌsøl]
plomb (m)	bly (n)	['bly]

minéral (m)	mineral (n)	[minə'ral]
cristal (m)	krystall (m/n)	[kry'stal]
marbre (m)	marmor (m/n)	['marmʊr]
uranium (m)	uran (m/n)	[ʉ'ran]

La Terre. Partie 2

172. Le temps

temps (m)	vær (n)	['vær]
météo (f)	værvarsel (n)	['vær,vaşəl]
température (f)	temperatur (m)	[tɛmpərɑ'tʉr]
thermomètre (m)	termometer (n)	[tɛrmʉ'metər]
baromètre (m)	barometer (n)	[barʉ'metər]
humide (adj)	fuktig	['fʉkti]
humidité (f)	fuktighet (m)	['fʉkti,het]
chaleur (f) (canicule)	hete (m)	['he:tə]
torride (adj)	het	['het]
il fait très chaud	det er hett	[de ær 'het]
il fait chaud	det er varmt	[de ær 'vɑrmt]
chaud (modérément)	varm	['vɑrm]
il fait froid	det er kaldt	[de ær 'kɑlt]
froid (adj)	kald	['kɑl]
soleil (m)	sol (m/f)	['sʉl]
briller (soleil)	å skinne	[ɔ 'şinə]
ensoleillé (jour ~)	solrik	['sʉl,rik]
se lever (vp)	å gå opp	[ɔ 'gɔ ɔp]
se coucher (vp)	å gå ned	[ɔ 'gɔ ne]
nuage (m)	sky (m)	['şy]
nuageux (adj)	skyet	['şy:ət]
nuée (f)	regnsky (m/f)	['ræjn,şy]
sombre (adj)	mørk	['mœrk]
pluie (f)	regn (n)	['ræjn]
il pleut	det regner	[de 'ræjnər]
pluvieux (adj)	regnværs-	['ræjn,væş-]
bruiner (v imp)	å småregne	[ɔ 'smo:ræjnə]
pluie (f) torrentielle	piskende regn (n)	['piskenə ,ræjn]
averse (f)	styrtregn (n)	['sty:ʈ,ræjn]
forte (la pluie ~)	kraftig, sterk	['krɑfti], ['stærk]
flaque (f)	vannpytt (m)	['vɑn,pyt]
se faire mouiller	å bli våt	[ɔ 'bli 'vot]
brouillard (m)	tåke (m/f)	['to:kə]
brumeux (adj)	tåke	['to:kə]
neige (f)	snø (m)	['snø]
il neige	det snør	[de 'snør]

173. Les intempéries. Les catastrophes naturelles

orage (m)	tordenvær (n)	['tʊrdən‚vær]
éclair (m)	lyn (n)	['lyn]
éclater (foudre)	å glimte	[ɔ 'glimtə]
tonnerre (m)	torden (m)	['tʊrdən]
gronder (tonnerre)	å tordne	[ɔ 'tʊrdnə]
le tonnerre gronde	det tordner	[de 'tʊrdnər]
grêle (f)	hagle (m/f)	['haglə]
il grêle	det hagler	[de 'haglər]
inonder (vt)	å oversvømme	[ɔ 'ɔvə‚svœmə]
inondation (f)	oversvømmelse (m)	['ɔvə‚svœmə lsə]
tremblement (m) de terre	jordskjelv (n)	['juːr‚sɛlv]
secousse (f)	skjelv (n)	['sɛlv]
épicentre (m)	episenter (n)	[ɛpi'sɛntər]
éruption (f)	utbrudd (n)	['ʉt‚brʉd]
lave (f)	lava (m)	['lava]
tourbillon (m)	skypumpe (m/f)	['sy‚pʉmpə]
tornade (f)	tornado (m)	[tʊː'ŋadʊ]
typhon (m)	tyfon (m)	[ty'fʊn]
ouragan (m)	orkan (m)	[ɔr'kan]
tempête (f)	storm (m)	['stɔrm]
tsunami (m)	tsunami (m)	[tsʉ'nami]
cyclone (m)	syklon (m)	[sy'klun]
intempéries (f pl)	uvær (n)	['ʉː‚vær]
incendie (m)	brann (n)	['bran]
catastrophe (f)	katastrofe (m)	[kata'strɔfə]
météorite (m)	meteoritt (m)	[meteʉ'rit]
avalanche (f)	lavine (m)	[la'vinə]
éboulement (m)	snøskred, snøras (n)	['snø‚skred], ['snøras]
blizzard (m)	snøstorm (m)	['snø‚stɔrm]
tempête (f) de neige	snøstorm (m)	['snø‚stɔrm]

La faune

174. Les mammifères. Les prédateurs

prédateur (m)	rovdyr (n)	['rɔv,dyr]
tigre (m)	tiger (m)	['tigər]
lion (m)	løve (m/f)	['løve]
loup (m)	ulv (m)	['ʉlv]
renard (m)	rev (m)	['rev]
jaguar (m)	jaguar (m)	[jagʉ'ɑr]
léopard (m)	leopard (m)	[leʉ'pɑrd]
guépard (m)	gepard (m)	[ge'pɑrd]
panthère (f)	panter (m)	['pɑntər]
puma (m)	puma (m)	['pʉmɑ]
léopard (m) de neiges	snøleopard (m)	['snø leʉ'pɑrd]
lynx (m)	gaupe (m/f)	['gaʉpə]
coyote (m)	coyote, prærieulv (m)	[kɔ'jotə], ['præri,ʉlv]
chacal (m)	sjakal (m)	[ʂa'kɑl]
hyène (f)	hyene (m)	[hy'enə]

175. Les animaux sauvages

animal (m)	dyr (n)	['dyr]
bête (f)	best, udyr (n)	['bɛst], ['ʉ,dyr]
écureuil (m)	ekorn (n)	['ɛkʉ:ɳ]
hérisson (m)	pinnsvin (n)	['pin,svin]
lièvre (m)	hare (m)	['hɑrə]
lapin (m)	kanin (m)	[kɑ'nin]
blaireau (m)	grevling (m)	['grɛvliŋ]
raton (m)	vaskebjørn (m)	['vɑskə,bjœ:ɳ]
hamster (m)	hamster (m)	['hɑmstər]
marmotte (f)	murmeldyr (n)	['mʉrməl,dyr]
taupe (f)	muldvarp (m)	['mʉl,vɑrp]
souris (f)	mus (m/f)	['mʉs]
rat (m)	rotte (m/f)	['rɔtə]
chauve-souris (f)	flaggermus (m/f)	['flagər,mʉs]
hermine (f)	røyskatt (m)	['røjskɑt]
zibeline (f)	sobel (m)	['sʉbəl]
martre (f)	mår (m)	['mɔr]
belette (f)	snømus (m/f)	['snø,mʉs]
vison (m)	mink (m)	['mink]

| castor (m) | bever (m) | ['bevər] |
| loutre (f) | oter (m) | ['ʊtər] |

cheval (m)	hest (m)	['hɛst]
élan (m)	elg (m)	['ɛlg]
cerf (m)	hjort (m)	['joːt]
chameau (m)	kamel (m)	[ka'mel]

bison (m)	bison (m)	['bisɔn]
aurochs (m)	urokse (m)	['ʉrˌʊksə]
buffle (m)	bøffel (m)	['bøfəl]

zèbre (m)	sebra (m)	['sebra]
antilope (f)	antilope (m)	[anti'lʊpə]
chevreuil (m)	rådyr (n)	['rɔˌdyr]
biche (f)	dåhjort, dådyr (n)	['dɔˌjoːt], ['dɔˌdyr]
chamois (m)	gemse (m)	['gɛmsə]
sanglier (m)	villsvin (n)	['vilˌsvin]

baleine (f)	hval (m)	['val]
phoque (m)	sel (m)	['sel]
morse (m)	hvalross (m)	['valˌrɔs]
ours (m) de mer	pelssel (m)	['pɛlsˌsel]
dauphin (m)	delfin (m)	[dɛl'fin]

ours (m)	bjørn (m)	['bjœːŋ]
ours (m) blanc	isbjørn (m)	['isˌbjœːŋ]
panda (m)	panda (m)	['panda]

singe (m)	ape (m/f)	['ape]
chimpanzé (m)	sjimpanse (m)	[ʂim'pansə]
orang-outang (m)	orangutang (m)	[ʊ'raŋgʉˌtaŋ]
gorille (m)	gorilla (m)	[gɔ'rila]
macaque (m)	makak (m)	[ma'kak]
gibbon (m)	gibbon (m)	['gibʊn]

éléphant (m)	elefant (m)	[ɛle'fant]
rhinocéros (m)	neshorn (n)	['nesˌhʉːŋ]
girafe (f)	sjiraff (m)	[ʂi'raf]
hippopotame (m)	flodhest (m)	['flʊdˌhɛst]

| kangourou (m) | kenguru (m) | ['kɛŋgʉrʉ] |
| koala (m) | koala (m) | [kʊ'ala] |

mangouste (f)	mangust, mungo (m)	[maŋ'gʉst], ['mʉŋgu]
chinchilla (m)	chinchilla (m)	[ʂin'ʂila]
mouffette (f)	skunk (m)	['skunk]
porc-épic (m)	hulepinnsvin (n)	['hʉləˌpinsvin]

176. Les animaux domestiques

chat (m) (femelle)	katt (m)	['kat]
chat (m) (mâle)	hannkatt (m)	['hanˌkat]
chien (m)	hund (m)	['hʉŋ]

cheval (m)	hest (m)	['hɛst]
étalon (m)	hingst (m)	['hiŋst]
jument (f)	hoppe, merr (m/f)	['hɔpə], ['mɛr]
vache (f)	ku (f)	['kʉ]
taureau (m)	tyr (m)	['tyr]
bœuf (m)	okse (m)	['ɔksə]
brebis (f)	sau (m)	['saʉ]
mouton (m)	vær, saubukk (m)	['vær], ['saʉˌbʉk]
chèvre (f)	geit (m/f)	['jæjt]
bouc (m)	geitebukk (m)	['jæjtəˌbʉk]
âne (m)	esel (n)	['ɛsəl]
mulet (m)	muldyr (n)	['mʉlˌdyr]
cochon (m)	svin (n)	['svin]
pourceau (m)	gris (m)	['gris]
lapin (m)	kanin (m)	[ka'nin]
poule (f)	høne (m/f)	['hønə]
coq (m)	hane (m)	['hanə]
canard (m)	and (m/f)	['an]
canard (m) mâle	andrik (m)	['andrik]
oie (f)	gås (m/f)	['gɔs]
dindon (m)	kalkunhane (m)	[kal'kʉnˌhanə]
dinde (f)	kalkunhøne (m/f)	[kal'kʉnˌhønə]
animaux (m pl) domestiques	husdyr (n pl)	['hʉsˌdyr]
apprivoisé (adj)	tam	['tam]
apprivoiser (vt)	å temme	[ɔ 'tɛmə]
élever (vt)	å avle, å oppdrette	[ɔ 'avlə], [ɔ 'ɔpˌdrɛtə]
ferme (f)	farm, gård (m)	['farm], ['gɔːr]
volaille (f)	fjærfe (n)	['fjærˌfɛ]
bétail (m)	kveg (n)	['kvɛg]
troupeau (m)	flokk, bøling (m)	['flɔk], ['bøliŋ]
écurie (f)	stall (m)	['stal]
porcherie (f)	grisehus (n)	['grisəˌhʉs]
vacherie (f)	kufjøs (m/n)	['kuˌfjøs]
cabane (f) à lapins	kaninbur (n)	[ka'ninˌbʉr]
poulailler (m)	hønsehus (n)	['hønsəˌhʉs]

177. Le chien. Les races

chien (m)	hund (m)	['hʉn]
berger (m)	fårehund (m)	['foːrəˌhʉn]
berger (m) allemand	schäferhund (m)	['ʂɛfærˌhʉn]
caniche (f)	puddel (m)	['pʉdəl]
teckel (m)	dachshund (m)	['daʂˌhʉn]
bouledogue (m)	bulldogg (m)	['bʉlˌdɔg]

boxer (m)	bokser (m)	['bɔksər]
mastiff (m)	mastiff (m)	[mɑs'tif]
rottweiler (m)	rottweiler (m)	['rɔt‚væjlər]
doberman (m)	dobermann (m)	['dɔbermɑn]

basset (m)	basset (m)	['basɛt]
bobtail (m)	bobtail (m)	['bɔbtɛjl]
dalmatien (m)	dalmatiner (m)	[dɑlmɑ'tinər]
cocker (m)	cocker spaniel (m)	['kɔker ‚spaniəl]

| terre-neuve (m) | newfoundlandshund (m) | [njʉ'fawnd‚lənds 'hʉn] |
| saint-bernard (m) | sankt bernhardshund (m) | [‚sankt 'bɛːŋads‚hʉn] |

husky (m)	husky (m)	['hɑski]
chow-chow (m)	chihuahua (m)	[ʈʂi'vɑvɑ]
spitz (m)	spisshund (m)	['spis‚hʉn]
carlin (m)	mops (m)	['mɔps]

178. Les cris des animaux

aboiement (m)	gjøing (m/f)	['jøːiŋ]
aboyer (vi)	å gjø	[ɔ 'jø]
miauler (vi)	å mjaue	[ɔ 'mjaʋe]
ronronner (vi)	å spinne	[ɔ 'spinə]

meugler (vi)	å raute	[ɔ 'raʋtə]
beugler (taureau)	å belje, å brøle	[ɔ 'belje], [ɔ 'brøle]
rugir (chien)	å knurre	[ɔ 'knʉrə]

hurlement (m)	hyl (n)	['hyl]
hurler (loup)	å hyle	[ɔ 'hylə]
geindre (vi)	å klynke	[ɔ 'klʏnkə]

bêler (vi)	å breke	[ɔ 'brekə]
grogner (cochon)	å grynte	[ɔ 'grʏntə]
glapir (cochon)	å hvine	[ɔ 'vinə]

coasser (vi)	å kvekke	[ɔ 'kvɛkə]
bourdonner (vi)	å surre	[ɔ 'sʉrə]
striduler (vi)	å gnisse	[ɔ 'gnisə]

179. Les oiseaux

oiseau (m)	fugl (m)	['fʉl]
pigeon (m)	due (m/f)	['dʉe]
moineau (m)	spurv (m)	['spʉrv]
mésange (f)	kjøttmeis (m/f)	['çœt‚mæjs]
pie (f)	skjære (m/f)	['ʂærə]

corbeau (m)	ravn (m)	['ravn]
corneille (f)	kråke (m)	['kroːkə]
choucas (m)	kaie (m/f)	['kɑjə]

freux (m)	kornkråke (m/f)	['kʊːɳ̩kroːkə]
canard (m)	and (m/f)	['an]
oie (f)	gås (m/f)	['gɔs]
faisan (m)	fasan (m)	[fa'san]

aigle (m)	ørn (m/f)	['œːɳ]
épervier (m)	hauk (m)	['haʊk]
faucon (m)	falk (m)	['falk]

| vautour (m) | gribb (m) | ['grib] |
| condor (m) | kondor (m) | [kʊn'dʊr] |

cygne (m)	svane (m/f)	['svanə]
grue (f)	trane (m/f)	['tranə]
cigogne (f)	stork (m)	['stɔrk]

perroquet (m)	papegøye (m)	[pape'gøjə]
colibri (m)	kolibri (m)	[kʊ'libri]
paon (m)	påfugl (m)	['pɔˌfʉl]

| autruche (f) | struts (m) | ['strʉts] |
| héron (m) | hegre (m) | ['hæjrə] |

| flamant (m) | flamingo (m) | [fla'mingʊ] |
| pélican (m) | pelikan (m) | [peli'kan] |

| rossignol (m) | nattergal (m) | ['natərˌgal] |
| hirondelle (f) | svale (m/f) | ['svalə] |

merle (m)	trost (m)	['trʊst]
grive (f)	måltrost (m)	['moːlˌtrʊst]
merle (m) noir	svarttrost (m)	['svaːˌtrʊst]

martinet (m)	tårnseiler (m), tårnsvale (m/f)	['tɔːɳˌsæjlə], ['tɔːɳˌsvalə]
alouette (f) des champs	lerke (m/f)	['lærkə]
caille (f)	vaktel (m)	['vaktəl]

pivert (m)	hakkespett (m)	['hakəˌspɛt]
coucou (m)	gjøk, gauk (m)	['jøk], ['gaʊk]
chouette (f)	ugle (m/f)	['ʉglə]
hibou (m)	hubro (m)	['hʉbrʊ]
tétras (m)	storfugl (m)	['stʊrˌfʉl]

| tétras-lyre (m) | orrfugl (m) | ['ɔrˌfʉl] |
| perdrix (f) | rapphøne (m/f) | ['rapˌhønə] |

étourneau (m)	stær (m)	['stær]
canari (m)	kanarifugl (m)	[ka'nariˌfʉl]
gélinotte (f) des bois	jerpe (m/f)	['jærpə]

| pinson (m) | bokfink (m) | ['bʊkˌfink] |
| bouvreuil (m) | dompap (m) | ['dʊmpap] |

mouette (f)	måke (m/f)	['moːkə]
albatros (m)	albatross (m)	['albaˌtrɔs]
pingouin (m)	pingvin (m)	[piŋ'vin]

180. Les oiseaux. Le chant, les cris

chanter (vi)	à synge	[ɔ 'sʏŋə]
crier (vi)	à skrike	[ɔ 'skrikə]
chanter (le coq)	à gale	[ɔ 'galə]
cocorico (m)	kykeliky	[kykəli'ky:]
glousser (vi)	à kakle	[ɔ 'kaklə]
croasser (vi)	à krae	[ɔ 'kraə]
cancaner (vi)	à snadre, à rappe	[ɔ 'snadrə], [ɔ 'rapə]
piauler (vi)	à pipe	[ɔ 'pipə]
pépier (vi)	à kvitre	[ɔ 'kvitrə]

181. Les poissons. Les animaux marins

brème (f)	brasme (m/f)	['brasmə]
carpe (f)	karpe (m)	['karpə]
perche (f)	åbor (m)	['obɔr]
silure (m)	malle (m)	['malə]
brochet (m)	gjedde (m/f)	['jɛdə]
saumon (m)	laks (m)	['laks]
esturgeon (m)	stør (m)	['stør]
hareng (m)	sild (m/f)	['sil]
saumon (m) atlantique	atlanterhavslaks (m)	[at'lantərhafs‚laks]
maquereau (m)	makrell (m)	[ma'krɛl]
flet (m)	rødspette (m/f)	['rø‚spɛtə]
sandre (f)	gjørs (m)	['jøːʂ]
morue (f)	torsk (m)	['tɔʂk]
thon (m)	tunfisk (m)	['tʉn‚fisk]
truite (f)	ørret (m)	['øret]
anguille (f)	ål (m)	['ɔl]
torpille (f)	elektrisk rokke (m/f)	[ɛ'lektrisk ‚rɔkə]
murène (f)	murene (m)	[mʉ'rɛnə]
piranha (m)	piraja (m)	[pi'raja]
requin (m)	hai (m)	['haj]
dauphin (m)	delfin (m)	[dɛl'fin]
baleine (f)	hval (m)	['val]
crabe (m)	krabbe (m)	['krabə]
méduse (f)	manet (m/f), meduse (m)	['manet], [me'dʉsə]
pieuvre (f), poulpe (m)	blekksprut (m)	['blek‚sprʉt]
étoile (f) de mer	sjøstjerne (m/f)	['ʂø‚stjæːɳə]
oursin (m)	sjøpinnsvin (n)	['ʂø:'pin‚svin]
hippocampe (m)	sjøhest (m)	['ʂø‚hɛst]
huître (f)	østers (m)	['østəʂ]
crevette (f)	reke (m/f)	['rekə]

homard (m)	**hummer** (m)	['hʉmər]
langoustine (f)	**langust** (m)	[laŋ'gʉst]

182. Les amphibiens. Les reptiles

serpent (m)	**slange** (m)	['şlaŋə]
venimeux (adj)	**giftig**	['jifti]

vipère (f)	**hoggorm, huggorm** (m)	['hʊg,ɔrm], ['hʉg,ɔrm]
cobra (m)	**kobra** (m)	['kʊbra]
python (m)	**pyton** (m)	['pytɔn]
boa (m)	**boaslange** (m)	['bɔa,slaŋə]

couleuvre (f)	**snok** (m)	['snʊk]
serpent (m) à sonnettes	**klapperslange** (m)	['klapə,slaŋə]
anaconda (m)	**anakonda** (m)	[ana'kɔnda]

lézard (m)	**øgle** (m/f)	['øglə]
iguane (m)	**iguan** (m)	[igʉ'an]
varan (m)	**varan** (n)	[va'ran]
salamandre (f)	**salamander** (m)	[sala'mandər]
caméléon (m)	**kameleon** (m)	[kamələ'ʊn]
scorpion (m)	**skorpion** (m)	[skɔrpi'ʊn]

tortue (f)	**skilpadde** (m/f)	['şil,padə]
grenouille (f)	**frosk** (m)	['frɔsk]
crapaud (m)	**padde** (m/f)	['padə]
crocodile (m)	**krokodile** (m)	[krʊkə'dilə]

183. Les insectes

insecte (m)	**insekt** (n)	['insɛkt]
papillon (m)	**sommerfugl** (m)	['sɔmər,fʉl]
fourmi (f)	**maur** (m)	['maʊr]
mouche (f)	**flue** (m/f)	['flʉə]
moustique (m)	**mygg** (m)	['mʏg]
scarabée (m)	**bille** (m)	['bilə]

guêpe (f)	**veps** (m)	['vɛps]
abeille (f)	**bie** (m/f)	['biə]
bourdon (m)	**humle** (m/f)	['hʉmlə]
œstre (m)	**brems** (m)	['brɛms]

araignée (f)	**edderkopp** (m)	['ɛdər,kɔp]
toile (f) d'araignée	**edderkoppnett** (n)	['ɛdərkɔp,nɛt]

libellule (f)	**øyenstikker** (m)	['øjən,stikər]
sauterelle (f)	**gresshoppe** (m/f)	['grɛs,hɔpə]
papillon (m)	**nattsvermer** (m)	['nat,sværmər]

cafard (m)	**kakerlakk** (m)	[kakə'lak]
tique (f)	**flått, midd** (m)	['flɔt], ['mid]

| puce (f) | loppe (f) | ['lɔpə] |
| moucheron (m) | knott (m) | ['knɔt] |

criquet (m)	vandgresshoppe (m/f)	['vɑn 'grɛsˌhɔpə]
escargot (m)	snegl (m)	['snæjl]
grillon (m)	siriss (m)	['siˌris]
luciole (f), lysbille (m)	ildflue (m/f), lysbille (m)	['ilˌflʉe], ['lysˌbilə]
coccinelle (f)	marihøne (m/f)	['mariˌhønə]
hanneton (m)	oldenborre (f)	['ɔldənˌbɔrə]

sangsue (f)	igle (m/f)	['iglə]
chenille (f)	sommerfugllarve (m/f)	['sɔmərfʉlˌlarvə]
ver (m)	meitemark (m)	['mæjtəˌmark]
larve (f)	larve (m/f)	['larvə]

184. Les parties du corps des animaux

bec (m)	nebb (n)	['nɛb]
ailes (f pl)	vinger (m pl)	['viŋər]
patte (f)	fot (m)	['fʊt]
plumage (m)	fjærdrakt (m/f)	['fjærˌdrakt]
plume (f)	fjær (m/f)	['fjær]
houppe (f)	fjærtopp (m)	['fjæːtɔp]

ouïes (f pl)	gjeller (m/f pl)	['jɛlər]
œufs (m pl)	rogn (m/f)	['rɔŋn]
larve (f)	larve (m/f)	['larvə]
nageoire (f)	finne (m)	['finə]
écaille (f)	skjell (n)	['ʂɛl]

croc (m)	hoggtann (m/f)	['hɔgˌtan]
patte (f)	pote (m)	['poːtə]
museau (m)	snute (m/f)	['snʉtə]
gueule (f)	kjeft (m)	['çɛft]
queue (f)	hale (m)	['halə]
moustaches (f pl)	værhår (n)	['værˌhɔr]

| sabot (m) | klov, hov (m) | ['klɔv], ['hɔv] |
| corne (f) | horn (n) | ['hʊːŋ] |

carapace (f)	ryggskjold (n)	['rygˌʂɔl]
coquillage (m)	skall (n)	['skal]
coquille (f) d'œuf	eggeskall (n)	['ɛgəˌskal]

| poil (m) | pels (m) | ['pɛls] |
| peau (f) | skinn (n) | ['ʂin] |

185. Les habitats des animaux

habitat (m) naturel	habitat (n)	[habiˈtat]
migration (f)	migrasjon (m)	[migraˈʂun]
montagne (f)	fjell (n)	['fjɛl]

171

| récif (m) | rev (n) | ['rev] |
| rocher (m) | klippe (m) | ['klipə] |

forêt (f)	skog (m)	['skʊg]
jungle (f)	jungel (m)	['jʉŋəl]
savane (f)	savanne (m)	[sɑ'vanə]
toundra (f)	tundra (m)	['tʉndrɑ]

steppe (f)	steppe (m)	['stɛpə]
désert (m)	ørken (m)	['œrkən]
oasis (f)	oase (m)	[ʊ'asə]

mer (f)	hav (n)	['hɑv]
lac (m)	innsjø (m)	['in'ʂø]
océan (m)	verdenshav (n)	[værdəns'hɑv]

marais (m)	myr (m/f)	['myr]
d'eau douce (adj)	ferskvanns-	['fæʂkˌvɑns-]
étang (m)	dam (m)	['dɑm]
rivière (f), fleuve (m)	elv (m/f)	['ɛlv]

tanière (f)	hi (n)	['hi]
nid (m)	reir (n)	['ræjr]
creux (m)	trehull (n)	['trɛˌhʉl]
terrier (m) (~ d'un renard)	hule (m/f)	['hʉlə]
fourmilière (f)	maurtue (m/f)	['mɑʊːˌtʉə]

La flore

186. Les arbres

arbre (m)	tre (n)	['trɛ]
à feuilles caduques	løv-	['løv-]
conifère (adj)	bar-	['bar-]
à feuilles persistantes	eviggrønt	['ɛviˌgrœnt]
pommier (m)	epletre (n)	['ɛpləˌtrɛ]
poirier (m)	pæretre (n)	['pæːrəˌtrɛ]
merisier (m)	morelltre (n)	[muˈrɛlˌtrɛ]
cerisier (m)	kirsebærtre (n)	['çiʂəbærˌtrɛ]
prunier (m)	plommetre (n)	['plʊməˌtrɛ]
bouleau (m)	bjørk (f)	['bjœrk]
chêne (m)	eik (f)	['æjk]
tilleul (m)	lind (m/f)	['lin]
tremble (m)	osp (m/f)	['ɔsp]
érable (m)	lønn (m/f)	['lœn]
épicéa (m)	gran (m/f)	['gran]
pin (m)	furu (m/f)	['fʉrʉ]
mélèze (m)	lerk (m)	['lærk]
sapin (m)	edelgran (m/f)	['ɛdəlˌgranj]
cèdre (m)	seder (m)	['sedər]
peuplier (m)	poppel (m)	['pɔpəl]
sorbier (m)	rogn (m/f)	['rɔŋn]
saule (m)	pil (m/f)	['pil]
aune (m)	or, older (m/f)	['ʊr], ['ɔldər]
hêtre (m)	bøk (m)	['bøk]
orme (m)	alm (m)	['alm]
frêne (m)	ask (m/f)	['ask]
marronnier (m)	kastanjetre (n)	[kaˈstanjeˌtrɛ]
magnolia (m)	magnolia (m)	[maŋˈnʊlia]
palmier (m)	palme (m)	['palmə]
cyprès (m)	sypress (m)	[sʏˈprɛs]
palétuvier (m)	mangrove (m)	[maŋˈgrʊvə]
baobab (m)	apebrødtre (n)	['apebrøˌtrɛ]
eucalyptus (m)	eukalyptus (m)	[ɛvkaˈlyptʉs]
séquoia (m)	sequoia (m)	['sekˌvɔja]

187. Les arbustes

buisson (m)	busk (m)	['bʉsk]
arbrisseau (m)	busk (m)	['bʉsk]

| vigne (f) | vinranke (m) | ['vin,rankə] |
| vigne (f) (vignoble) | vinmark (m/f) | ['vin,mɑrk] |

framboise (f)	bringebærbusk (m)	['briŋə,bær bʉsk]
cassis (m)	solbærbusk (m)	['sʉlbær,bʉsk]
groseille (f) rouge	ripsbusk (m)	['rips,bʉsk]
groseille (f) verte	stikkelsbærbusk (m)	['stikəlsbær,bʉsk]

acacia (m)	akasie (m)	[ɑ'kɑsiə]
berbéris (m)	berberis (m)	['bærberis]
jasmin (m)	sjasmin (m)	[ʂɑs'min]

genévrier (m)	einer (m)	['æjnər]
rosier (m)	rosenbusk (m)	['rʉsən,bʉsk]
églantier (m)	steinnype (m/f)	['stæjn,nypə]

188. Les champignons

champignon (m)	sopp (m)	['sɔp]
champignon (m) comestible	spiselig sopp (m)	['spisəli ,sɔp]
champignon (m) vénéneux	giftig sopp (m)	['jifti ,sɔp]
chapeau (m)	hatt (m)	['hɑt]
pied (m)	stilk (m)	['stilk]

cèpe (m)	steinsopp (m)	['stæjn,sɔp]
bolet (m) orangé	rødskrubb (m/n)	['rø,skrʉb]
bolet (m) bai	brunskrubb (m/n)	['brʉn,skrʉb]
girolle (f)	kantarell (m)	[kɑntɑ'rel]
russule (f)	kremle (m/f)	['krɛmlə]

morille (f)	morkel (m)	['mɔrkəl]
amanite (f) tue-mouches	fluesopp (m)	['flʉə,sɔp]
oronge (f) verte	grønn fluesopp (m)	['grœn 'flʉə,sɔp]

189. Les fruits. Les baies

fruit (m)	frukt (m/f)	['frʉkt]
fruits (m pl)	frukter (m/f pl)	['frʉktər]
pomme (f)	eple (n)	['ɛplə]
poire (f)	pære (m/f)	['pærə]
prune (f)	plomme (m/f)	['plʉmə]

fraise (f)	jordbær (n)	['juːr,bær]
cerise (f)	kirsebær (n)	['çiʂə,bær]
merise (f)	morell (m)	[mʊ'rɛl]
raisin (m)	drue (m)	['drʉə]

framboise (f)	bringebær (n)	['briŋə,bær]
cassis (m)	solbær (n)	['sʉl,bær]
groseille (f) rouge	rips (m)	['rips]
groseille (f) verte	stikkelsbær (n)	['stikəls,bær]
canneberge (f)	tranebær (n)	['trɑnə,bær]

orange (f)	appelsin (m)	[apel'sin]
mandarine (f)	mandarin (m)	[manda'rin]
ananas (m)	ananas (m)	['ananas]
banane (f)	banan (m)	[ba'nan]
datte (f)	daddel (m)	['dadəl]

citron (m)	sitron (m)	[si'trʊn]
abricot (m)	aprikos (m)	[apri'kʊs]
pêche (f)	fersken (m)	['fæʂkən]
kiwi (m)	kiwi (m)	['kivi]
pamplemousse (m)	grapefrukt (m/f)	['grɛjp‚frʊkt]

baie (f)	bær (n)	['bær]
baies (f pl)	bær (n pl)	['bær]
airelle (f) rouge	tyttebær (n)	['tʏtə‚bær]
fraise (f) des bois	markjordbær (n)	['mark ju:r‚bær]
myrtille (f)	blåbær (n)	['blɔ‚bær]

190. Les fleurs. Les plantes

| fleur (f) | blomst (m) | ['blomst] |
| bouquet (m) | bukett (m) | [bʉ'kɛt] |

rose (f)	rose (m/f)	['rʊsə]
tulipe (f)	tulipan (m)	[tʉli'pan]
oeillet (m)	nellik (m)	['nɛlik]
glaïeul (m)	gladiolus (m)	[gladi'ɔlʉs]

bleuet (m)	kornblomst (m)	['kʊ:n‚blomɔt]
campanule (f)	blåklokke (m/f)	['blɔ‚klɔkə]
dent-de-lion (f)	løvetann (m/f)	['løvə‚tan]
marguerite (f)	kamille (m)	[ka'milə]

aloès (m)	aloe (m)	['alʉe]
cactus (m)	kaktus (m)	['kaktʉs]
ficus (m)	gummiplante (m/f)	['gʉmi‚plantə]

lis (m)	lilje (m)	['liljə]
géranium (m)	geranium (m)	[ge'ranium]
jacinthe (f)	hyasint (m)	[hia'sint]

mimosa (m)	mimose (m/f)	[mi'mɔsə]
jonquille (f)	narsiss (m)	[na'ʂis]
capucine (f)	blomkarse (m)	['blɔm‚kaʂə]

orchidée (f)	orkidê (m)	[ɔrki'de]
pivoine (f)	peon, pion (m)	[pe'ʊn], [pi'ʊn]
violette (f)	fiol (m)	[fi'ʊl]

pensée (f)	stemorsblomst (m)	['stemʊʂ‚blomst]
myosotis (m)	forglemmegei (m)	[fɔr'glemə‚jæi]
pâquerette (f)	tusenfryd (m)	['tʉsən‚fryd]
coquelicot (m)	valmue (m)	['valmʉə]
chanvre (m)	hamp (m)	['hamp]

menthe (f)	mynte (m/f)	['mʏntə]
muguet (m)	liljekonvall (m)	['liljə kɔn'val]
perce-neige (f)	snøklokke (m/f)	['snøˌklɔkə]
ortie (f)	nesle (m/f)	['nɛslə]
oseille (f)	syre (m/f)	['syrə]
nénuphar (m)	nøkkerose (m/f)	['nøkəˌrʊse]
fougère (f)	bregne (m/f)	['brɛjnə]
lichen (m)	lav (m/n)	['lav]
serre (f) tropicale	drivhus (n)	['drivˌhʉs]
gazon (m)	gressplen (m)	['grɛsˌplen]
parterre (m) de fleurs	blomsterbed (n)	['blɔmstərˌbed]
plante (f)	plante (m/f), vekst (m)	['plantə], ['vɛkst]
herbe (f)	gras (n)	['gras]
brin (m) d'herbe	grasstrå (n)	['grasˌstrɔ]
feuille (f)	blad (n)	['bla]
pétale (m)	kronblad (n)	['krɔnˌbla]
tige (f)	stilk (m)	['stilk]
tubercule (m)	rotknoll (m)	['rʊtˌknɔl]
pousse (f)	spire (m/f)	['spirə]
épine (f)	torn (m)	['tʊːŋ]
fleurir (vi)	å blomstre	[ɔ 'blɔmstrə]
se faner (vp)	å visne	[ɔ 'visnə]
odeur (f)	lukt (m/f)	['lʉkt]
couper (vt)	å skjære av	[ɔ 'ṣæːrə aː]
cueillir (fleurs)	å plukke	[ɔ 'plʉkə]

191. Les cêrêales

grains (m pl)	korn (n)	['kʊːŋ]
céréales (f pl) (plantes)	cerealer (n pl)	[sere'alər]
épi (m)	aks (n)	['aks]
blé (m)	hvete (m)	['vetə]
seigle (m)	rug (m)	['rʉg]
avoine (f)	havre (m)	['havrə]
millet (m)	hirse (m)	['hiṣə]
orge (f)	bygg (m/n)	['bʏg]
maïs (m)	mais (m)	['mais]
riz (m)	ris (m)	['ris]
sarrasin (m)	bokhvete (m)	['bʊkˌvetə]
pois (m)	ert (m/f)	['æːt]
haricot (m)	bønne (m/f)	['bœnə]
soja (m)	soya (m)	['sɔja]
lentille (f)	linse (m/f)	['linsə]
fèves (f pl)	bønner (m/f pl)	['bœnər]

LA GÉOGRAPHIE RÉGIONALE

Les pays du monde. Les nationalités

192. La politique. Le gouvernement. Partie 1

politique (f)	**politikk** (m)	[pʊli'tik]
politique (adj)	**politisk**	[pʊ'litisk]
homme (m) politique	**politiker** (m)	[pʊ'litikər]
état (m)	**stat** (m)	['stɑt]
citoyen (m)	**statsborger** (m)	['stɑts‚bɔrgər]
citoyenneté (f)	**statsborgerskap** (n)	['stɑtsbɔrgə‚skɑp]
armoiries (f pl) nationales	**riksvåpen** (n)	['riks‚vɔpən]
hymne (m) national	**nasjonalsang** (m)	[nɑʂu'nɑl‚sɑŋ]
gouvernement (m)	**regjering** (m/f)	[rɛ'jeriŋ]
chef (m) d'état	**landets leder** (m)	['lɑnɛts ‚ledər]
parlement (m)	**parlament** (n)	[pɑ:‚lɑ'mɛnt]
parti (m)	**parti** (n)	[pɑ:'ʈi]
capitalisme (m)	**kapitalisme** (n)	[kɑpitɑ'lismə]
capitaliste (adj)	**kapitalistisk**	[kɑpitɑ'listisk]
socialisme (m)	**sosialisme** (m)	[sʊsiɑ'lismə]
socialiste (adj)	**sosialistisk**	[sʊsiɑ'listisk]
communisme (m)	**kommunisme** (m)	[kʊmʉ'nismə]
communiste (adj)	**kommunistisk**	[kʊmʉ'nistisk]
communiste (m)	**kommunist** (m)	[kʊmʉ'nist]
démocratie (f)	**demokrati** (n)	[demʊkrɑ'ti]
démocrate (m)	**demokrat** (m)	[demʊ'krat]
démocratique (adj)	**demokratisk**	[demʊ'kratisk]
parti (m) démocratique	**demokratisk parti** (n)	[demʊ'kratisk pɑ:'ʈi]
libéral (m)	**liberaler** (m)	[libə'rɑlər]
libéral (adj)	**liberal**	[libə'rɑl]
conservateur (m)	**konservativ** (m)	[kʊn'sɛrvɑ‚tiv]
conservateur (adj)	**konservativ**	[kʊn'sɛrvɑ‚tiv]
république (f)	**republikk** (m)	[repʉ'blik]
républicain (m)	**republikaner** (m)	[repʉbli'kɑnər]
parti (m) républicain	**republikanske parti** (n)	[repʉbli'kɑnskə pɑ:'ʈi]
élections (f pl)	**valg** (n)	['vɑlg]
élire (vt)	**à velge**	[ɔ 'vɛlgə]
électeur (m)	**velger** (m)	['vɛlgər]

campagne (f) électorale	valgkampanje (m)	['valg kam'panjə]
vote (m)	avstemning, votering (m)	['af,stɛmniŋ], ['voteriŋ]
voter (vi)	å stemme	[ɔ 'stɛmə]
droit (m) de vote	stemmerett (m)	['stɛmə,rɛt]

candidat (m)	kandidat (m)	[kandi'dat]
poser sa candidature	å kandidere	[ɔ kandi'derə]
campagne (f)	kampanje (m)	[kam'panjə]

| d'opposition (adj) | opposisjons- | [ɔpʊsi'ʂʊns-] |
| opposition (f) | opposisjon (m) | [ɔpʊsi'ʂʊn] |

visite (f)	besøk (n)	[be'søk]
visite (f) officielle	offisielt besøk (n)	[ɔfi'sjɛlt be'søk]
international (adj)	internasjonal	['intɛ:ɳaʂʊ,ɳal]

| négociations (f pl) | forhandlinger (m pl) | [fɔr'handliŋər] |
| négocier (vi) | å forhandle | [ɔ fɔr'handlə] |

193. La politique. Le gouvernement. Partie 2

société (f)	samfunn (n)	['sam,fʉn]
constitution (f)	grunnlov (m)	['grʉn,lɔv]
pouvoir (m)	makt (m)	['makt]
corruption (f)	korrupsjon (m)	[kʊrʉp'ʂʊn]

| loi (f) | lov (m) | ['lɔv] |
| légal (adj) | lovlig | ['lɔvli] |

| justice (f) | rettferdighet (m) | [rɛt'færdi,het] |
| juste (adj) | rettferdig | [rɛt'færdi] |

comité (m)	komité (m)	[kʊmi'te]
projet (m) de loi	lovforslag (n)	['lɔv,fɔʂlag]
budget (m)	budsjett (n)	[bʉd'ʂɛt]
politique (f)	politikk (m)	[pʊli'tik]
réforme (f)	reform (m/f)	[rɛ'fɔrm]
radical (adj)	radikal	[radi'kal]

puissance (f)	kraft (m/f)	['kraft]
puissant (adj)	mektig	['mɛkti]
partisan (m)	tilhenger (m)	['til,hɛŋər]
influence (f)	innflytelse (m)	['in,flytəlse]

régime (m)	regime (n)	[rɛ'ʂimə]
conflit (m)	konflikt (m)	[kʊn'flikt]
complot (m)	sammensvergelse (m)	['samən,sværgəlsə]
provocation (f)	provokasjon (m)	[prʊvʊka'ʂʊn]

renverser (le régime)	å styrte	[ɔ 'sty:ʈə]
renversement (m)	styrting (m/f)	['sty:ʈiŋ]
révolution (f)	revolusjon (m)	[revʊlʉ'ʂʊn]
coup (m) d'État	statskupp (n)	['stats,kʉp]
coup (m) d'État militaire	militærkupp (n)	[mili'tær,kʉp]

crise (f)	krise (m/f)	['krisə]
baisse (f) économique	økonomisk nedgang (m)	[økʉ'nɔmisk 'ned,gaŋ]
manifestant (m)	demonstrant (m)	[demɔn'strant]
manifestation (f)	demonstrasjon (m)	[demɔnstra'ʂʉn]
loi (f) martiale	krigstilstand (m)	['krigstil,stan]
base (f) militaire	militærbase (m)	[mili'tær,basə]

stabilité (f)	stabilitet (m)	[stabili'tet]
stable (adj)	stabil	[sta'bil]

exploitation (f)	utbytting (m/f)	['ʉt,bytiŋ]
exploiter (vt)	å utbytte	[ɔ 'ʉt,bytə]

racisme (m)	rasisme (m)	[ra'sismə]
raciste (m)	rasist (m)	[ra'sist]
fascisme (m)	fascisme (m)	[fa'ʂismə]
fasciste (m)	fascist (m)	[fa'ʂist]

194. Les différents pays du monde. Divers

étranger (m)	utlending (m)	['ʉt,leniŋ]
étranger (adj)	utenlandsk	['ʉten,lansk]
à l'étranger (adv)	i utlandet	[i 'ʉt,lanə]

émigré (m)	emigrant (m)	[ɛmi'grant]
émigration (f)	emigrasjon (m)	[ɛmigra'ʂʉn]
émigrer (vi)	å emigrere	[ɔ ɛmi'grɛrə]

Ouest (m)	Vesten	['vɛstʉn]
Est (m)	Østen	['østən]
Extrême Orient (m)	Det fjerne østen	['de 'fjæ:ŋə ,østɛn]

civilisation (f)	sivilisasjon (m)	[sivilisa'ʂʉn]
humanité (f)	menneskehet (m)	['mɛnəske,het]
monde (m)	verden (m)	['værdən]
paix (f)	fred (m)	['frɛd]
mondial (adj)	verdens-	['værdəns-]

patrie (f)	fedreland (n)	['fædrə,lan]
peuple (m)	folk (n)	['fɔlk]
population (f)	befolkning (m)	[be'fɔlkniŋ]
gens (m pl)	folk (n)	['fɔlk]
nation (f)	nasjon (m)	[na'ʂʉn]
génération (f)	generasjon (m)	[genera'ʂʉn]

territoire (m)	territorium (n)	[tɛri'tʉrium]
région (f)	region (m)	[rɛgi'ʉn]
état (m) (partie du pays)	delstat (m)	['del,stat]

tradition (f)	tradisjon (m)	[tradi'ʂʉn]
coutume (f)	skikk, sedvane (m)	['ʂik], ['sɛd,vanɔ]
écologie (f)	økologi (m)	[økʉlʉ'gi]
indien (m)	indianer (m)	[indi'anər]
bohémien (m)	sigøyner (m)	[si'gøjnər]

179

| bohémienne (f) | sigøynerske (m/f) | [si'gøjnəʂkə] |
| bohémien (adj) | sigøynersk | [si'gøjnəʂk] |

empire (m)	imperium, keiserrike (n)	['im'perium], ['kæjsə,rike]
colonie (f)	koloni (m)	[kʊlu'ni]
esclavage (m)	slaveri (n)	[slɑvɛ'ri]
invasion (f)	invasjon (m)	[invɑ'ʂʊn]
famine (f)	hungersnød (m/f)	['hʉŋɛʂ,nød]

195. Les groupes religieux. Les confessions

| religion (f) | religion (m) | [religi'ʊn] |
| religieux (adj) | religiøs | [reli'gjøs] |

foi (f)	tro (m)	['trʊ]
croire (en Dieu)	å tro	[ɔ 'trʊ]
croyant (m)	troende (m)	['trʊenə]

| athéisme (m) | ateisme (m) | [ɑte'ismə] |
| athée (m) | ateist (m) | [ɑte'ist] |

christianisme (m)	kristendom (m)	['kristən,dɔm]
chrétien (m)	kristen (m)	['kristən]
chrétien (adj)	kristelig	['kristəli]

catholicisme (m)	katolisisme (m)	[kɑtʊli'sismə]
catholique (m)	katolikk (m)	[kɑtʊ'lik]
catholique (adj)	katolsk	[kɑ'tʊlsk]

protestantisme (m)	protestantisme (m)	[prʊtɛstɑn'tismə]
Église (f) protestante	den protestantiske kirke	[den prʊtɛ'stɑntiskə ,çirkə]
protestant (m)	protestant (m)	[prʊtɛ'stɑnt]

Orthodoxie (f)	ortodoksi (m)	[ɔ:tʉdʊk'si]
Église (f) orthodoxe	den ortodokse kirke	[den ɔ:ʈʉ'dɔksə ,çirkə]
orthodoxe (m)	ortodoks (n)	[ɔ:ʈʉ'dɔks]

Presbytérianisme (m)	presbyterianisme (m)	[prɛsbytæria'nismə]
Église (f) presbytérienne	den presbyterianske kirke	[den prɛsbyteri'anskə ,çirkə]
presbytérien (m)	presbyterianer (m)	[prɛsbytæri'anər]

| Église (f) luthérienne | lutherdom (m) | [lʉtər'dɔm] |
| luthérien (m) | lutheraner (m) | [lʉtə'ranər] |

| Baptisme (m) | baptisme (m) | [bɑp'tismə] |
| baptiste (m) | baptist (m) | [bɑp'tist] |

Église (f) anglicane	den anglikanske kirke	[den ɑŋli'kɑnskə ,çirkə]
anglican (m)	anglikaner (m)	[ɑŋli'kɑnər]
Mormonisme (m)	mormonisme (m)	[mɔrmɔ'nismə]
mormon (m)	mormon (m)	[mʊr'mʊn]

| judaïsme (m) | judaisme (m) | ['jʉdɑ,ismə] |
| juif (m) | judeer (m) | ['jʉ'deər] |

| Bouddhisme (m) | buddhisme (m) | [bʉ'dismə] |
| bouddhiste (m) | buddhist (m) | [bʉ'dist] |

| hindouisme (m) | hinduisme (m) | [hindʉ'ismə] |
| hindouiste (m) | hindu (m) | ['hindʉ] |

islam (m)	islam	['islɑm]
musulman (m)	muslim (m)	[mʉ'slim]
musulman (adj)	muslimsk	[mʉ'slimsk]

Chiisme (m)	sjiisme (m)	[ʂi'ismə]
chiite (m)	sjiitt (m)	[ʂi'it]
Sunnisme (m)	sunnisme (m)	[sʉ'nismə]
sunnite (m)	sunnimuslim (m)	['sʉni mʉs‚lim]

196. Les principales religions. Le clergé

| prêtre (m) | prest (m) | ['prɛst] |
| Pape (m) | Paven | ['pɑvən] |

moine (m)	munk (m)	['mʉnk]
bonne sœur (f)	nonne (m/f)	['nɔnə]
pasteur (m)	pastor (m)	['pɑstʉr]

abbé (m)	abbed (m)	['ɑbed]
vicaire (m)	sogneprest (m)	['sɔŋnə‚prɛst]
évêque (m)	biskop (m)	['biskɔp]
cardinal (m)	kardinal (m)	[kɑːdʲi'nɑl]

prédicateur (m)	predikant (m)	[prɛdi'kɑnt]
sermon (m)	preken (m)	['prɛkən]
paroissiens (m pl)	menighet (m/f)	['meni‚het]

| croyant (m) | troende (m) | ['trʉenə] |
| athée (m) | ateist (m) | [ɑte'ist] |

197. La foi. Le Christianisme. L'Islam

| Adam | Adam | ['ɑdɑm] |
| Ève | Eva | ['ɛvɑ] |

Dieu (m)	Gud (m)	['gʉd]
le Seigneur	Herren	['hærən]
le Tout-Puissant	Den Allmektige	[den ɑl'mɛktiə]

péché (m)	synd (m/f)	['sʏn]
pécher (vi)	å synde	[ɔ 'sʏnə]
pécheur (m)	synder (m)	['sʏnər]
pécheresse (f)	synderinne (m)	['sʏnə‚rinə]

| enfer (m) | helvete (n) | ['hɛlvetə] |
| paradis (m) | paradis (n) | ['pɑrɑ‚dis] |

Jésus	**Jesus**	['jesʉs]
Jésus Christ	**Jesus Kristus**	['jesʉs ˌkristʉs]
le Saint-Esprit	**Den Hellige Ånd**	[dən 'hɛliə ˌon]
le Sauveur	**Frelseren**	['frelserən]
la Sainte Vierge	**Jomfru Maria**	['jɔmfrʉ maˌria]
le Diable	**Djevel** (m)	['djevəl]
diabolique (adj)	**djevelsk**	['djevəlsk]
Satan	**Satan**	['satan]
satanique (adj)	**satanisk**	[sa'tanisk]
ange (m)	**engel** (m)	['ɛŋəl]
ange (m) gardien	**skytsengel** (m)	['ʂytsˌɛŋəl]
angélique (adj)	**engle-**	['ɛŋlə-]
apôtre (m)	**apostel** (m)	[a'pɔstəl]
archange (m)	**erkeengel** (m)	['ærkəˌæŋəl]
antéchrist (m)	**Antikrist**	['antiˌkrist]
Église (f)	**kirken** (m)	['çirkən]
Bible (f)	**bibel** (m)	['bibəl]
biblique (adj)	**bibelsk**	['bibəlsk]
Ancien Testament (m)	**Det Gamle Testamente**	[de 'gamlə tɛsta'mentə]
Nouveau Testament (m)	**Det Nye Testamente**	[de 'nye tɛsta'mentə]
Évangile (m)	**evangelium** (n)	[ɛvan'gelium]
Sainte Écriture (f)	**Den Hellige Skrift**	[dən 'hɛliə ˌskrift]
Cieux (m pl)	**Himmerike** (n)	['himəˌrikə]
commandement (m)	**bud** (n)	['bʉd]
prophète (m)	**profet** (m)	[prʉ'fet]
prophétie (f)	**profeti** (m)	[prʉfe'ti]
Allah	**Allah**	['ala]
Mahomet	**Muhammed**	[mʉ'hamed]
le Coran	**Koranen**	[kʉ'ranən]
mosquée (f)	**moské** (m)	[mʉ'ske]
mulla (m)	**mulla** (m)	['mʉla]
prière (f)	**bønn** (m)	['bœn]
prier (~ Dieu)	**å be**	[ɔ 'be]
pèlerinage (m)	**pilegrimsreise** (m/f)	['pilegrimsˌræjsə]
pèlerin (m)	**pilegrim** (m)	['pilegrim]
La Mecque	**Mekka**	['mɛka]
église (f)	**kirke** (m/f)	['çirkə]
temple (m)	**tempel** (n)	['tɛmpəl]
cathédrale (f)	**katedral** (m)	[kate'dral]
gothique (adj)	**gotisk**	['gɔtisk]
synagogue (f)	**synagoge** (m)	[syna'gʉgə]
mosquée (f)	**moské** (m)	[mʉ'ske]
chapelle (f)	**kapell** (n)	[ka'pɛl]
abbaye (f)	**abbedi** (n)	['abedi]

couvent (m)	kloster (n)	['klɔstər]
monastère (m)	kloster (n)	['klɔstər]
cloche (f)	klokke (m/f)	['klɔkə]
clocher (m)	klokketårn (n)	['klɔkəˌtoːŋ]
sonner (vi)	å ringe	[ɔ 'riŋə]
croix (f)	kors (n)	['kɔːʂ]
coupole (f)	kuppel (m)	['kʉpəl]
icône (f)	ikon (m/n)	[i'kʊn]
âme (f)	sjel (m)	['ʂɛl]
sort (m) (destin)	skjebne (m)	['ʂɛbnə]
mal (m)	ondskap (n)	['ʊnˌskɑp]
bien (m)	godhet (m)	['gʊˌhet]
vampire (m)	vampyr (m)	[vɑm'pyr]
sorcière (f)	heks (m)	['hɛks]
démon (m)	demon (m)	[de'mʊn]
esprit (m)	ånd (m)	['ɔn]
rachat (m)	forløsning (m/f)	[fɔː'løsniŋ]
racheter (pécheur)	å sone	[ɔ 'sʊnə]
office (m), messe (f)	gudstjeneste (m)	['gʉtsˌtjenɛstə]
dire la messe	å holde gudstjeneste	[ɔ 'hɔldə 'gʉtsˌtjenɛstə]
confession (f)	skriftemål (n)	['skriftəˌmol]
se confesser (vp)	å skrifte	[ɔ 'skriftə]
saint (m)	helgen (m)	['hɛlgən]
sacré (adj)	hellig	['hɛll]
l'eau bénite	vievann (n)	['viəˌvɑn]
rite (m)	ritual (n)	[ritʉ'ɑl]
rituel (adj)	rituell	[ritʉ'ɛl]
sacrifice (m)	ofring (m/f)	['ɔfriŋ]
superstition (f)	overtro (m)	['ɔvəˌtrʊ]
superstitieux (adj)	overtroisk	['ɔvəˌtrʊisk]
vie (f) après la mort	livet etter dette	['livə ˌɛtər 'dɛtə]
vie (f) éternelle	det evige liv	[de ˌeviə 'liv]

DIVERS

198. Quelques mots et formules utiles

aide (f)	hjelp (m)	['jɛlp]
arrêt (m) (pause)	stopp (m), hvile (m/f)	['stɔp], ['vilə]
balance (f)	balanse (m)	[ba'lansə]
barrière (f)	hinder (n)	['hindər]
base (f)	basis (n)	['basis]
catégorie (f)	kategori (m)	[kategʊ'ri]
cause (f)	årsak (m/f)	['oːˌsak]
choix (m)	valg (n)	['valg]
chose (f) (objet)	ting (m)	['tiŋ]
coïncidence (f)	sammenfall (n)	['samənˌfal]
comparaison (f)	sammenlikning (m)	['samənˌlikniŋ]
compensation (f)	kompensasjon (m)	[kʊmpɛnsa'ʂʊn]
confortable (adj)	bekvem	[be'kvem]
croissance (f)	vekst (m)	['vɛkst]
début (m)	begynnelse (m)	[be'jinəlsə]
degré (m) (~ de liberté)	grad (m)	['grad]
développement (m)	utvikling (m/f)	['ʉtˌvikliŋ]
différence (f)	skilnad, forskjell (m)	['ʂilnad], ['fɔːʂɛl]
d'urgence (adv)	omgående	['ɔmˌgɔːnə]
effet (m)	effekt (m)	[ɛ'fɛkt]
effort (m)	anstrengelse (m)	['anˌstrɛŋəlsə]
élément (m)	element (n)	[ɛle'mɛnt]
exemple (m)	eksempel (n)	[ɛk'sɛmpəl]
fait (m)	faktum (n)	['faktum]
faute, erreur (f)	feil (m)	['fæjl]
fin (f)	slutt (m)	['ʂlʉt]
fond (m) (arrière-plan)	bakgrunn (m)	['bakˌgrʉn]
forme (f)	form (m/f)	['fɔrm]
fréquent (adj)	hyppig	['hʏpi]
genre (m) (type, sorte)	type (m)	['typə]
idéal (m)	ideal (n)	[ide'al]
labyrinthe (m)	labyrint (m)	[laby'rint]
mode (m) (méthode)	måte (m)	['moːtə]
moment (m)	moment (n)	[mɔ'mɛnt]
objet (m)	objekt (n)	[ɔb'jɛkt]
obstacle (m)	hindring (m/f)	['hindriŋ]
original (m)	original (m)	[ɔrigi'nal]
part (f)	del (m)	['del]
particule (f)	partikel (m)	[paː'ʈikəl]

pause (f)	**pause** (m)	['pausə]
position (f)	**posisjon** (m)	[pɔsi'ʂʊn]
principe (m)	**prinsipp** (n)	[prin'sip]
problème (m)	**problem** (n)	[prʊ'blem]
processus (m)	**prosess** (m)	[prʊ'sɛs]
progrès (m)	**fremskritt** (n)	['frɛm‚skrit]
propriété (f) (qualité)	**egenskap** (m)	['ɛgən‚skap]
réaction (f)	**reaksjon** (m)	[rɛak'ʂʊn]
risque (m)	**risiko** (m)	['risikʊ]
secret (m)	**hemmelighet** (m/f)	['hɛməli‚het]
série (f)	**serie** (m)	['seriə]
situation (f)	**situasjon** (m)	[sitʉa'ʂʊn]
solution (f)	**løsning** (m)	['løsniŋ]
standard (adj)	**standard-**	['stan‚dar-]
standard (m)	**standard** (m)	['stan‚dar]
style (m)	**stil** (m)	['stil]
système (m)	**system** (n)	[sʏ'stem]
tableau (m) (grille)	**tabell** (m)	[ta'bɛl]
tempo (m)	**tempo** (n)	['tɛmpʊ]
terme (m)	**term** (m)	['tɛrm]
tour (m) (attends ton ~)	**tur** (m)	['tʉr]
type (m) (~ de sport)	**slags** (n)	['ʂlaks]
urgent (adj)	**omgående**	['ɔm‚gɔːnə]
utilité (f)	**nytte** (m/f)	['nʏtə]
vérité (f)	**sannhet** (m)	['san‚het]
version (f)	**variant** (m)	[vari'ant]
zone (f)	**sone** (m/f)	['sʊnə]